Dann traten wir hinaus und sahn die Sterne

Für Markus

herzlich

Charly

31. Dezember 2009

Bibliographische Information der Deutschen Bibliothek:
Die Deutsche Bibliothek verzeichnet diese Publikation in
der Deutschen Nationalbibliographie; bibliographische
Daten sind im Internet über http//dnb.ddb.de abrufbar.

2. Auflage
Copyright © 2008 Hanskarl Kölsch
www.hk-koelsch.de

Herstellung und Verlag:
Books on Demand GmbH, Norderstedt
Umschlaggestaltung: G.+H. W.
ISBN: 978-3-8370-6036-2

Für Helga

Poca favilla gran fiamma seconda

aus kleinem Funken wird ein großes Feuer
(Paradiso I, 34)

Hanskarl Kölsch

Dann traten wir hinaus und sahn die Sterne

Dantes *Divina Commedia*

Abkürzungen:
Inf.   = Inferno (Hölle)
Purg. = Purgatorio (Läuterungsberg)
Par.   = Paradiso (Himmelskreise)
Par. XVI, 110 bedeutet: Paradiso, 16. Gesang Vers 110

Zitate orientieren sich an:
Falkenhausen, Friedrich Freiherr von, Insel Verlag
Gmelin, Hermann, italienisch-deutsch, dtv München
Hees, Dr. Georg, Kooperative Dürnau
Wartburg, Ida und Walther von, Manesse Zürich

Inhalt

Die *Göttliche Komödie* in Deutschland

Es dauerte lange, bis die Bedeutung der *Divina Commedia* in Deutschland verstanden wurde.

Noch während der Glanzzeit deutscher Literatur und Geistesgeschichte, in der Weimarer Klassik, wurde das gewaltige Werk eher geringschätzig beurteilt. Goethe sprach vom „Moderduft aus Dantes Hölle". Auch Lessing, Klopstock und Schiller gewannen keinen Zugang.

Erst als der Shakespeare-Übersetzer August Wilhelm Schlegel (1767-1845) auch Dantes *Divina Commedia* übersetzt hatte, und als der Philosoph F.W. Schelling (1775-1854) sich für das Werk einsetzte, konnte – in der Romantik und mit viereinhalb Jahrhunderten Verspätung – endlich auch in Deutschland die *Divina Commedia* einen Siegeszug beginnen, der bis heute nicht nachgelassen hat.

Dantes Leben

Durante Alighieri, abgekürzt Dante genannt, wurde in eine politisch ungeheuer turbulente Epoche hineingeboren: es ist die „kaiserlose Zeit" nach dem Untergang der Staufer, als die Päpste in Italien die Vorherrschaft zu gewinnen suchten. Die Auseinandersetzungen zwischen Papsttum und Kaisertum (Reich) führten zur Bildung von zwei tödlich verfeindeten adligen Parteien: Guelfen und Ghibellinen. Die *Welfen* (ital. *Guelfi*) von Otto IV. standen auf Seite des Papsttums; die *Waiblinger* des Staufers Friedrich II. (ital. *Ghibellini*, nach dem alten staufischen Besitz Waiblingen) waren Anhänger des Reiches (des Kaisers). Nach dem Untergang der Staufer (1268) wurden die Bezeichnungen „Guelfen" und „Ghibellinen" auch auf andere politische und soziale Gegensätze übertragen (*Guelfen* als Volkspartei; *Ghibellinen* als Adelspartei). Die anhaltenden Kämpfe zwischen beiden Parteien verhinderten lange den Aufbau einer übergreifenden Ordnung in Italien.

Aus den Machtkämpfen zwischen Papst und Kaiser entwickelte sich bald persönlicher Hass der Adelsgeschlechter und ganzer Städte. Pisa war ghibellinisch (kaisertreu), deshalb wurde sein Erzfeind Florenz guelfisch (papsttreu). Aber damit waren die politischen Positionen nicht klar; innerhalb der Städte gab es nochmals feindliche Fronten: das Volk (Arbeiter, Gewerbetreibende) favorisierte die Guelfen, die feudalen aristokratischen Kreise wandten sich den kaisertreuen Ghibellinen zu.

Nochmals komplizierter wurde die politische Lage dadurch, dass die Fehde der Adelsgeschlechter untereinander zu seltsamen Vertauschungen der Fronten führte: die vornehmen reichen Donati in Florenz machten sich zu Führern der Guelfen, weil ihre mächtigsten Rivalen, die Uberti, bei den Ghibellinen Einfluss hatten. Es war eine Zeit der Umstürze mit ständig wechselnden Machtkonstellationen.

Dante ist 1265 in Florenz geboren. Zu dieser Zeit hatte die Stadt etwa 60.000 Einwohner. Wenige Jahre <u>vor</u> Dantes Geburt waren die Ghibellinen nach einer blutigen Schlacht Herrscher von Florenz geworden. Die Führer der Gegenpartei wurden verbannt und deren Güter eingezogen (über 800 Gebäude und Paläste wurden zerstört). Wenige Jahre <u>nach</u> Dantes Geburt widerfuhr das gleiche Schicksal den Ghibellinen und Florenz wurde guelfisch.

Traditionell stützte Dantes Familie die Partei der Guelfen. Aber da sie nie von den Ghibellinen verfolgt wurde, muss ihr politischer Einfluss bedeutungslos gewesen sein. Das erklärt auch, warum Dantes Vater auf dem Weg durch die drei Jenseitsreiche der *Divina Commedia* nicht vorkommt, wohl aber Dantes Ur-Ur-Großvater Cacciaguida, der auf einem Kreuzzug zum Ritter geschlagen wurde und der als Glaubenskämpfer starb. Auf diese adlige Abkunft ist Dante stolz. Er nennt seinen Adel einen Mantel, der von der Zeit mit jedem Tag kürzer geschnitten werde, wenn man ihm nicht immer wieder neue denkwürdige Taten hinzufüge (Par. XVI, 7).

Dante trifft Cacciaguida im Paradies (es ist die längste und wichtigste Begegnung seiner seelischen Wanderung); dessen Sohn (dem Urgroßvater) begegnet er im Purgatorio; Großvater und Vater erscheinen nicht – der „Mantel" ist durch die Zeit kürzer geworden – bis Dante ihn durch sein Werk wieder adelte.

Der Vater starb, als Dante noch ein Kind war. Seine Mutter Bella ließ ihn mit großer Sorgfalt erziehen: einer der gebildetsten Florentiner, der Gelehrte Brunetto Latini, wurde sein Lehrer. (In Inf. XV hat der Dichter seinem Meister ein Denkmal gesetzt). Mit 24 Jahren zeichnete sich Dante im Krieg zwischen den Stadtstaaten Florenz (Guelfen) und Arezzo (Ghibellinen) aus; Florenz siegte. Vier Jahre danach heiratete er Gemma Donati aus einer mächtigen Guelfen-Familie[1]. Dantes politische Karriere in Florenz begann.

Es war eine Zeit des latenten Anarchismus. Florenz kämpfte gerade gegen den Einfluss von Papst Bonifatius VIII. um seine Unabhängigkeit. In der außenpolitisch schwierigen Situation (die benachbarten Stadtstaaten Pisa, Arezzo, Pistoia waren innenpolitisch ebenso instabil, und die Städte-Bündnisse wechselten permanent) drohte in Florenz ständig der Bürgerkrieg.

---

[1] Ein Dokument scheint zu bezeugen, dass Dante und Gemma bereits 1277 vermählt wurden; damals war Dante 12 Jahre alt; ein durchaus übliches Kinderverlöbnis; die eheliche Wohngemeinschaft wurde später realisiert.

Patrizier (Feudalherren), Plebejer (Handwerker, Tagelöhner) und neureiches Wohlstandsbürgertum (Handel), bildeten eine aggressive Dreiklassengesellschaft. Die Stadt konnte keine regierbare politische Form finden. Ein Gesetz gliederte die Bürger in Zünfte (Gewerbegruppen[2]), und aus den „höheren" Zünften wurden die Prioren gewählt. Dante bewarb sich um das Amt und schrieb sich in das Register der Ärzte und Apotheker ein. (Er hat diese Berufe nicht erlernt).

Aber auch dieser demokratische Versuch brachte der Stadt keine Ruhe. Die Beamtenschaft stand unter dem Druck der mächtigen Adelsfamilien und blieb gespalten in Anhänger von Guelfen (Papst) und Ghibellinen (Kaiser). In der Not erhielt die Signoria (Rat der Stadt) einen „Führer" mit einer Garde von tausend Mann, um die öffentliche Ordnung zu gewährleisten. Als erste Maßnahme wurden 33 Adelsfamilien von allen öffentlichen Ämtern ausgeschlossen. Doch schon nach einem Jahr löste eine Adelsverschwörung neue Unruhen aus.

Die politische Situation war chaotisch. Florenz wurde jetzt von zwei mächtigen Adelsdynastien beherrscht: den Donati und den Cerchi. Aber beide gehörten zur Guelfen-Partei. Die politischen „Fronten" waren nicht mehr überschaubar, und in den Straßen der Stadt kam es täglich zu blutigen Auseinandersetzungen.

---

[2] Im Mittelalter waren auch nichthandwerkliche Berufstätigkeiten (Notare, Musikanten, Bettler, Dirnen) in Zünften organisiert. Die Zugehörigkeit war an die sog. „ehrliche (eheliche) Geburt" gebunden.

Der Papst unterstütze die Donati gegen die eben-
falls papsttreuen Cerchi, was die Konfusion wie-
derum verstärkte. Auch die Nachbarstadt Pistoia
war in Parteikämpfen zerrissen. Als dort die ex-
ponierten Fanatiker der beiden Lager aus der
Stadt verbannt wurden, flohen beide Gruppen
nach Florenz und schlossen sich den feindlichen
Parteien an; die politische Verwirrung in Dantes
Heimatstadt war nicht mehr zu steigern.

Durch seine Heirat war Dante mit den Donati
verwandt und Guelfe; sein Gerechtigkeitssinn
ließ ihn aber zu den faktisch unterdrückten Ghi-
bellinen tendieren. Mit 35 Jahren wurde er zum
Prior gewählt; (es war das Heilige Jahr 1300, auf
das er seine *Divina Commedia* datiert). Er erwirkte
ein Gesetz, das die Führer beider Parteien befris-
tet aus Florenz verbannte. Als einige der vertrie-
benen Ghibellinen wieder nach Florenz zurück-
kehren konnten, wurde Dante der Korruption
verdächtigt und 1302 zu einer Geldstrafe und
zwei Jahren **Verbannung** verurteilt. Bei Nich-
tzahlung der Geldstrafe sollten alle seine Güter
eingezogen werden. Zwei Monate später wurde
er in Abwesenheit der Veruntreuung von Staats-
geldern und des Wuchers[3] angeklagt (Geldver-
leih gegen Zins war verboten) und zum **Tod**
durch den Scheiterhaufen verurteilt. In der Be-
gründung heißt es, das Urteil beruhe auf „fama
publica": öffentlicher Meinung (Denunziation
durch die politischen Gegner).

---

[3] Über diesen unberechtigten Vorwurf war Dante besonders
erschüttert. Im 17. Gesang zeigt er den Wucherern seine
Verachtung.

Dantes Frau Gemma blieb in Florenz, und für den Flüchtling begannen die einsamen Jahre der unsteten und rastlosen Reisen im Exil. Er wandte sich jetzt völlig von den Guelfen ab und unterstützte die politischen Aktivitäten der kaisertreuen Ghibellinen gegen den Machtanspruch des Papstes und gegen die tyrannischen Guelfen in seiner Heimatstadt. In dieser Zeit hielt er sich meist in Verona und Padua auf. (Eine häufig behauptete Reise nach Paris ist nicht belegt). Als sich 1316 eine Möglichkeit zur Rückkehr bot, war sie mit derart demütigenden Auflagen verbunden, dass Dante stolz ablehnte. „Das ist nicht der Weg, der mich in meine Heimat zurückführt. ... Ich kann auch unter anderem Himmel die Wahrheit suchen. ... Dante, so hoffe ich, wird niemals brotlos sein."

Beatrice

Als prägendes Erlebnis in Dantes Leben bewerten die meisten Biographen die Begegnung und den Tod einer legendenumwobenen „Beatrice". Dante war 9 Jahre alt (1274), als er eine ein Jahr jüngere Beatrice zum ersten Mal sah; sie starb mit 24 Jahren. Eine „Beatrice" wurde zur Zentralfigur seiner gesamten Dichtung.[4]

Mutmaßungen über ihre Bedeutung für Dante ignorieren jedoch, dass in der Liebesdichtung häufig eine idealisierte Herzensdame erscheint, die zur realen Lebensgeschichte keine konkrete Beziehung hat. (Die *Dark Lady* in Shakespeares Sonetten, Petrarcas *Laura* ...).

Der erste wichtige Dante-Forscher und Biograph, Boccaccio, glaubte Dantes Beatrice als Tochter eines wohlhabenden Kaufmanns identifiziert zu haben. Diese historische Beatrice war mit einem Bankier verheiratet und starb 1290. Aber Dante war ja bereits als 12-Jähriger mit Gemma Donati versprochen. Die eigentliche Familiengründung (gemeinsamer Hausstand) erfolgte erst zehn bis fünfzehn Jahre später. Ihre Kinderzahl ist ungewiss, aber Dante und Gemma hatten mindestens zwei Töchter und drei Söhne, die nach seinen drei Lieblingsaposteln Giovanni, Jacopo und Pietro genannt waren. Sie wurden mit ihm politisch verfolgt (siehe Zeittafel).

---

[4] siehe Kommentar zu Inf. II

An vielen Stellen der *Divina Commedia* hat Dante
die Fiktion einer historischen Beatrice aufrecht
erhalten. Erinnerungen an die Jugendliebe zu
einer schönen und reinen „Beatrice" können im-
mer wieder angenommen werden.

Doch letztlich scheint Dantes Führerin durch die
Himmelskreise doch eine fiktive Gestalt zu sein.
Im 7. Gesang des Paradiso sagt Beatrice zweimal
„euch", wo sie „uns" sagen müsste, wenn auch
sie jemals ein Mensch gewesen wäre. Dafür gibt
es keine andere Erklärung, als dass sie niemals
als Mensch inkarniert war; sie war immer ein
Geistwesen. In Dantes Gedicht wird sie zum
Symbol der Philosophie und Theologie.

Dantes Tod im Exil

Viele Stellen der *Divina Commedia* werden von Dantes politischer Leidenschaft geprägt und machen das Werk zu einer persönlichen Auseinandersetzung mit den Zeitumständen. Er geißelt die maßlose Machtpolitik des Papsttums, und er ist ein glühender Anhänger der Idee eines ordnenden Kaisertums. Seine Verurteilung von hohen Würdenträgern der Kirche in den einzelnen Höllenkreisen erfolgt im Namen Gottes, aber sie beruht auf seinem eigenen politischen Verdikt. Die deutschen Kaiser wie Barbarossa werden entschieden milder bewertet als Päpste und Kardinäle. So besteht in der *Divina Commedia* eine permanente Spannung zwischen menschlichem und göttlichem Urteil, das den Gestalten ein besonders dramatisches Profil verleiht.

Dante starb am 14. September 1321, 56 Jahre alt, in Ravenna, und wurde in der Franziskanerkirche beigesetzt. Es dauerte 160 Jahre, bis der einfache Marmorblock ohne Inschrift in ein Grabmal verwandelt wurde; erst seit 1780 hat es die heutige Gestalt. Seit über 450 Jahren versucht Florenz nun schon, seinen verbannten Bürger, der zu den Größten der Menschheitsgeschichte gehört, in die Heimat zu überführen, aber Ravenna wird seinen Schatz niemals hergeben.

Es gibt kein authentisches Portrait Dantes. Alle Darstellungen ähneln sich nur deshalb, weil sie auf der ersten, nach der Beschreibung von Freunden erstellten, basieren.

Zeittafel

1265 Dante wahrscheinlich am 30. Mai in Florenz geboren.

1274 Erste Begegnung (neunjährig) mit einer achtjährigen Beatrice. (Eine „Beatrice" wird die Zentralgestalt in Dantes Gesamtwerk).

1277 Der 12-jährige Dante wird „verheiratet" mit Gemma Donati. (Familiengründung mit Hausstand erfolgt wesentlich später).

1285 Wahrscheinlich Studien in Bologna.

1289 Beteiligung am Feldzug von Florenz gegen Arezzo und Pisa.

1295 Einschreibung in die Zunft der Ärzte und Apotheker als gesetzliche Voraussetzung für politische Betätigung. Berufung unter die 35 Mitglieder des *Consiglio Capitano*. Arbeit in der *Kommission* zur Reformierung der Wahlgesetze.

1296 Mitglied im *Rat der Hundert*, der die Wahrung der Rechte des Mittelstandes gegenüber den Zünften kontrollieren soll.

1297 Vorübergehend im *Rat des Bürgermeisters*. *Gesandter* von Florenz in San Gimignano[5]. Innerhalb der letzten 3 Jahre eine Häufung von Schuldurkunden; nach heutigem Wert wahrscheinlich über 100.000 €. Gründe der Verschuldung sind nicht bekannt. Er konnte den Betrag nie zurückzahlen.

---

[5] San Gimignano: Stadt in der Toskana, Provinz Siena; bekannt durch die Silhouette der im 12.-14. Jh. erbauten *Geschlechtertürme* (befestigte Wohntürme des Stadtadels; Verteidigungsfunktion und Machtsymbol).

Die innenpolitischen Verhältnisse in Florenz eskalieren; Machtkampf der Adelshäuser Cerchi und Donati. Die Führer der Donati werden aus der Stadt verbannt.

Dante wird zu einem der 6 *Prioren* gewählt. Die Ereignisse überstürzen sich, in deren Folge Dante angeklagt und in Abwesenheit zweimal zum Tod verurteilt wird: Die vertriebenen Donati drängen Papst Bonifatius VIII. zum Eingreifen in Florenz. (Seit seiner Wahl will er die Toskana zum Kirchenlehen machen). Drei Florentiner Gesandte, die in Rom verhandeln, werden zu Hause des Landesverrats denunziert und in Abwesenheit zum Abschneiden der Zunge verurteilt[6]. Der Papst protestiert, und es ist Dantes erste Amtshandlung als *Prior*, das Urteil zu bestätigen. Empört entsendet Bonifatius einen Kardinal nach Florenz, auf den ein Attentatsversuch unternommen wird. Um ihre Unabhängigkeit zu beweisen, verbannen die Prioren unter starkem Engagement Dantes die Führer der beiden politischen Parteien (die *Weißen* Cerchi und die *Schwarzen* Donati) aus der Stadt. Nach der Neuwahl der Prioren bestätigen diese das vom Papst bekämpfte Urteil gegen die Gesandten; Bonifatius VIII. verhängt den Kirchenbann über Florenz.

---

[6] Das mittelalterliche Strafensystem verfolgte die „Angemessenheit" (was in den Höllenstrafen des Inferno noch nachklingt): die Gesandten haben mit der Zunge gesündigt, deshalb wird sie ihnen herausgerissen.

1300 Dante verfolgt eine radikal *antipäpstliche* Politik; er kämpft für eine strikte Trennung geistlicher und weltlicher Gewalt.[7]

1301 Dante wird wieder in den *Rat der Hundert* gewählt. Er stimmt gegen jegliche Art von Waffenhilfe für den Papst in dessen „Privatkriegen"[8]. Mit hoher Wahrscheinlichkeit ist Dante Mitglied einer Florentiner Verhandlungskommission in Rom.

Ende des Jahres kehren die verbannten *Schwarzen* unter Führung des alten Donati mit Waffengewalt nach Florenz zurück und übernehmen nach wochenlangen Straßenkämpfen die Macht. Neue Prioren werden eingesetzt (aus der papsttreuen Donati-Partei), unter ihnen der innenpolitische Erzfeind Dantes.

1302 Schauprozesse gegen die unterlegene Partei, an exponierter Stelle Dante: Haupt-Vorwürfe sind: Wahlfälschung (gesetzwidrige Beeinflussung der Priorenwahl) und Widerstand gegen den Papst und dessen Bevollmächtigte. Die Angeklagten (auch Dante) sind vor dem Prozess aus der Stadt geflohen und werden in Abwesenheit zum Tod verurteilt.

Die Verurteilten verbinden sich im Exil zu einer politischen Widerstandsgruppe. Dante wird Mitglied in einem „Zwölferrat".

---

[7] siehe „Simonie", Inf. XIX

[8] Leider ist Dantes Rede in den Protokollen nicht überliefert. Nach der Zeile „Dante consuluit" (Dante schlug vor) wurde nicht mehr weiter protokolliert.

1303 Dante sieht seine Politik gescheitert, denn faktisch wird Florenz von der Partei des Papstes regiert. Im Exil ist er politisch nur noch aktiv als Ratgeber und Unterhändler für Städte, welche die politische Führung von Florenz bekämpfen.
Tod von Papst Bonifatius VIII. Sein Kampf um den Vorrang der päpstlichen Macht vor der weltlichen hatte ganz Italien gespalten, blieb aber letztlich erfolglos.

1304 **Rückzug Dantes aus der aktiven Politik.** Es beginnt sein Exil-Wanderleben zwischen Verona, Padua, Tirol, Venedig ...
➜Wahrscheinlich beginnt er in diesem Jahr die Arbeit an der *Divina Commedia*, deren Handlungsabl
Die Arbeit dauert 18 Jahre, bis in Dantes Todesjahr 1321.

1310 Heinrich VII., 2 Jahre zuvor in Aachen zum König gekrönt, überschreitet die Alpen. Dante erwartet von ihm eine Stabilisierung des *Heiligen Römischen Reiches*[9] auf italienischem Territorium, um die Macht des Papsttums zurückzudrängen. Er schreibt drei Kaiserbriefe „An den Fürsten Italiens".

---

[9] *Heiliges Römisches Reich*: Herrschaftsbereich des abendländischen Römischen Kaisers und der angeschlossenen Reichsterritorien (Deutschland, Italien [seit 951] und Burgund [seit 1033]); die Bezeichnung *Romanum Imperium* (seit 1034) gehörte bereits 800 zum Titel Karls d. Gr.; seit 1254 führen Königsurkunden auch die lat. Bezeichnung „Sacrum Romanum Imperium".

1311   Heinrich erobert Mailand und wird dort zum italienischen (langobardischen) König gekrönt. Dantes Hoffnung auf einen Sieg der weltlichen Macht über das Papsttum scheint sich zunächst zu erfüllen. Briefe *„An die höchst ruchlosen Florentiner"* und *„An den Triumphator Heinrich"*.

1312   Heinrich wird in Rom zum Kaiser gekrönt und kämpft vor Florenz.

1313   Tod Heinrichs in der Nähe von Siena. Dantes Hoffnungen sind zerstört.

1315   Florenz bietet Dante Amnestie an, aber die Bedingungen sind für ihn entwürdigend und er lehnt stolz ab. Erneutes *Todesurteil* in Abwesenheit (Tod durch Enthauptung). Auch die 3 Söhne Dantes werden in Abwesenheit verbannt und zum Tod verurteilt. In den Folgejahren unstete Wanderschaft Dantes durch verschiedene oberitalienische Städte und Regionen.

1321   **Dante stirbt** in Ravenna in der Nacht vom 13. zum 14. September.

Divina Commedia – in der Weltliteratur

In der letzten Phase seiner Exiljahre, ständig auf der Wanderschaft zwischen Verona, Tirol, Friaul und zuletzt Ravenna, dichtete Dante sein Hauptwerk: die *Divina Commedia*; sie umfasst alle Wissenschaften.

Schon früh hatte Dante Zeichnen und Musik studiert, später Naturwissenschaften und Metaphysik; er beherrschte mehrere Sprachen der Mittelmeerländer und besaß gründliche Kenntnisse der Kabbala[10] und der christlichen Geheimlehre. Alle Erkenntnisse flossen zusammen in die geistige Schau des Werkes, an dem er die letzten 18 Jahre seines Lebens arbeitete.

Das Autograph (Dantes Handschrift) der *Divina Commedia* ist nicht erhalten. Aber das Werk ist in etwa 450 Abschriften überliefert, deren älteste aus dem Jahre 1336 stammt, noch sehr nahe an Dantes Tod (1321). Die Überlieferung ist daher sehr zuverlässig. Der Erstdruck datiert 1472. (Erst 22 Jahre vorher hatte Gutenberg den Buchdruck erfunden, die Gutenberg-Bibel wurde 1456 gedruckt). Die *Divina Commedia* gehört also zu den ersten Texten, die der Welt in einer gedruckten Form vorgelegt wurden.

---

[10] Kabbala: Jüdische Mystik und relegionsphilosophische Geheimlehre; eine Verbindung von traditioneller jüdischer Schriftauslegung mit Elementen der Gnosis (religiöse Phänomene), des Pythagoreertums und des Neuplatonismus.

27

Bereits 40 Jahre nach Dantes Tod, vor 700 Jahren, wurde ein Universitätslehrstuhl zur Deutung der *Divina Commedia* eingerichtet. Erster Lehrstuhlinhaber war der Großmeister der italienischen Novellistik: Boccaccio, der auch die erste wichtige Dante-Biographie schrieb.

Mit der *Divina Commedia* wagt Dante etwas, das es in der Weltliteratur noch nie gegeben hatte: Die ganze historische Welt, soweit er von ihr Kenntnis haben konnte, wird in den drei Jenseitsreichen Inferno, Läuterungsberg, Himmelsphären dargestellt. Den historischen Personen und politischen Ereignissen wird der Platz zugewiesen, der ihnen nach ethischen Prinzipien der göttlichen Ordnung zukommt.

Alle großen literarischen Werke vor Dante (Homers *Ilias*, Vergils *Aeneis*) behandelten abgegrenzte historische oder mythologische Ereignisse. Dagegen ist die *Divina Commedia* eine umfassende geistige Schau der Menschheitsgeschichte. Es gibt in diesem Werk keine fortschreitende Handlung. Was in der *Odyssee* und in der *Aeneis* ein Einzelereignis war – der Gang des Helden in die Unterwelt – ist in der *Divina Commedia* zum alleinigen Inhalt geworden: die Jenseitswanderung durch Inferno (Hölle), Purgatorio (Läuterungsberg), und Paradiso (Himmelssphären). Zwischen dem ersten und letzten der 14.233 Verse in 100 Gesängen liegen nur 7 Tage. In dieser Zeit hat sich in der Welt nichts Berichtenswertes ereignet. Ein einzelner begnadeter Mensch, der Dichter Dante, hat eine Einweihung erfahren: ein österliches Erlebnis.

28

Die Fülle der Bilder, die Dante in seiner Schau erlebt, erstehen in seinem Gedicht als grandioses sinnbildliches Gemälde, in dem der Fluss einer Handlung ersetzt wird durch die Beurteilung der Werte, die als Ergebnis der irdischen Taten in die Ewigkeit eingegangen sind. Dieses Urteil über Gedanken und Taten historischer Personen wirkt nie als Anmaßung des Dichters; Dantes eigene schlichte Aufrichtigkeit ist der Maßstab bei der Wanderung durch das Jenseits, und die *Divina Commedia* wird zu einem ergreifend persönlichen Werk.

Die Thematik der Höllenfahrten und Jenseitsreisen war aus antiken Werken bekannt und in der mittelalterlichen Dichtung nicht selten. Gänzlich neu in der *Divina Commedia* ist dagegen die komplexe Überschau. Mit Dante ist diese literarische Ausdrucksform auf ihren Höhepunkt und zugleich zu ihrem künstlerischen Ende geführt. *Die Göttliche Komödie* ist die letzte vollendete Gestaltung dieses Themas – und gleichzeitig das erste bedeutende dichterische Werk in italienischer Sprache. Sie ist Ende und Anfang.

Dante benannte selbst den Grund, warum er für sein Hauptwerk eine neue Kunstsprache wählte, den „l'uso morderno"[11]: das Lateinische sei eine Gelehrtensprache; daher sei ein nicht nur für Akademiker gedachtes Werk im *volgare* niederzuschreiben – in der „Volks"-Sprache, deren „*Stil dem neuen Empfinden gerecht*" werde.

---

[11] Purg. XXVI, Fußnote 229.

Dante nannte sein Gedicht „*Commedia*". Der heutige Titel geht wahrscheinlich auf Boccaccio[12] zurück, der in dem „*Trattatello in laude di Dante*" („*Kleine Abhandlung zum Lobe Dantes*") etwa 50 Jahre nach dessen Tod die *Commedia* mit dem Attribut „*divina*" versah.

Heute wird unter „Komödie" ein Lustspiel verstanden. Dies war in der Poetik des Mittelalters anders. Dante erklärt in einem Brief: ein Werk, das „schrecklich" beginne und „glücklich" ende, werde „Comoedia" genannt. Außerdem beruft er sich auf die „*Ars poetica*" des Horaz[13], nach der eine Dichtung, die sich in allen Stilbereichen und Stilhöhen bewege, eine „Commedia" sei.

Dante verweist darauf, dass in der *Divina Commedia* der lange mühevolle Weg einer verirrten Seele zum himmlischen Heil dargestellt werde, und zwar „polysensuum": **vieldeutig**. Sein Gedicht müsse daher im *moralischen, allegorischen* und „*anagogischen*"[14] Sinne verstanden werden; denn man könne „Schriften in der Hauptsache nach diesen vier Auslegungsweisen verstehen und erklären.

---

[12] Boccaccio (1313-1375): Notar und Richter in Florenz; Freund Petrarcas; seine Sammlung von 100 sinnenfrohen Erzählungen ist der Höhepunkt der italienischen Novellistik des 14. Jh.; Boccaccio verfasste „Das Leben Dantes" und erhielt 1373 den ersten Lehrstuhl zur Deutung der *Divina Commedia* an der Universität Florenz, die 1324 gegründet wurde (seit 1349 als Universität).

[13] Horaz: römischer Dichter, 65 - 8 v.Chr.

[14] anagogische Auslegung: dem allgemeinen Wortsinn wird ein geistiger hinzufügt.

„Die erste Auslegungsform heißt die *wörtliche,* sie beschränkt sich auf den buchstäblichen Sinn, den die Worte vortäuschen. ... Die zweite heißt die *allegorische,* sie bezieht sich auf den Sinn, der unter dem Mantel der Fabeln verborgen ist ... Der dritte heißt der *moralische* Sinn... Der vierte heißt der *anagogische* Sinn, der übersinnliche und der Übersinn."

Dies wird durch den äußeren Aufbau nahegelegt, denn das kompositorische Grundschema der *Divina Commedia* basiert auf den nach mittelalterlicher Auffassung heiligen und vollkommenen Zahlen drei[15] und zehn sowie deren Potenzen neun und hundert.

Das 14.233 Verse umfassende Gedicht besteht aus 3 Teilen (Inferno, Purgatorio, Paradiso), die jeweils 33 Gesänge umfassen; die Zahl entspricht den 33 Lebensjahren Jesu. Zusammen mit dem einleitenden Gesang des *Inferno* ergibt es die Zahl 100. Im dramaturgischen Stufenbau der drei Jenseitsreiche ist jeweils die Zahl 9 gewahrt, als Potenz der Zahl 3: Symbol der Heiligen Dreifaltigkeit. In der alten jüdischen Zahlensymbolik bedeutet 3 die Gottheit, 4 die Welt, 7 die heilige Zahl, 10 die vollkommene Zahl.

Dante hatte viele Jahre lang historische, physikalische, astronomische, theologische und philosophische Studien betrieben, die jetzt für ihn zur Grundlage der *Commedia* wurden.

---

[15] Die eigens für die *Divina Commedia* von Dante erfundene Versform (*Terzinen*) besteht aus drei Versen (siehe Kapitel „Die Reimform").

Die scholastische Philosophie[16] und das ptolemä-
ische Weltsystem[17] bilden den Ausgangspunkt
von Dantes Weltbetrachtung.

Auf seiner Jenseitswanderung spricht er mit
den Seelen berühmter Verstorbener über eine
Vielzahl von theologischen und philosophischen
Problemen und über die konfliktgeladene aktuel-
le politische Situation von Kirche und Staat in
Italien. Das führt zu universellen Interpretati-
onsmöglichkeiten des Werkes, die über seinen
eigentlichen Inhalt weit hinausgehen – so wird
die *Divina Commedia* zu einem enzyklopädischen
Zeugnis aller geistigen Themen und Strömungen
der mittelalterlichen Kultur.

Der Weg der sündigen Seele zum Heil wird im
allegorischen Sinn des Mittelalters dargestellt: als
„Wanderung" durch das Jenseits.

Dies gliedert das Werk in drei Hauptteile:
o **Inferno** (Hölle)
o **Purgatorio** (Läuterungsberg)
o **Paradiso** (Himmels-Sphären)

Die 14.233 Verse umfassen **100 Gesänge**.
o Der **1. Gesang** beschreibt den Aufbruch zur
  Jenseitsreise.
o Die **3 Bereiche** *Inferno*, *Purgatorio* und *Paradiso*
  haben **jeweils 33 Gesänge**.

---

[16] scholastisch: rationale Begründung und Deutung von
theologischen Glaubenslehren.
[17] Ptolemäus: griechischer Astronom († um 160 n Chr.);
seine Lehre der Erde ist Mittelpunkt der Welt gilt durch
das ganze Mittelalter bis Kopernikus († 1543).

Jeder der drei Bereiche ist in **9 Stufen** gegliedert; sie führen im Inferno zu einem immer gewaltigeren *contrappásso* („Vergeltung" durch „Angemessenheit der Strafe"), im Purgatorio und Paradiso zu einem immer höheren Maß von Tugend und Seligkeit.

Die meisten Interpreten gehen davon aus, Dante habe das kirchliche Weltbild seiner Zeit in poetische Bilder fassen wollen, die seiner künstlerischen Phantasie entstammen. Aber Dante spricht mehrmals von „**Vision**". Wenn man ihm folgt, ist die *Divina Commedia* die Vision einer realistisch und im Detail geschilderten geistigen Welt, wo den Menschen Strafe, Buße oder Lohn erwarten. Diese jenseitige Welt hat für Dante die Qualität der Wirklichkeit – das Geistige spiegelt sich in der Realität. So wird sein Gang durch Inferno, Purgatorio und Paradiso zu einer Reise im seelischen Innenraum auf der Suche nach dem Selbst.

Dante träumt einen Menschheitstraum – das Entdecken des eigenen ICH; eine Antwort auf die menschliche Existenzfrage: *Wer bin ich.* Die Bilder seiner Seelenreise sind erschütternde Bilder einer inneren Erfahrung – wie aus einem Traum. Es ist nicht wichtig, was sie historisch bedeuten. Die in dem Gedicht auftretenden Personen stehen stellvertretend für jeden Menschen. Denn Dante richtet nicht überheblich über andere; das Böse und Gute, dem er begegnet, findet er auch in sich. Erst daraus erschließt sich der spirituelle Sinn der *Divina Commedia*.

Grad in der Mitte unsrer Lebensreise befand ich mich in einem dunklen Walde –

Dieser 1. Vers des Gedichts meint eine Mitte des menschlichen Lebens: einen Moment des Erwachens; einen Erkenntnismoment, das Leben ändern zu müssen. Im finstern Wald der Verirrung, in den Dante unmerklich immer tiefer geraten war, erwacht er wie aus einem Traum. Ganz plötzlich wird er wilden Tieren konfrontiert, die menschliche Verhaltensweisen symbolisieren.

Franz Kafka nennt den Augenblick des Erwachens „gefährlich": denn jetzt erweise sich, ob der Mensch „ver-rückt" sei; also: ob nach dem „Erwachen" etwas anders, neu geworden sei; und folgerichtig sagt Kafka: die größten Chancen erhalte der Mensch im Unglück.

Shakespeare erfindet in seinen Komödien Mitsommernachtsträume im Zauberwald oder Schiffbrüche, die den Menschen in eine alternative Welt versetzen, aus der er „erneuert" wieder in die Realität zurückkehren soll.

Mörike benennt es: „Vielfach sind zum Hades die Pfade – und einen gehst du selber."

Geändert haben sich in den 700 Jahren nach der *Divina Commedia* nur die Umstände, nicht der Mensch. Heute mögen es ein Herzinfarkt, Ehe oder Scheidung, der Tod eines lieben Menschen, die midlife crisis *in der Mitte unsrer Lebensreise* sein, die eine Lebensänderung erzwingen und nach dem Sinn des Lebens fragen lassen.

Von den etwa 600 Personen, denen Dante auf
seiner Jenseitswanderung begegnet, sind einige
der Nachwelt nur durch die *Divina Commedia*
bekannt; der größere Teil sind berühmte mytho-
logische oder historische Gestalten (Odysseus,
Barbarossa, die Päpste Hadrian V., Nikolaus III.),
prominente Künstler (Maler wie Dantes Freund
Giotto und dessen Lehrer Cimabue, oder Dichter
wie Homer und Horaz). Die Fülle der Personen,
die aktuelle politische Problematik und die sozia-
len Problemstellungen haben schon für das zeit-
genössische Publikum Kommentare erforderlich
gemacht, um die Zusammenhänge inhaltlich zu
verstehen. Dennoch ist der Ruhm der *Divina
Commedia* (nicht nur in Italien, wo Dante als Na-
tionaldichter verehrt wird) über sieben Jahrhun-
derte unvermindert geblieben. Dabei bildet das
Werk eine seltene literarische Ausnahme: es steht
am Beginn der italienischen Literatur, und ist bis
heute auch ihr Hauptwerk geblieben.

An der Grenze zweier Kulturepochen konfron-
tiert uns die *Divina Commedia* mit einer kaum zu
beantwortenden literarischen Frage: ist **Dante**
„noch" ein Dichter des **Mittelalters** oder ist er
„schon" ein Dichter der **Renaissance**.

Harmonie und Geschlossenheit der Kompositi-
on, Fülle und Vielfalt der geradezu theatralisch
beschriebenen dramatischen Schicksale, die
Spannkraft und Schönheit des poetischen Stils
und die edle Beseeltheit der Bilder erheben die
Divina Commedia zu einem zeitlosen Juwel der
abendländischen Dichtkunst, zu einem Höhe-
punkt der Weltliteratur.

Die Reimform der *Divina Commedia*

<u>Der Beginn des Gedichts[18]</u>

Nel mezzo del cammin di nostra vita
    Grad in der Mitte unsrer Lebensreise
Mi ritrovai per una selva oscura
    Befand ich mich in einem dunklen Walde
Che la diritta via era smaritta.
    Weil ich den rechten Weg verloren hatte.

Ahi quanto a dir qual era è cosa dura
    Wie er gewesen, wäre schwer zu sagen,
Esta selva selvaggia ed aspra e forte
    Der wilde Wald, der harte und gedrängte,
Che nel pensier rinnova la paura
    Der in Gedanken noch die Angst erneuert.

Tanto è amara, che poco è più morte
    Fast gleichet seine Bittenis dem Tode,
Ma per trattar del ben ch'io vi trovai
    Doch um des Guten, das ich dort gefunden,
Dirò dell'altre cose ch'io v'ho scorte
    Sag ich die andern Dinge, die ich schaute.

---

[18] Übersetzung Hermann Gmelin

Dante hat für die *Divina Commedia* eine neue Strophenform entwickelt: **Terzinen.**
Im 15. Jh. wurde es das beliebteste Versmaß der bukolisches Dichtung (Schäferdichtung); besonders beliebt war die Terzine in der Romantik[19].

Die Terzinen-Strophe besteht aus drei Versen mit je 11 Silben, bei denen der zweite Vers jeder Strophe den Reim anschlägt für den ersten und dritten der folgenden Strophe: *oscura – dura – paura.*
„Drei" Verse pro Strophe ist eine der mythischen Zahlen der *Divina Commedia*
Drei Verse mal elf Silben sind 33 Silben: das Lebensalter von Jesus Christus.
Jeder der 100 Gesänge besteht aus etwa 40-50 Terzinen (120-150 Verse). Am Ende jeden Gesanges folgt nach der letzten Terzine ein einzelner Vers.

Alle 3 Teile der *Divina Commedia* enden mit dem Wort: *stelle* (Sterne).

- Nach dem Aufstieg aus dem **Inferno:**
  *E quindi uscimo a riveder le **stelle.***
  Dann traten wir hinaus und sahn die Sterne.
- Auf der Höhe des **Purgatorio:**
  *Puro e disposito a salire alle **stelle.***
  Rein und bereit zum Aufstieg in die Sterne.
- Am Ende des **Paradiso:**
  *L'Amor che muove il sole e l'altre **stelle.***
  Die Liebe, die beweget Sonne und alle Sterne.

---

[19] Romantik: Epoche zwischen Französischer Revolution (1789) und deutschen Märzrevolution (1848); in Italien „Risorgimento" (Wiedererstehung).

1. TEIL: INFERNO (Höllenkreise)

Inhaltsverzeichnis der 9 Höllenkreise

7. Höllenkreis

12. Gesang: GEWALT
     1. Fläche: Gewalt gegen andere:
               Tyrannen
13. Gesang: 2. Fläche: Gewalt gegen sich selbst:
               Selbstmörder
               Gewalt gegen Eigentum:
               Vergeuder
14. Gesang: 3. Fläche: Gewalt gegen Gott:
               Gotteslästerer
               Exkurs: Greis von Kreta
15. Gesang: Gewalt gegen Natur:
               Sodomiten (Br. Latini)
16. Gesang: Sodomiten (Flor. Adlige)
17. Gesang: Der Drache - Wucherer

8. Höllenkreis

18. Gesang: BETRUG
               Struktur des 8. Höllenkreises
     1. Graben: Kuppler und Verführer
     2. Graben: Schmeichler, Dirnen
19. Gesang: 3. Graben: Simonisten
20. Gesang: 4. Graben: Wahrsager, Zauberer
               Exkurs: Mantua
21. Gesang: 5. Graben: Staatsbetrüger
22. Gesang: Aufbruch zum 6. Graben
23. Gesang: 6. Graben: Heuchler
24. Gesang: 7. Graben: Diebe
25. Gesang: 7. Graben: Diebe (Fortsetzung)
26. Gesang: 8. Graben: Böse Ratgeber
27. Gesang: 8. Graben: Böse Ratgeber (Forts.)
28. Gesang: 9. Graben: Zwietrachtstifter
29. Gesang: 10. Graben: Fälscher
30. Gesang: 10. Graben: Fälscher (Forts.)

9. Höllenkreis

➜ **Ende des 3. Tages – Ostersamstag Abend**

Nach dem Aufstieg durch das Erdinnere zu der gegenüberliegenden Hemisphäre ist es dort am Fuße des Läuterungsberges erst der Morgen des Ostersamstag.

1. Gesang: Dantes Lebenssituation zu Beginn

Der 1. Gesang zeigt Dantes Aufbruch aus der realen Welt zu seiner Jenseitswanderung. Danach verbleiben: **3 mal 33 Gesänge** für die 3 Bereiche des Jenseits: Hölle, Läuterungsberg, Himmelssphären.

Am Beginn steht Verzweiflung des Dichters. Er hat sich im dunklen Wald des Lebens verirrt – nicht plötzlich, sondern allmählich, ohne sich dessen bewusst zu werden. Die Bilder, in denen er Verzweiflung und Ängste seiner Situation beschreibt, sind allgemeine, menschliche Bilder; *so schmerzlich, dass der Tod kaum bittrer ist* (7).

3 Tiere bedrohen ihn: Leopard, Löwe, Wolf. Sie stehen allegorisch für drei typische Laster: Wollust (Leopard), Hochmut (Löwe), Habsucht (Wolf). Das schrecklichste Tier ist die Wölfin. Sie gilt Dante als verhängnisvolles Sinnbild für das Staatswesen. Sein Weg zu sich selbst ist verbunden mit dem Urteil über die gesellschaftliche und politische Situation in seiner Heimatstadt Florenz und in Italien. So wird sein Gedicht auch zu einer allgemeinen moralischen Abrechnung.

Es erscheint eine Gestalt, die sich als der antike Dichter **Vergil**[20] zu erkennen gibt: Dantes künstlerisches Vorbild; er wird ihn immer wieder mit *Meister* ansprechen. Von ihm erhofft er sich Rettung. *Sieh dort das Tier, vor dem ich mich geflüchtet. / Errette mich vor ihm, ruhmreicher Weiser* (88).

---

[20] Vergil: Römischer Dichter, 70-19 v.Chr.; Hauptwerk das Epos *Aeneis* (mythischer Gründer von Italien).

Vergil macht eine orakelhafte Prophezeiung (101): mit dem wilden Tier (Begierde) würden sich immer mehr Tiere begatten (die Menschen immer lasterhafter werden), *bis einst der* **Veltro**[21] („Jagdhund") *kommen wird* - der **Retter Italiens.**
Er kündigt Dante eine Wanderung durch die drei Jenseitsreiche an: Inferno (Hölle), Purgatorio (Läuterungsberg), Paradiso (Himmelssphären). Als antiker Heide und Sinnbild von Vernunft werde er Dante nur durch die Höllenkreise und auf den Läuterungsberg führen. Dort werde ein höheres Wesen seine Begleitung durch die Regionen der Himmel übernehmen. Diese Wanderung wird aus der realen Welt heraus in eine geistige, jenseitige Welt führen.
Grad in der Mitte unsres Lebensweges befindet sich Dante. Psalm 89,10 nennt 70 Jahre als Erfüllung („biblisches Alter"). Dante wurde 1265 geboren; seine Lebensmitte ist das 35. Lebensjahr: das Jahr 1300. Das Mysterium der seelischen Pilgerfahrt kann damit datiert werden:

Ostern des kirchlichen Jubiläumsjahres **1300.**
Die Jenseitswanderung dauert 7 Tage: die Woche der Schöpfung.
⇒ Abstieg in die Hölle Gründonnerstag abends.
⇒ Aufstieg zum Läuterungsberg Ostersamstag Morgen.
⇒ „Aufflug" in die Himmels-Sphären in der **Mittagssonne** des 6 Tages.

---

[21] *veltro* wörtlich: Jagdhund, Hetzhund. Das Orakel hat zu verschiedenen Auslegungen geführt: allgemein „Retter Italiens", aber auch: Papst, Kaiser, Christus; sogar Luther und Garibaldi ...

2. Gesang: Der Heide Vergil als Führer

Gründonnerstag Abend, Karfreitag Nacht, gelangen sie an die **Grenze** zur Hölle. Um Dante Kraft zu geben für die mysteriöse Wanderung, erzählt Vergil, wer ihn gesandt hat: während Dante im dunklen Wald von den drei Tieren (dem Animalischen seines Wesens) bedrängt wurde, hat sich der Himmel seiner erbarmt. Eine wundervolle Gestalt hatte sich Vergil im Limbus[22] genähert: *Ich bin Beatrice, die dich gehen heißt* (70). Die Gottesmutter selbst (94) hatte Beatrice beauftragt, Dante aus seiner Not zu erretten; das heißt: am Beginn von Dantes Erkenntnisweg steht die Vermittlung göttlicher Gnade.

Der Heide **Vergil** (19 v. Chr. gestorben) als Führer durch das christliche Jenseits erklärt sich aus dem mittelalterlichen Glauben: die vorchristliche Zeit galt als Ankündigung auf das Kommen des Erlösers. Kaiserliches und päpstliches Rom hatten die Aufgabe, das Gottesreich auf Erden vorzubereiten. Dante erkennt in der Geschichte Roms eine göttliche Vorsehung (18): *der hohen Wirkung denkend, die ihm entspringen sollt', und wer* (die Institution Rom) *und welcher* (Papst und Kaiser) *... die hohe Roma und ihr Reich* (päpstliches Rom und Römisches Reich) ... Mythischer Gründer des Reiches war Aeneas[23] – ihn hatte Vergil in seinem Hauptwerk, der *Aeneis* verewigt.

---

[22] Vergils Aufenthaltsort ist als „Heide" in der Totenwelt der „Limbus"; (siehe Inf. IV).

[23] Aeneas: Sohn der Göttin Aphrodite; seine Nachkommen sind mythologische Gründer des Römischen Reiches.

Vergils 4. Ekloge[24] wurde als Prophezeiung des kommenden Christus[213] gedeutet. Als Geleiter durch Hölle und Läuterungsberg repräsentiert er das Prinzip der *Vernunft*.

Vergils Führung spiegelt Dantes Erkenntnis: der Weg des Menschen darf nie zurück führen; wer sich „verirrt" hat im „finstern Wald" der Sünde, kann sich nicht retten, indem er den Weg zurück geht; verlorene Unschuld (Paradies) kann nicht am „alten Ort" gefunden werden. Der Weg aus der Verirrung heraus kann nur vorwärts führen – durch *Erkenntnis* der Fehler. Nicht die Negierung des Bösen in der Welt oder Flucht vor ihm kann Rettung bringen; nur Konfrontation mit dem Bösen und seine *Überwindung*.

Der Heide Vergil darf die Schwelle zum Paradies nicht betreten. Eine mythologische „Beatrice" (Goethe: „das ewig Weibliche") wird Dante auf der Höhe des Purgatorio erwarten und ihn durch die neun Himmelssphären (*Paradiso*) bis zum Ziel, dem *Empyreum*[25], dem Sitz Gottes geleiten. Beatrice ist Inbegriff aller Tugend, Schönheit und Weisheit, und wird schließlich zum Symbol der Philosophie selbst. Dante wird dann die geistige Anschauung der Gottheit, die Vision der Dreifaltigkeit erleben, und Beatrice wird zum Sinnbild der *Sophia*, dem Symbol der göttlichen Weisheit.

Dante ist jetzt bereit, sich unter Führung Vergils in die immaterielle Welt zu wagen.

---

[24] Eklogen: „ausgewählte Gedichte"; siehe Purg. XXII, 70.

[25] Empyreum: griech. εμ πυρ: „im Feuer"

3. Gesang: Höllentor und Vorhölle

Die beiden Wanderer kommen zu einem großen
dunklen **Tor**, das den Eingang zur Hölle be-
zeichnet. Eine Inschrift verkündet (9):
Lasciate ogni speranza, voi ch'entrate
(„Lasst alle Hoffnung fahren, die ihr eintretet").
Das Tor führt in die **Vorhölle**: ein Zwischenzu-
stand; nicht mehr Welt – noch nicht Hölle. Hier
führt' er mich ein zu den geheimen Dingen (21).
Der Schritt ist unwiderruflich. Dante erlebt ihn
als Erschütterung: er hört klagende und irrende
Stimmen in einem wild tobenden Sandsturm.

Es sind die **sittlich Indifferenten**, die weder
gut noch böse waren: die Lauen, die Verantwor-
tung scheuten[26]. *Die ohne Lob und ohne Schande
lebten* (36) ... *Der Himmel will sich nicht mit ihnen
schänden / und auch die tiefe Hölle schließt sich ihnen*
(40). Die Welt behält von ihnen keine Erinne-
rung. Dante erkennt *den Schatten dessen, der aus
Erbärmlichkeit einst Großes ausschlug* (60): Papst
Coelestin V., der 1294 zum Papst gekrönt wurde
und nach fünf Monaten abdankte, aus Hilflosig-
keit gegenüber den Intrigen des Nachfolgers Bo-
nifatius VIII. Dante versetzt Coelestin an diesen
Platz, weil er durch kleinmütige Schwäche einem
der skrupellosesten Päpste des Mittelalters zur
Macht verhalf: seinem Erzgegner Bonifatius
VIII.[27]

---

[26] Die Kirchenlehre kennt diese Kategorie von Schuld nicht;
es ist eine moralische Erfindung Dantes.
[27] Coelestin wurde zu Dantes Lebzeiten heilig gesprochen;
diese Deutung ist überpersönlich.

Vergil fordert von Dante: *Reden wir nicht von ih-
nen, schau und geh vorüber!* (51). Verachtung soll
ihre Strafe sein.

Die beiden verlassen die Vorhölle und schrei-
ten weiter. Sie kommen zum **Acheron**[28], dem
ersten von vier Unterweltflüssen. Es bedeutet die
zweite Grenzüberschreitung: von der *Vorhölle*
zum *1. Höllenkreis* **jenseits** des Flusses. Wasser ist
in Philosophie und Literatur (Antike, Goethe,
Shakespeare ...) immer ein Erneuerungs-Symbol:
Auflösen des Alten und Wiedergeburt in einer
neuen Bewusstseinsebene.

Fährmann über den Acheron ist Charon. Bei
ihm sammeln sich die Verdammten zum Über-
setzen in die Hölle. Entgegen der griechischen
Mythologie vermittelt er den Schauder des To-
des: seine Augen wirbeln wie feurige Räder und
sein Anblick bedeutet für den, der vor dem Über-
tritt steht, eine gewaltige Erschütterung. *Im
tränenreichen Land hob sich ein Wind, / und dieser
ließ ein rotes Licht aufleuchten, das aller meiner Sinne
mich beraubte.* (133).

Der Acheron bildete die Grenze für Dantes
stoffliches Bewusstsein, und diese Grenze muss
jetzt   überschritten werden. Die schrecklichen
Augen des Fährmanns und die erbebende Erde,
die ein glühend rotes Licht verstrahlt, welches
das Sehen lähmt, schaffen einen Zustand, der
aller meiner Sinne mich beraubte.

Dante bricht „bewusstlos" zusammen. Erst am
anderen Ufer wird er wieder „erwachen".

---

[28] Acheron: Fluss der Unterwelt, entspringt aus den Tränen
des „Greis von Kreta" (Inf. XIV, 116).

1. HÖLLENKREIS: Limbus (Rand der Hölle)

4. Gesang: Die Großen des Altertums

Die Hölle ist in Dantes *Commedia* ein gewaltiges trichterförmiges Loch in der Erde, dessen Spitze im Erdmittelpunkt liegt. Bei Luzifers Sturz aus dem Himmel wurde der Krater in die Erde hinein gebohrt, und in diesem kolossalen Höllentrichter, der sich zum Mittelpunkt der Erde hin verengt, sind **9 Höllenkreise** angelegt, deren Durchmesser nach unten, zur Erdmitte hin, immer enger wird[29].

Die ersten 5 Kreise gehören zur **oberen** Hölle, die letzten 4 Kreise gehören zur **unteren** Hölle, die „Città di Dite"[30] genannt wird: Teufelsstadt.

In der **oberen** Hölle sind Sünder, die nicht bewusst böse handelten, aber deren Vernunft und Charakter nicht stark genug war, die Anfechtungen zu besiegen; in der **unteren** Hölle werden Sünder bestraft, die aus niederträchtigen Motiven bewusst das Böse wollten.

Dante war am Ufer des Acheron bewusstlos zusammen gebrochen. Sein Bewusstsein muss durch das Nichts hindurch. Ein gewaltiger Donnerschlag weckt ihn wieder auf und er findet sich am anderen Ufer des Stromes: am Rande des 1. Höllenkreises.

---

[29] Höllentrichter: Im 29. Gesang macht Dante eine (allerdings nur scheinbar) konkrete Größenangabe.

[30] Città di Dite: ital. für lateinisch „Dis": römischer Gott der Unterwelt; bei Dante auch Luzifer. (34. Gesang 9. Kreis).

So gehen wir hinab zum „Limbus" [31], dem inneren Rand der Hölle, der noch nicht zur eigentlichen Hölle gehört. Hier sind die „guten" Heiden. Eine weitere Ausnahme bilden die Propheten des AT, die bei Christi Höllenfahrt („abgestiegen zu der Hölle") erlöst und in den Himmel mitgenommen wurden. *Er nahm von hier des ersten Vaters* (Adam) *Schatten / und Abels, seines Sohns*[32] ... Mit der „verdeckten Frage" (51) sucht Dante Gewissheit über dieses mysteriöse Ereignis, denn er weicht jetzt von der gültigen Lehre ab[33]. Mit dichterischer und theologischer Kühnheit ersetzt er die Propheten des AT durch vier große Dichter der *Antike*: Homer, Horaz, Ovid, Lukan.[34]

---

[31] Limbus, [lat. „Rand"]; Höllen-Ort bzw. Zustand, in dem sich die Propheten des AT und die ungetauft verstorbenen Kinder befinden, die weder im Himmel noch in der Hölle sind. Bei Dante auch der Ort der großen „Heiden" der Antike: Homer, Vergil ...
Papst Benedict XV. hat den Limbus im Jahr 2006 aus der Lehre gestrichen.

[32] „Höllenfahrt": Bezug auf eine Stelle im 1. Petrusbrief und auf das apokryphe „Evangelium des Nicodemus".

[33] Thomas von Aquin lehrt, Christus sei ohne die Seelen des Alten Bundes aus der Hölle zurückgekommen.

[34] *Homer* war Dante nur aus der Tradition bekannt; *Ilias* und *Odyssee* waren noch nicht übersetzt und Dante konnte nicht Griechisch.
Horaz: röm. Dichter, 65 - 8 v.Chr. (*Oden*).
Ovid: röm. Dichter (43 vor - 17 n.Chr.); nach Horaz' Tod der gefeierteste Dichter in Rom; *ars amandi* (Liebeskunst); starker Einfluss auf Dante, der aus den *Metamorphosen* („Verwandlungen" von Menschen in Tiere oder Pflanzen ...) mehrfach schöpfte.
Lukan, röm. Dichter (39-65); von Nero zum Selbstmord gezwungen; er galt im Mittelalter als „Weiser".

Zu den berühmten Dichtern der Antike, die vor Christi Geburt lebten, gehört auch Vergil (39), den Beatrice von hier als Führer zu Dante abrief; die fünf Großen nehmen Dante als Gleichrangigen in ihren Kreis auf.

Im Limbus leben die antiken „guten Heiden" abgesondert von den Verdammten in einem Abglanz der göttlichen Gnade (106).
  Dantes Bewunderung der klassischen Antike schafft hier eine Vision in der Vision. Die sechs Dichter Homer, Horaz, Ovid, Lukan, Vergil und mit ihnen Dante gehen im Gespräch zu einem Kastell (Allegorie des Ruhmes), das von 7 Mauern (die 4 weltlichen und 3 geistlichen Tugenden) umgeben ist; sie überqueren einen rasch fließenden Bach (die dichterische Eloquenz), gehen durch 7 Tore (die sieben Freie Künste) und gelangen auf eine Wiese. Hier sprechen sie über „geheime Dinge" – über „letzte Fragen" – *von Dingen redend, die ich gern verschweige, so wie ich gerne dort davon geredet* (104).

Auch die antiken Heroen befinden sich im Limbus: Hektor, Aeneas, der römische Kaiser Julius Cäsar, und die römischen Bürgertugenden erstrahlen in Dantes Erinnerung: *Brutus, der einst verjagte Tarquinius, Lucrezia, Julia, Marzia und Cornelia...*

Als ich die Brauen hob, sah ich den Meister derer, die da wissen, in einem Kreis von Philosophen sitzen: Aristoteles, bei ihm Platon, Sokrates und die noch älteren Naturphilosophen Thales von Milet, Heraklit von Ephesus, der Arzt Hippokrates...

Vor den Augen des Lesers erstehen Bilder des antiken Geistes, wie sie 200 Jahre später Raffael in der „Schule von Athen"[35] verewigt hat.

Dante kannte die Antike nicht, wie wir sie heute kennen. Aber er fühlte die Schönheit des antiken Geistes und lässt sie in dieser Szene leuchten. –

Dann lösen sich Dante und Vergil aus ihrer Dichtergruppe, *und dorthin komm' ich, wo kein Leuchten ist.* (150)

---

[35] Raffael (1483-1520); das großformatige Gemälde „Die Schule von Athen" im Vatikan verbindet christliches und antikes Gedankengut.

2. HÖLLENKREIS: Wollust

5. Gesang: Wollust und wahre Liebe

Der Gesang verläuft in drei Steigerungen:
o Begegnung mit dem Totenrichter Minos;
o zwei Scharen Liebessünder;
o Dantes Gespräch mit Francesca da Rimini.

Dante übernimmt den antiken Mythos, verändert ihn aber beliebig[36]: der im Altertum verehrte König Minos wird zum zähnefletschenden Ungeheuer. Er repräsentiert unerbittliche, gnadenlose Gerechtigkeit. Stumm schlägt die Bestie mit ihrem fürchterlichen Schwanz so oft um sich selbst, wie es der Zahl des zugeteilten Höllenkreises entspricht. Achtmal kann Minos sich also mit seinem furchtbaren Schwanz umschlingen – ein groteskes Bild. Die Anschaulichkeit dieser Strafzumessung soll bei den Verdammten einen Bewusstwerdungsprozess einleiten.

Die ersten Sünder aus eigenem Antrieb, die Dante begegnen, sind die **Sünder der Wollust**. Sie nähern sich in zwei Gruppen *gleich Staren, die auf ihren Flügeln schweben / zur kalten Zeit, in breiter voller Schar.* Ihre Strafe entspricht ihrer Sünde: von einem Wirbelsturm werden sie auf ewig im Kreis getrieben, wie ihnen auf Erden die Begierde keine Ruhe ließ.

---

[36] *Minos*: mythischer König von Kreta, Sohn des Zeus und der Europa, Vater der Ariadne; galt in der Antike als erster Gesetzgeber der Menschheit und wurde nach seinem Tod Richter in der Unterwelt

Eine Gruppe wird von Semiramis[37] angeführt, die andere von Dido[38]. Beide Frauen stehen für unterschiedliche Leidenschaften: Treuebruch aus Triebhaftigkeit, Treuebruch aus echter Liebe.

In der Gruppe um Dido erkennt Dante zwei Seelen, die *gleich Tauben* innig miteinander verbunden sind, und er hört die Tragödie von Francesca da Rimini: Sie war aus Staatsraison mit einem rohen Mann verheiratet worden und verliebte sich in dessen jüngeren hochherzigen Bruder Paolo. Ihr Ehemann bemerkte den Betrug und tötete beide. Sie sind das Beispiel einer edlen, aber sündhaften Liebe, die vom Schicksal über sie verhängt war. Für Dante war vor 700 Jahren wahrlich tragisch: da das Liebespaar überraschend getötet wurde und keine Möglichkeit hatte, seine Sünde zu bereuen, müssen sie ohne Hoffnung auf Erlösung in der Hölle leiden. Hätten sie noch bereuen können, würden sie durch das Purgatorio zum Paradies gelangen können. Aber auch in der Hölle werden sie sich in Ewigkeit nicht trennen. *Während der eine Schatten dieses sagte, weinte der andere so, dass mir vor Mitleid / die Sinne schwanden, wie wenn ich stürbe.* – Trauer und Mitleid haben Dante überwältigt – „wie ein Toter" fällt Dante in Ohnmacht.

---

[37] *Semiramis*: sagenhafte Königin von Assyrien; ihre „Hängenden Gärten" in Babylon zählen zu den Weltwundern; galt als Inbegriff der Wollust; aus Leidenschaft zu ihrem Sohn habe sie das Verbot des Inzest abgeschafft.

[38] *Dido*: mythologische Gründerin Karthagos; hatte ihrem verstorbenen Gemahl Treue gelobt, verliebte sich aber in Aeneas, der an der Küste Karthagos gelandet war.

3. HÖLLENKREIS: Unersättlichkeit

6. Gesang: Ciacco: das Schicksal von Florenz

Die erneute Ohnmacht ist Dantes innerlicher Übertritt in den 3. Kreis der Hölle. Dessen Eingang bewacht **Cerberus**[39], der Höllenhund. Das Tier wurde in der Antike meist dreiköpfig und mit Schlangenschweif dargestellt. Dante steigert diese furchterregende Erscheinung noch: *Das grausam wilde Untier Cerberus heult aus drei Rachenschlünden wie ein Hund ... Rot sind die Augen, schmutzig schwarz der Bart, mächtig sein Wanst, scharf bekrallt die Tatzen, er kratzt, zerfleischt die Geister, vierteilt sie.* Cerberus frisst alles in sich hinein, dessen er habhaft werden kann. Er ist das Sinnbild dieses Höllenkreises: animalische, triebhafte **Unersättlichkeit**; hemmungsloses, übermäßiges Essen und Trinken.

Cerberus bewacht und beherrscht den Höllenkreis der Schlemmer und Säufer. Monoton und maßlos, wie sie dem Essen und Trinken ergeben waren, klatscht unaufhörlich schmutziger Regen auf die Sünder herab, die gekrümmt im Schlamm liegen.

Der Hund der Antike erscheint als Drache mit drei gefräßigen Rachen: *Als Cerberus uns sah, der große Drache, riss er die Mäuler auf und fletscht' die Zähne* (23).

---

[39] Kerberos [grch.] (lat. Cerberus, Zerberus); im griechischen Mythos der Hund, der den Eingang zur Unterwelt bewacht; ihn zu bezwingen und aus der Unterwelt heraufzuholen war eine der 12 Prüfungen des Herakles.

Vergil weiß, wie man das Animalische bezwingt: man muss es füttern; aber nicht mit Wohlgeschmack, sondern mit der schmutzigen Erde, in der die Verlorenen büßen. Dem *Symbol der Gier* wirft Vergil als Zeichen der *Verachtung der Gier* mit beiden Händen Dreck in die drei Rachen. Das beruhigt Cerberus, denn er nimmt gar nicht mehr wahr, was er hinunterschlingt.

Dante wird von einem Sünder, der sich im Schlamm wälzt, angerufen. Er erkennt ihn erst, als er sich vorstellt: *„Ihr meine Bürger nanntet mich den Ciacco[40], wegen der verruchten Schuld des Schlundes ...* (52). Er weissagt die politischen Machtverschiebungen in Dantes Heimatstadt Florenz. Dante befragt ihn nach anderen Florentinern und Ciacco verweist ihn auf tiefere Höllenkreise.

So spinnt der Dichter den Handlungsfaden aus politischen Zeitereignissen, historischen Personen, und gesellschaftlicher Situation der Zeit. Florenz und Welt, Mensch und Ethik verbinden sich zum umfassenden Weltgedicht. Aus dem Einzelnen erwächst das Allgemeingültige, aktuelle Gedanken erweisen sich als zeitlos gültig.

Wir gingen weiter auf dem Weg ... / dann kamen wir zur Stelle, wo man absteigt. / Dort fanden Pluto wir, den großen Feind.

---

[40] Ciacco: Eigenname; umgangssprachlich für: Schwein, Vielfraß.

4. HÖLLENKREIS: Geiz – Verschwendung

7. Gesang: gestörtes Verhältnis zu Besitz

Der Übergang zum 4. Höllenkreis geschieht im Wachen, im Gespräch. Hier wacht **Pluto**[41] über die **Geizhälse** und **Verschwender**. Es sind die Seelen, die im Leben eine gestörte Einstellung zu materiellen Gütern hatten: sie waren unmäßig im Behalten und unmäßig im Verschwenden.

Jeder Gruppe ist eine Hälfte des Höllenkreises zugewiesen. So absurd wie ihre Beziehung zum Besitz ist die Arbeit, die sie verrichten müssen: Sie wälzen gewaltige Steinmassen vor sich her. Wenn sie in der Mitte aufeinandertreffen verfluchen sie sich gegenseitig und wälzen das Gestein wieder zurück; immer wieder von neuem – endlos und sinnlos. Hier gibt es keine Namen; alle bleiben anonym als Repräsentanten eines grundsätzlichen Fehlverhaltens mit Eigentum.

In beiden Gruppen entdeckt Dante *Päpste und Kardinäle, in denen Habsucht übermäßig herrschte* (47). Auch sie bleiben namenlos – sie stehen für viele aus der Kirchengeschichte. In der Verteilung von materiellem Besitz liegt kein hoher Sinn; Fortuna handelt willkürlich (71-96).

Nun steigen wir zu größern Qualen nieder. / Schon sinket jeder Stern …(98).

---

[41] *Pluto*: im griech. Mythos (Pluton) ursprünglich der Gott des Reichtums, der aus der Erde kommt; später mit geänderter Funktion dem Hades gleichgesetzt als Herrscher über die Unterwelt und die Verstorbenen.

5. HÖLLENKREIS: Jähzorn – Verdrossenheit

7. Gesang: das Ende der oberen Hölle

Schon sinket jeder Stern, der aufging, als ich den Weg begann (98).
Es ist Mitternacht geworden auf der Oberwelt. Der 1. Tag, Karfreitag, ist zu Ende. Der 2. Tag, Ostersamstag, beginnt.

Die beiden Dichter wandern *durch den Kreis zu einem andern Hang* – zum 5. Höllenkreis, dem letzten in der oberen Hölle; darunter liegt „Dis": die Teufelsstadt[44].

Der Übergang erfolgt durch einen Graben, in den sich ein *siedend heißer Quell ergießt* (101): es ist der Unterweltfluss Acheron [28], der hier einen riesigen schmutzigen Teich bildet: die Styx[42]. An seiner *Oberfläche* treiben die **Jähzornigen**; sie schlagen und treten wild um sich; auf dem *Grund* sammeln sich im schwarzen Schlamm die **Verdrossenen**, die blind waren für die Wunder der Welt und den Sinn eines vielgestaltigen Lebens in Freud und Leid.

Wie im 4. Höllenkreis sind zwei entgegengesetzte Sünden vereinigt: wildes Temperament, das auf jede Störung aggressiv reagiert; und griesgrämiger Missmut, der auf die Anforderungen des Lebens nicht reagiert. –
Dann kamen wir zum Fuße eines Turms.

---

[42] *Styx*: im griech. Mythos Fluss in der Unterwelt. Beim Styx schwören die olympischen Götter die unverbrüchlichen Eide.

8. Gesang: Überfahrt zur unteren Hölle

Der Kampf um den Zutritt

Vom Wachtturm, an dem die beiden Wanderer angelangt sind, werden Feuerzeichen versandt, die aus weiter Ferne über die Styx beantwortet werden, und pfeilschnell nähert sich ein Boot mit dem Fährmann **Phlegyas**[43].
Er ist der 5. Wächter nach Charon, Minos, Cerberus und Pluto. Als Fährmann der Styx setzt er über zur **unteren Hölle** „Città di Dite[44]".

Bei der Überfahrt wird Dante von einem in die Styx verbannten persönlichen Feind aus Florenz angefallen und lässt sich zu einem Hassausbruch hinreißen. Er brandmarkt den stadtbekannten Wüterich für seinen aus dem Zorn erwachsenen überheblichen Hochmut und Stolz, der eine Steigerung des Jähzorns im 5. Höllenkreis bedeutet.

Am Ende der Styx kann Dante die **Teufelsstadt** erkennen, die **im Feuer erglüht**. Hier wird sein Bewusstseinsprozess eine Grenze erreichen.

---

[43] *Phlegyas*: Dante übernimmt ihn aus Vergils *Aeneis*, wo er aber nicht Fährmann ist, sondern ein zu ewigem Hunger verurteilter Mahner der Gerechtigkeit.
In der griechischen Mythologie hatte Phlegyas aus Rache für die Verführung seiner Tochter durch Apollon dessen Tempel in Delphi angezündet.

[44] *Dite*: ital. für lat. „Dis", römischer Gott der Unterwelt (griech. Pluto); Dante setzt ihn für die ganze untere Hölle; auch häufig für Luzifer; „civitas Ditis" (Teufelsstaat) gegen „civitas Dei" (Gottesstaat).

Der weitere Weg führt in die äußersten Tiefen
des Bösen, und die beiden Wanderer werden aus
dem *Schattenreich* der oberen Hölle (der Ort der
Sünder, die nicht aus Bosheit sondern aus
Schwäche sündigten) in das *Feuerreich* der inne-
ren Hölle gelangen – in die Teufelsstadt Dite,
(wohin die bewusst und vorsätzlich Bösen ver-
dammt sind). In den vier unteren Höllenkreisen
(6-9) herrschen anstelle von Verzweiflung und
Angst körperliche Martern.

Vor dem Stadttor werden Dante und Vergil am
Ufer abgesetzt. Hier beginnt der Kampf um den
Zutritt in die untere Hölle; er wird andauern bis
zum Ende des 9. Gesangs.

Auf den Mauern der Stadt sitzen viele tausend
Teufel, die sich schreiend gegen den Eintritt ei-
nes Lebendigen wehren. Sie schließen das Höl-
lentor und wollen Dante und Vergil trennen.
Angsterfüllt will Dante umkehren. Aber es gibt
kein Zurück; sein seelischer Erkenntnisweg muss
durch alle Höllenstufen führen.
  Doch Zugang in Dite kann man nicht erzwin-
gen: es bedarf eines himmlischen Wunders: *Ohne
Geleit durch alle Kreise schreitend / steigt* **Einer***, dem
sich diese Stadt wird öffnen* (**Tal** *che per lui ne fia la
terra aperta*). Ein **Engel** – geheimnisvoll und na-
menlos – „Einer" – wird kommen, den Wider-
stand der Teufel zu brechen.

58

9. Gesang: Eintritt in den 6. Höllenkreis

Die Erscheinung des Engels

Bisher konnten auf Dantes seelischer Wanderung alle Schwierigkeiten von Vergil besiegt werden; er hatte die Wächter der oberen Hölle, mochten sie noch so furchtbar drohen, durch seine Autorität überwunden.

Aber Vergil als Dantes Begleiter ist das Sinnbild der *Vernunft*. Diese wirkt nur in der *oberen* Hölle, wo diejenigen Sünder bestraft werden, deren Vernunft ihren Anfechtungen nicht gewachsen war.

Dante und Vergil stehen vor dem Eingang zur *unteren* Hölle, dem Bereich der absichtlich Bösen, die der Vernunft trotzen. Hier muss Vergil scheitern; die Vernunft ist an einen Ort gekommen, wo sie wirkungslos ist. Dante erlebt, dass intellektuelle Kräfte machtlos sind gegenüber dem vorsätzlich Bösen.

Die Hölle geht zum Angriff über: auf dem *hohen Turm mit seinen glühenden Zinnen* (36) erscheinen die Furien[45]: bluttriefende Rachegöttinnen, deren Haare Schlangen sind. Sie rufen die Medusa[46] herbei, um Dante zu versteinern.

---

[45] *Furien*: in der römischen Mythologie Rachegeister; die Erinnyen der griech. Mythologie.

[46] *Medusa*: im griech. Mythos eine der Gorgonen; wer sie anschaute, versteinerte; sie wurde von Perseus überwunden, der seinen Blick abwandte während er ihr das Haupt abschlug. Dante verwechselt hier anscheinend Perseus mit Theseus.

Vergil bedeckt Dantes Augen mit dessen eigenen Händen, damit er den Blick nicht auf Medusa richten kann.

An dieser Stelle wendet sich Dante an den **Leser**: *O ihr mit unverdorbenem Verstande, / betrachtet doch die **Lehre**, die im **Schleier** / der dunklen Verse mag verborgen liegen* (61).

Dante will, dass der Leser das Bild nicht mythologisch, sondern allegorisch begreift: Medusa ist eine Gestalt aus der griechischen Mythologie und ihre Geschichte ist nach christlichem Verständnis eine Legende. Wenn Vergil, der Dante als Symbol der Vernunft begleitet, ihm die Augen bedeckt, damit er von dem Anblick nicht „versteinert" wird, dann hat die **Vernunft** vor dem **Glauben** kapituliert.

Direkt nach dem Vers, der buchstäblich höchste Gefahr bedeutet (Versteinerung) und allegorisch die Beschränkung der Vernunft aufzeigt, ereignet sich das **Wunder**, welches Vergil am Ende des 8. Gesangs angekündigt hatte: der rettende **Engel** naht mit Donner und brausendem Sturm; die Ufer erbeben, der Wind reißt Äste ab und wirbelt sie durch die Luft, Staubwolken treiben Raubtiere in die Flucht – ein überwältigendes Naturereignis.

Das Bild des Engels evoziert wohlbekannte Bilder, und weil diese Visionen aus unterschiedlichen religiösen Kulturen stammen, die sich nicht vereinbaren lassen, gewinnt er seine abstrakte, reingeistige Existenz.

Der offenbare Abgesandte des Himmels gleicht dem antiken Götterboten Merkur (griechisch Hermes), er erinnert ebenso an den christlichen rettenden (Schutz-)Engel, und gleicht dem alttestamentarischen, im Sturm erscheinenden Gott ebenso, wie dem neutestamentarischen Christus, der über das Wasser wandelt. Und der Zauberstab, mit dem der Engel das Höllentor öffnet, erinnert an Moses, wie er das Meer teilt …

Äußerst unterschiedliche Bildvorstellungen sind zu einer Einheit verschmolzen worden – zu einer Wesenheit, bei deren Beschreibung die Sprache und ihre Bilder versagen, die aber offenbar das Gegenbild ist zu den chaotischen mythologischen Gestalten.

Er kam zum Tore und mit einem Zweiglein /
schloss er es auf.

Alles geschieht ohne Widerstand (89). Die Hölle muss dem Himmel gehorchen.

Dann entfernt sich der Engel lautlos, ohne von den beiden Wanderern Kenntnis zu nehmen.

Die unerträglich gewordene Spannung löst sich für Dante und Vergil im **Durchschreiten** des Tores in die untere Hölle, in die Teufelsstadt.

Sie befinden sich jetzt im **6. Höllenkreis**. Eine Friedhofslandschaft öffnet sich vor ihnen. Die Erde scheint nur aus geöffneten Gräbern zu bestehen, die von Flammen durchglüht werden, sodass selbst Eisen darin schmelzen würde (120). Die Deckel der Sarkophage sind geöffnet, *und daraus drangen solche Klagelaute, / die wohl von elenden Verbrannten kamen* (122).

In den *Feuergräbern sind* die **Ketzer** begraben, die in den Flammen niemals Ruhe finden werden.

Ähnlich dem 1. Kreis (erst vor dem 2. Kreis wacht Minos) ist auch der 6. Höllenkreis ein Übergang: von der „oberen" in die „untere" Hölle. Deshalb spricht Dante später (XI, 28) im 7. Kreis vom „ersten" (ersten der unteren Hölle).

6. HÖLLENKREIS: Ketzer

10. Gesang: Farinata

Am Ende des 9. Gesangs hatten Dante und Vergil den Höllenkreis der **Ketzer**[47] betreten. Diesen Weg setzen sie im 10. Gesang fort.

Die hochdramatische Erregung und Vehemenz, mit der in diesem Gesang politische Vergangenheit, Gegenwart und visionäre Zukunft von Dantes Heimatstadt Florenz mit seinem eigenem Schicksal verwoben werden, machen diesen Text zu einem der berühmtesten und am meisten bewunderten der *Divina Commedia*. Der 10. Gesang des *Inferno* gehört zu den „Welttexten": literarische Texte, die in allen Epochen und in allen Kulturkreisen aktuelle „Botschaften" vermitteln; das heißt: Fragen stellen und Antworten andeuten. Ein „Welttext" ist unsterbliche Kunst.

Das Motiv der Ketzerei scheint zu verschwinden unter dem Eindruck des Bildes, den die politischen Auseinandersetzungen in Florenz am **Schicksal Dantes** widerspiegeln. Die thematische Verknüpfung bleibt durch die historische Position des Gesprächspartners gewahrt.

---

[47] Ketzer: von „Katharer" [griech. „die Reinen"]; nach Umfang und polit. Einfluss die bedeutendste religiöse Bewegung des Mittelalters; erstmals im Rheinland nachweisbar (Köln 1143), breiteten sie sich im 12. Jh. in Oberitalien aus; lehnten Ehe, Eid, Heiligenverehrung und Kriegsdienst ab; seit dem 13. Jh. allgemein die Bezeichnung für Anhänger einer abweichenden Lehre (Häresie).

Hauptgestalt dieses Höllenkreises ist **Farinata,** ein berühmter Ghibellinen-Führer. Er steht sinnbildlich für die bedeutende Kaiser- und „Ketzer"-Gestalt Friedrich II.[59], den Papst Gregor IX. mit dem Kirchenbann belegte. Die Guelfen, auf deren Seite Dantes Familie stand, identifizierten das Ghibellinentum mit Ketzerei.

Es liegen hier an diesem Ort begraben / mit Epicurus alle seine Schüler, / die mit dem Leib die Seele sterben lassen.

Epikur[48] galt im Mittelalter als Begründer der Lehre, dass die Seele eine Funktion des Leibes sei und mit ihm stirbt. Die Leugnung der Unsterblichkeit der Seele führt zur Leugnung des Übernatürlichen, des Göttlichen. Es galt als das Charakteristikum der Ketzerei.

Dies ist der Grund, warum sich der Philosoph nicht bei den antiken Philosophen im 1. Höllenkreis befindet, der noch der Vorhölle zugerechnet wird, weil erst vor dem 2. Höllenkreis der Totenrichter Minos die Strafen zumisst.

---

[48] Epikur: griech. Philosoph (341 -271 v.Chr.); Kern seiner Philosophie ist die Ethik, durch richtiges Denken ein glückseliges Leben zu gewinnen; Maßstab der Wahrheit ist die sinnliche Wahrnehmung; echte Glückseligkeit (Eudaimonie) als Wesen des Sittlichen sei nicht durch grobe Sinnenlust, sondern nur durch weise Abwägung des Genusses, Selbstbeherrschung, Tugend, Gerechtigkeit erreichbar. Ihre höchste Form sei die unerschütterliche Ruhe der Seele.

Dante führt mit Vergil ein scholastisches Lehrgespräch über Ketzerei. Dieses eröffnet die Szene und bildet den inhaltlichen und formalen Rahmen für ein Gespräch mit dem Ghibellinenführer Farinata, das seinerseits unterbrochen wird und den Rahmen bildet für das zentrale Gespräch Dantes mit dem Vater eines Freundes.

In meisterhaft symmetrischer Gestaltung füllen diese äußerst unterschiedlichen Unterhaltungen den ganzen Gesang:

– Dantes Gespräch mit Vergil
–––– Dantes Gespräch mit Farinata
––––––––Dantes Gespräch mit Cavalcante
–––– Dantes Gespräch mit Farinata
– Dantes Gespräch mit Vergil

1. **Vergil**: Dante fragt nach dem Charakteristikum von Ketzerei und erfährt, dass allen Ketzern die Leugnung der Unsterblichkeit gemeinsam sei.

2. **Farinata** lebte eine Generation vor Dante und war einer der bedeutendsten Staatsmänner. Nach einer siegreichen Schlacht führte er die zuvor vertriebenen Ghibellinen triumphal nach Florenz zurück. Dante gehörte zum anderen politischen Lager: den Guelfen. In der geschliffenen politischen Diskussion offenbart sich die seelische Größe der beiden Gegner.
Als Farinata erfährt, dass Florenz jetzt in der Hand der Guelfen ist, erstarrt er – sein Schweigen wird zur fast schockhaften gewaltigen Zäsur der Szene. –

3. **Cavalcante**: Ein anderer Schatten spricht Dante an; im Gegensatz zu Farinata, der Dante nur als historische Gestalt bekannt ist, begegnet ihm hier ein persönlicher Freund, der ihn nach dem Schicksal seines Sohnes befragt. Er missversteht Dantes mehrdeutige Antwort als Todesnachricht und bricht unglücklich in seinem Grab zusammen. Er hat an sich erfahren, dass Ketzerei in die Hölle führt – und hier muss jetzt auch sein Sohn sein.

4. **Farinata** (Fortsetzung): Ein messerscharfer politischer Dialog. Farinata weissagt die Zukunft von Florenz und Dantes Verbannung.

5. **Vergil**: Dante ist erschüttert über Farinatas Prophezeiung seines eigenen Schicksals und will von Vergil mehr wissen. Aber der Heide kennt die Zukunft nicht; er verweist auf Beatrice.

11. Gesang: Exkurs Einteilung der Hölle

Der 11. Gesang ist ein scholastisches *Lehrgedicht* über die Einteilung der Hölle.[49] Dante verknüpft mittelalterliche Philosophie[58] mit Vorstellungen Ciceros[50] und der Ethik des Aristoteles[51].

Ein scholastisches *Lehrgedicht* soll didaktisch mit Frage und Antwort verlaufen, darf nicht einförmig sein, muss permanent interessieren. Vergil beginnt deshalb mit der unteren Hölle, die noch bevorsteht.

Der Aufbau der **unteren Hölle** wird theoretisch begründet (16-65): Alles Böse hat nur das eine Ziel, Unrecht zu begehen; die Praktiken hierzu sind: erstens *Gewalt*, zweitens *Betrug*. Der 7. Höllenkreis, in dem die Gewalttäter büßen, ist in 3 Flächen[52] unterteilt, denn der Mensch kann *dreifach Gewalt* üben (31):

o gegenüber *Gott* und *Natur*;
o gegenüber *sich selbst*;
o gegenüber *Mitmenschen*.

---

[49] Im 17. Gesang es Purgatorio und 28. Gesang des Paradiso werden diese Bereiche beschrieben. Eine noch unerklärte Zahlensymbolik: 11 (Inf.) + 17 (Purg.) = 28 (Par.).

[50] *Cicero* (106-43 v.Chr.): römischer Politiker, Redner, Philosoph; seine Schriften haben das abendländische Denken nachhaltig beeinflusst.

[51] *Aristoteles*: griech. Philosoph (384-322 v.Chr.); Schüler Platons und Erzieher Alexanders des Großen; starker Einfluss auf die Philosophie des Mittelalters; Lehre: die Seele („Entelechie") ist unsterblich.

[52] *tre gironi* (30): „drei Kreise (Runden/Rundfahrten)"; zur Unterscheidung der Höllen-"Kreise" hier: „Fläche".

Schwerer als Böses durch <u>Gewalt</u> wiegt das Böse durch <u>Betrug</u>. Dort wird nochmals unterschieden zwischen Betrug gegen *Fremde* (8. Kreis) und Betrug an Menschen (und Vaterland), zu denen ein *Vertrauensverhältnis* besteht (9. Kreis). In diese differenzierte Ordnung sind elementare Teile des mittelalterlichen Strafrechts eingegangen. Man hat Dante dieses Gesanges wegen einen Rechtsphilosophen genannt.

Nach dem ethischen Schema der unteren Hölle kann Vergil die Abstufungen der **Gesamthölle** darstellen. Er verweist auf die Ethik des Aristoteles und deren drei Grundbegriffe (82): Unmäßigkeit, Bosheit, Vertierung. Die verschiedenen Formen der Maßlosigkeit (obere Hölle) verletzten den Schöpfungsgedanken nicht so elementar wie die Bösartigkeit und animalische Triebhaftigkeit der unteren Hölle.

Den markanten Abschluss bildet ein Sonderproblem der Dante-Zeit: der Wucher[63]. Florenz als Zentrum des Kapitalismus tätigte zugleich die Staatsanleihen der europäischen Fürsten und Päpste, wobei das offizielle Zinsverbot auf vielfältige Weise umgangen wurde: Zinsen wurden als fingierte Vertragsstrafen verdeckt, oder es wurde ein Teil des Kapitals einbehalten (Disagio) usw. Nach Aristoteles war es pervers, dass Totes (Geld) Nachkommen (Zinsen) „zeugt".

Die Einteilung der Hölle orientiert sich an dem antiken Ethik-Schema des Aristoteles, die des Purgatorio (Läuterungsberg) am christlichen Schema der sieben Todsünden.

7. HÖLLENKREIS: Gewalt

12. Gesang: 1. Fläche: Tyrannen

Im 11. Gesang wurde in einem scholastischen Lehrgespräch das Strafensystem der Hölle, und damit deren Aufbau philosophisch dargestellt. Aber am Ende rückte durch einen komplizierten astronomischen Bezug - die Position der Sternbilder Fische und Großer Wagen – die reale Zeit wieder ins Bewusstsein:
Es ist 3 Uhr nachts am Ostersamstag.

Mit Beginn des 12. Gesangs führt die Wanderung weiter. Der Abstieg in den 7. Höllenkreis führt durch eine Felsenlandschaft. Vergil und Dante steigen über die große Schutthalde eines Felsenabsturzes nach unten.

Der Einbruch im Felsen wird geographisch beschrieben: *Wie jener Felssturz, der in die Flanke / diesseits von Trient einst die Etsch getroffen / durch Erderschüttrung oder schwache Stütze* (4). Das konnte man sich in Dantes Oberitalien realistisch vorstellen.

Doch später weitet Vergil das Bild ins religiöskosmische (37): Er beschreibt jenes Erdbeben, das die heidnische Welt als kosmischen Liebesakt deutete, während er an seinem Platz im Limbus erfuhr, dass es der Tod auf Golgatha war, der den Berg zum Einsturz brachte. Eine eindrucksvolle Verknüpfung der christlichen und antiken Anschauungen.

Im Strafensystem (XI, 31 ff.) wurde der 7. Kreis in **3 Flächen** eingeteilt für die drei verschiedenen Formen der Gewalt.

In der **1. Fläche** büßen die Gewalttäter gegen den *Nächsten*. Hierher gelangen Dante und Vergil zuerst.

Am Fuße des Berges finden sie einen Wächter „ausgebreitet": das Ungeheuer **Minotaurus**[53], eine Zwittergestalt von Mensch und Tier; die Allegorie zunehmender „Vertierung" in diesem Höllenkreis. *Als er uns sah, biss er ins eigne Fleisch, / wie einer, den der Zorn verbrennt im Innern* (14). Das Untier ist so von Sinnen, dass die Wanderer unbemerkt an ihm vorbei kommen.

Sie gelangen ins Tal und blicken auf einen gro-ßen, kochend heißen **Blutstrom** [66], der die Ebene in einem Kreis umfließt. In ihm wird die Gewalt gegen den *Nächsten* gebüßt.

Zwischen Felswand und Fluss tobt eine stürmi-sche Jagdszene: tausende Kentauren[54] jagen am Ufer des Blutstroms entlang und zwingen die Seelen, die aus dem siedenden Blut auftauchen, mit ihren Pfeilschüssen wieder hinab.

---

[53] *Minotaurus*: im griech. Mythos Menschenleib und Stier-kopf; aus der Verbindung der Gattin des kretischen Kö-nigs Minos mit einem Stier; er wurde im Labyrinth von Knossos gefangen gehalten. Theseus besiegte ihn mit der Hilfe der Ariadne (Ariadnefaden). – Bei Dante ein Stier mit Menschenkopf

[54] *Kentaur*: im griech. Mythos Fabelwesen mit Pferdeleib und menschlichem Oberkörper.

Die Szene gehört zu den besonders plastischen und dramatisch spannungsgeladenen Bildern der *Divina Commedia*; man sieht in ihr ein „Frühwerk der Renaissance".

Es entwickelt sich ein hektischer Wechsel zwischen Nah- und Fern-Aufnahmen, zwischen rasender Bewegung und Stillstand; Massenszenen wechseln mit Individual-Szenen.

Vergil bittet den berühmten Chiron[55], ihm einen der Kentauren als Führer zu geben (77):
Chiron nahm einen Pfeil, und mit der Kerbe / strich er den Bart sich hinter seine Backen. / Als er dem großen Mund so Luft geschaffen, / sprach er: ...

Währenddessen jagt das chaotische Heer der Kentauren, ständig Pfeile verschießend, um den riesigen Kreis des kochenden Blutstroms.

Der Kentaur Nessus[56] wird den Wanderern zum Geleit gegeben.

Auf dem Weg zur Furt hören sie das Geschrei der Gequälten. Es sind Tyrannen – die schlimmsten Gewalttäter gegenüber Mitmenschen. Nessus nennt stellvertretend 10 Namen: in vollendeter poetischer Symmetrie sind es 5 Namen diesseits der Furt und 5 Namen jenseits der Furt.

---

[55] *Chiron*: menschenfreundlicher Kentaur, der Heilwissenschaft kundig; Erzieher griech. Helden (Odysseus, Achill); von Zeus in ein Sternbild verwandelt.

[56] *Nessus*: Kentaur aus dem Sagenkreis um Herakles; weil er sich an dessen Gattin Deianeira vergehen wollte, tötete ihn H. mit einem Giftpfeil. Um sich zu rächen, gab der Sterbende D. von seinem Blut als angeblichen Liebeszauber. Später verbrannte Herakles an einem mit dem Blut gefärbten Gewand.

Die 5 Tyrannen diesseits der Furt sind zwei antike, zwei neuzeitliche und einer aus alter Zeit.

Spiegelbildlich sind es jenseits der Furt einer aus alter Zeit, zwei antike und zwei neuzeitliche. Unter ihnen sind Dionysius[57], der Hunnenkönig Attila (um 450 n. Chr.), und Alexander – wobei unklar ist, ob es sich um Alexander den Großen handelt (356-323 v. Chr.).

Auf dem Rücken von Nessus **überqueren** Vergil und Dante die Furt und gelangen zur **2. Fläche** des 7. Höllenkreises.

---

[57] *Dionysius*: Tyrann von Syrakus (430-367 v. Chr.); vertrieb die Karthager aus Sizilien; dehnte seine Macht auch auf Süditalien bis an die Adria aus.

13. Gesang: 2. Fläche Selbstmörder - Vergeuder

Jenseits des Blutstroms gelangen die Dichter in einen **Wald**: Bäume mit dunklen Blättern und krummen, knorrigen Zweigen, Dornengestrüpp: die **2. Fläche im 7. Höllenkreis**.
Hier büßen die Selbstmörder und Vergeuder die *Gewalt gegen sich selbst*.

Die Einordnung erklärt sich aus der Scholastik[58], die für Dante bindend ist: Der Selbsterhaltungstrieb des Menschen (die Achtung vor sich selbst) wurde höher bewertet als die Achtung des Nächsten; Gewalt gegen das eigene Leben wiegt noch schwerer als Gewalt gegen andere (die in der vorhergehenden Fläche des 7. Kreises verbüßt wird).

Vergeudung (Gewalt gegen den eigenen *Besitz*) wiegt so schwer wie Selbstmord (Gewalt gegen den eigenen Leib). Dante unterscheidet die „Verschwender" aus Genusssucht (die im 4. Höllenkreis büßen) von den „Vergeudern", die ihren Besitz widersinnig gewaltsam vernichten.

---

[58] *Scholastik*: Philosophie des Mittelalters. Ziel war die Begründung und Deutung der „rationalen Wahrheit" auf Grundlage theologischer „Glaubenswahrheiten". Aus der Bindung an Autoritäten (Bibel, Kirchenväter, philosophische Schriften von Aristoteles) ergibt sich die Frage, ob im Zweifel die (rationale) Erkenntnis oder die (theologische) Autorität über die Wahrheit entscheidet. Thomas von Aquin (Hochscholastik, 13.-14. Jh.) versuchte eine rationalistische Annäherung von Glauben und Wissen.

Dieser Bereich der Hölle gehört zu den Höllen-
landschaften, die Dante besonders suggestiv vor
dem Leser erstehen lässt.

Es ist ein verzauberter Wald, den die Jenseits-
wanderer betreten. Die Bäume wehklagen und
stöhnen.

Dante vermutet schreiende Seelen im Gestrüpp
verborgen, aber Vergil befiehlt ihm, einen Zweig
vom Baum zu brechen, und sofort sprudelt Blut
heraus; der Baum stößt jammervolle Schmer-
zensschreie aus.

Sie befinden sich im **Selbstmörderwald**, in dem
keine Menschen leiblich zu sehen sind, weil sie
ihren Leib freiwillig zerstört haben.

Der von Dante unabsichtlich verletzte Baum
enthüllt seine Identität: es ist <u>Pier della Vigna</u>,
dessen Leben unauflöslich verbunden ist mit
dem seines Kaisers Friedrich II.[59]

---

[59] *Friedrich II.* (1194–1250) war Römischer König und
Kaiser, Enkel Friedrich Barbarossas, Sohn von Kaiser
Heinrich VI. Als König von Sizilien schuf er einen straff
zentralisierten, wohlhabenden Staat. Seine Regentschaft
in Palermo glich eher der eines prunkliebenden byzanti-
nischen Kaisers als eines christlichen Fürsten. Friedrich
beschäftigte sich intensiv mit Philosophie, Naturwissen-
schaften und Lyrik, und gründete eine Dichterschule für
italienische Literatur.
Als er den gelobten Kreuzzug mehrfach verschob, beleg-
te ihn Papst Gregor IX. mit dem Kirchenbann (der 1231
wieder gelöst wurde). 1228 zog Friedrich nach Jerusalem
(5. Kreuzzug), zu dessen König er sich krönte. Er war
der letzte bedeutende Staufer.

Das Gespräch mit **Pier della Vigna** bildet Zentrum und Höhepunkt des Gesanges.

Er war Kanzler und über Jahrzehnte der engste Vertraute des Kaisers, als Diplomat unentbehrlich in dessen Kampf gegen das Papsttum. Eines Nachts wurde er ohne ersichtlichen Grund verhaftet, eingekerkert und geblendet. Es ist historisch nie geklärt worden, welche Intrigen ihm das Vertrauen des Kaisers geraubt haben. Es muss der lange Arm des mächtigen Papstes gewesen sein, der bis ins Zentrum seines ärgsten Gegners hinein reichte.

Aus Erschütterung über sein Schicksal zertrümmerte della Vigna sich an der Kerkermauer den Schädel und muss nun im Höllenkreis der Selbstmörder leiden. Dante ist tief bewegt und das Gespräch wird zur Ehrenrettung des bedeutenden Mannes.

Della Vigna schildert das elende Los der Selbstmörder (94): Weil sie durch Selbstzerstörung das Recht auf ihren Leib verloren haben, schleudert Minos bei ihrer Ankunft die vom Leib getrennten Seelen in den 7. Höllenkreis, und wo sie da gerade niederfallen, schlagen sie Wurzeln, werden zum wilden knorrigen Baum. Ihre seelenlosen Leiber werden am Dorngestrüpp aufgehängt, wo die Harpyen [60] nisten, sich von ihren Blättern und Knospen nähren, und ihnen endlos Wunden zufügen.

---

[60] *Harpyen*: mythologische Unheilsdämonen mit Vogelkrallen und Frauenkopf.

In einem dramaturgisch extremen Kontrast zu
dem innigen schwermütigen Gespräch bricht
plötzlich ein chaotischer Lärm herein.

Zwei Männer stürzen herbei: sie sind nackt[61] und
zerschunden: Sie werden von Hunden verfolgt,
die sie packen und sich an ihnen festbeißen. Es
sind **Vergeuder**, die rasend waren gegen den
eigenen Besitz, der ihnen ebenso zur Verantwor-
tung anvertraut war wie ihre Körper.

Der eine Vergeuder hat in der panischen Flucht
einem Strauch die Äste abgebrochen, und mit
dem qualvollen Stöhnen des verletzten anony-
men Selbstmörders endet der Gesang.

---

[61] Nackt sind alle Verdammten der Hölle; Dante erwähnt es
zusätzlich, wenn es besonderes Leid bedeutet.

14. Gesang: 3. Fläche: Gotteslästerer

Der Weg führt die beiden Wanderer aus dem Selbstmörderwald hinunter zu einer **Sandwüste;** sie bildet die **3. Fläche im 7. Höllenkreis**: Es ist der Ort der Gewalttätigen gegen *Gott* und gegen die *Natur*.

Nach den Ketzern gegen die Unsterblichkeit der Seele, die in brennenden Gräbern büßen, ist die Strafe für Gotteslästerer ins Ungeheuerliche gesteigert: auf die Wüste, in die sie gebannt sind, prasselt unaufhörlicher Feuerregen herab.

Das Feuer, das seiner Natur nach von unten nach oben flackert, fällt hier vom Himmel. Sodom und Gomorrha bilden den Hintergrund für ein apokalyptisches, widernatürliches Bild:

Gotteslästerer, Sodomiten[62], Wucherer[63], büßen nicht an unterschiedlichen Orten, sondern alle am gleichen Ort – unterschieden nur durch ihre Haltung.

---

[62] *Sodomie*: [nach der biblischen Stadt Sodom]; sexuelle Handlungen mit Tieren; in Deutschland seit 1969 nicht mehr strafbar. Dante bezeichnet sie als Heterosexualität gegenüber Homosexualität.

[63] *Wucher*: Die ungewöhnlich harte Bestrafung des Wuchers ist im 11. Gesang (Lehrgespräch 91-115) begründet: die Genesis verlangt, dass der Mensch sein Brot im Schweiße seines Angesichts, also durch Arbeit, verdient. Der Wucherer lässt tote Materie (Geld) für sich „arbeiten"; der „tote Abkömmling" (Zins) bedeutet eine Verhöhnung (Vergewaltigung) der von Gott erschaffenen Natur.

- o Die **Sodomiten** können umherlaufen und den Feuerregen abschütteln.
- o Die **Wucherer**, die zum Stillsitzen verdammt sind, können sich noch notdürftig schützen.
- o Am stärksten leiden die **Gotteslästerer**: auf dem Rücken liegend sind sie dem Feuer hilflos ausgesetzt. Sie bilden eine Steigerung zur Ketzerei, weil sie Gott intellektuell bösartig beleidigen, ohne ihm einen eigenen Glauben an Übersinnliches entgegenzusetzen.

Gotteslästerer

Auf dem Wüstenboden weit ausgestreckt liegt ein Riese im Feuerregen: **Capaneus**[64] (46). Noch unter den Qualen, die er erleidet, verspottet er die Götter in einem atemberaubenden Gebrüll, das sich über drei Terzinen (3 mal 3 Verse) in die Vision einer Götterschlacht steigert (52-60).

Die Feuerwüste versperrt den Wanderern den weiteren Weg. Aber sie sehen einen schmalen Bach, der aus dem Selbstmörderwald heraustritt und die Wüste durchquert. Am rot gefärbten Wasser erkennen sie den Blutstrom, der jenseits des Waldes (12. Gesang) austritt. Sein Dampf löscht die Feuerflammen, und auf seinem steinigen Damm wollen sie die Sandwüste durchqueren, ohne vom Feuerregen getroffen zu werden.

---

[64] *Capaneus* hatte in der griech. Mythologie Jupiter (Zeus) herausgefordert und wurde von dessen Blitz erschlagen. Es ist typisch für Dantes Integration der antiken Mythologie in die Beschreibung des Inferno, dass der Aufstand gegen Jupiter (Zeus) gleichgesetzt wird mit der Empörung gegen den christlichen Gott.

14. Gesang: Exkurs: Der Greis von Kreta

In einem ausführlichen Exkurs erläutert Vergil Dante den Ursprung der **Höllenflüsse**. Hieraus leitet sich die Topographie der Hölle ab.

Auf Kreta lebt ein riesenhafter **Greis**, dessen Körperteile aus Gold, Silber, Kupfer, Eisen und Ton bestehen. Alle Körperteile, außer dem goldenen, haben Risse, aus denen **Tränen** strömen[65].

o Die Tränen sammeln sich zum Fluss **Acheron**. Dieser umfließt den 1. Höllenkreis (Inf. III) und trennt ihn von der Vorhölle.

o Im 5. Höllenkreis fließt der Acheron zum riesigen Teich der **Styx** zusammen, über den man im 7. und 8. Gesang zum Eingang von Dite, der Teufelsstadt, gelangt.

o Aus der Styx entspringt der **Phlegethon**[66], der **Blutstrom** (12. Gesang), in dem die Gewalttäter gemartert und von Kentauren gejagt werden (1. Fläche im 7. Höllenkreis).

Aus dem Phlegethon tritt der Bach heraus, der durch den Selbstmörderwald fließt und danach die Feuerwüste durchquert.

---

[65] *Greis von Kreta*: Dante verbindet biblische Elemente (Nebukadnezars allegorischer Traum vom Untergang seines Reiches) mit antiken Elementen (Plinius, sowie Vergils *Aeneis*).

[66] *Phlegethon*: schon vor Dante als Straf-Ort der Verdammten bekannt; aber Dante verbindet das Blut mit einer siedenden Hitze, als Allegorie für den glühenden Fanatismus der Tyrannen.

o Der weitere Lauf der Höllenflüsse steht Dante erst noch bevor:
Der blutige Bach wird in den 8. Höllenkreis hinabstürzen (16. Gesang). Danach sammelt sich schließlich alles Wasser im 9. (untersten) Höllenkreis, und gefriert zum **Eissee Kozytus** (31+32. Gesang).

Dante vermisst in der Beschreibung den aus dem Mythos bekannten 5. Unterweltfluss **Lethe** (131) und erfährt, dass er diesen Fluss des Vergessens im irdischen Paradies finden wird.[67]

---

[67] *Lethe*: Am Ende des Inferno wird Dante den Fluss als „Bächlein" sehen (Inf. XXXIV, 130).

15. Gesang: 3. Fläche: Sodomiten, Br. Latini

Auf dem steinernen **Damm** des Baches schreiten die beiden Wanderer durch die Sandwüste; der Dampf des Wassers schützt sie vor dem Feuerregen.

Es ist kein natürlicher Damm; er wurde von Menschenhand gebaut. *Wie zwischen Brügge und Wisant die Flamen, / der Sturmflut fürchtend, die auf sie heranbraust, / sich Deiche baun, daran das Meer sich breche / und wie die Paduaner längs der Brenta, / die Villen und die Burgen zu beschützen / ... nach solchem Bilde waren jene dort ... gebaut; / wer's auch gewesen sei, ein Meister schuf sie.*

Noch im Bild der großen Sandwüste und des biblischen Feuerregens von Sodom und Gomorrha bleibt reale Vorstellung erhalten: die belgischen Deiche gegen die Sturmflut, die Uferdämme der Brenta in Norditalien.[68]

Dante hat seine Leser aus der phantastischen Welt des brüllenden Riesen und des sagenhaften Greises von Kreta mit nur zwei allgemein bekannten realen Landschaftsbildern wieder in eine Höllen-Topograhie geführt, die als realer Ort wahrnehmbar bleibt – gleichzeitig wandern Dante und Vergil wie durch ein Naturwunder in der Sandwüste: von den Dämpfen des Blutstroms geschützt gegen die vom Himmel regnenden Flammen.

---

[68] Brockhaus: „von Villen gesäumter Brentakanal ... beliebter Reiseweg zwischen Padua und Venedig."

Sodomiten

Während die beiden über den Damm wandern, begegnet ihnen einer Schar von Seelen, die im Leben als Sodomiten gesündigt haben (16). Sie versuchen im Vorbeigehen dem Blick der Wanderer auszuweichen – *so blinzten sie auf uns aus engen Lidern, / wie auf das Nadelör ein alter Schneider.*

Plötzlich taucht aus der finster vorbei gehenden Schar im diffusen Mondlicht eine Gestalt auf, die Dante mit Schrecken erkennt: es ist sein verehrter Lehrer **Brunetto Latini**.[69]

Es entwickelt sich ein ergreifendes Gespräch zwischen dem Lehrer und seinem (inzwischen berühmten) Schüler, der ihm seine geistige Entwicklung verdankt. Da auf diesem Weg alle in Bewegung bleiben müssen, geht der Lehrer rückwärts auf dem Weg seines Schülers, während die Gruppe weitergeht und sich entfernt.

Dante urteilt nicht über die sittliche Persönlichkeit seines hoch geschätzten Meisters. Er liebt und verehrt ihn. Um ihm seine Ehrerbietung zu erweisen, neigt er sein Haupt so tief, dass er von dem erhöhten Damm aus auf gleicher Höhe spricht wie der tiefer gehende Meister (44).

---

[69] *Brunetto Latini* lebte als berühmter Rechtsgelehrter in Florenz, wurde vorübergehend vertrieben und nutzte sein Exil in Frankreich zu geistigen Studien. Nach der Verbannung kehrte er nach Florenz zurück und wurde der hochgeehrte Lehrer der jungen Generation. Man nannte ihn den ersten maßgeblichen Vertreter der humanistischen Laienbildung.

Der ganze Gesang wird beherrscht von dieser Spannung zwischen zartestem Mitleid und unbarmherziger Strafe. Es ist das hohe Lied der Dankbarkeit des Schülers zu seinem geistigen Führer. Dem Andenken des Lehrers erweist Dante die Ehre, dass dieser ihm hier seinen Ruhm und die baldige Verbannung prophezeit. Nach Ciacco (6. Gesang) und Farinata (10. Gesang) ist es die dritte von sieben Prophezeiungen der Verbannung. Sie wird zwei Jahre nach diesem fiktiven Jahr der Jenseitswanderung Wirklichkeit werden.

Im allgemeinen Gespräch über Sodomie erklärt Brunetto, dass viele Gelehrte und Geistliche unter den Sündern sind, und er nennt bekannte Zeitgenossen. Dann muss der Schüler von seinem Lehrer Abschied nehmen, damit Brunetto seine Gruppe wieder einholen kann.

Die Situation vermittelt höchste Dramatik in der Spannung zwischen der Szenerie
- Wüste im Flammenregen; glühender Blut-Bach; Dante und Vergil auf dem erhöhten Damm; die Gruppe der Sünder im Feuerregen neben dem Damm –
und der Intimität des herzlichen Zwiegesprächs zwischen Lehrer und Schüler.

16. Gesang: 3. Fläche: Sodomiten, Edelleute

Dante und Vergil befinden sich immer noch in der 3. Fläche des 7. Höllenkreises.

Auf dem Damm durchqueren sie die Sandwüste, auf die der Feuerregen niederprasselt, geschützt vor den Flammen durch den Dunst des blutigen Baches.

Das apokalyptische Bild wird noch gesteigert durch starke akustische Eindrücke: *Wir waren dort, wo man das Rauschen hörte / des Wassers, das zum nächsten Kreise stürzte.* Sie nähern sich dem Ort, wo der Phlegethon[66] als reißender Sturzbach in den nächsten, den 8. Höllenkreis hinabstürzt.

Florentiner Edelleute

Auf dieser letzten Strecke des 7. Höllenkreises begegnet Dante noch einer anderen Gruppe Sodomiten: An das persönliche Gespräch mit Brunetto Latini schließt sich das politische Gespräch an über die geistige und gesellschaftliche Situation der Heimatstadt (64-87).

Die Aristokraten repräsentieren Dantes Ideal einer mittelalterlichen Ritterlichkeit. Gemeinsam beklagen sie den Zustand ihrer Heimatstadt, deren Wohlstand und Hochkultur Abenteurer, Schmarotzer, Hochstapler und Spekulanten anzieht. *Von neuen Leuten und dem Schnellverdienen ist Hochmut und Vermessenheit gekommen / in dich Florenz, so dass es jammernswert ist.*

Der Niedergang der Stadt durch die Verfremdung wird im Paradiso noch vertieft werden; (auch dort ist es der 16. Gesang!).

Der szenische Verlauf des Gesprächs ist ein Meisterwerk plastischer Gestaltung.
Die drei Edelleute wollen mit Dante sprechen, dürfen aber nicht stillstehen. *Da kreisten alle drei in einem Rade. / … So hatte jeder kreisend seine Blicke / nach mir gewandt, so dass des Halses Wendung / dem Weg der Füße stets entgegenstrebte.* (21). Wenn sie sich langsam im Kreis bewegen, den Blick dabei immer fest auf Dante gerichtet, bedingt es eine gleichzeitige Bewegung der Füße und des Kopfes, wobei die Bewegung des Schreitens homogen bleibt, während der Kopf sich immer weiter in die Gegenrichtung dreht, bis er an dem Dante gegenüberliegenden Punkt sich ruckhaft umwenden und erneut der Schrittbewegung entgegen kreisen muss.

Das „rotierende" Gespräch erzeugt eine grandiose innere Stille und zugleich eine gewaltige motorische Dynamik: ein in sich Ruhen im Weiterschreiten. Die mit den Füßen und den Köpfen gegeneinander kreisende Dreiergruppe bildet das eindrucksvolle Gegenbild zu der hektisch vorwärts drängenden anonymen Gruppe mit Brunetto, der seinerseits Dante rückwärts folgte.

Die Jenseitswanderer haben sich dem Ende des 7. Höllenkreises, wo der blutige Phlegethon als Wasserfall in die Schlucht des darunter liegenden Höllenkreises abstürzt, so weit genähert, dass sie sich im Dröhnen des Wassers kaum noch verständigen können.
So hörten wir an diesem Felsenabgrund / das blut'ge Wasser niederdonnern.
Dante muss einen „Abgrund" überwinden.

Der „Abgrund", der überwunden werden muss,
erfordert einen „Sprung"– einen neuen Erkenntnisschritt.

Nach dem persönlichen (biographischen) Gespräch mit Brunetto und dem (gesellschaftspolitischen) Gespräch mit den drei Edelleuten über
die aktuelle Situation seiner Heimatstadt Florenz
verwandelt sich die Realität wieder in eine
Traumhandlung:
  Vergil nimmt einen Strick, den Dante um die
Hüfte geschlungen hat, und wirft ihn in großem
Bogen hinunter in die Schlucht (106). Dante erinnert sich, dass er diesen Strick einst mitgenommen hatte, um den Leoparden zu bändigen in
dem Wald, in den er sich verirrt hatte (1. Gesang). Diese Lebensphase ist überwunden und
der Strick taugt jetzt dazu, sich einem gewaltigeren, einem mythologischen „Tier" zu konfrontieren. (115): *Nun muss doch etwas Neues Antwort
geben.*

Nach dem **Bösen durch Gewalt** nähern sie sich
jetzt dem **Bösen durch Betrug**.
Etwas Phantastisches kündigt sich an:
*Ich sah, wie durch die dunkle, dicke Luft / eine Gestalt
heraufgeschwommen kam, / unglaubhaft grauenvoll
auch für den Mutigsten.*

17. Gesang: 3. Fläche: Geryon – Wucherer

Der Übergang vom 7. zum 8. Höllenkreis ist kein Abstieg; es ist ein **Abgrund**. Die Spannung auf den erwarteten „Fährmann durch die Lüfte" wurde auf den Gipfel getrieben, als Dante entgegen den Naturgesetzen aus der Tiefe eine Gestalt durch die *dicke, dunkle Luft heraufschwimmen* (sah), *nach oben tastend und die Füße schleppend.*
Ecco la fiera – „hier ist das Ungetüm" – beginnt der 17. Gesang. Erst in der 2. Hälfte erfährt man den Namen des Ungeheuers: **Geryon**[70].

Das Strafensystem der Hölle (XI, 16-65) nennt zwei Praktiken, mit denen der Böse Unrecht begeht: **Gewalt** und **Betrug**.

o Im 7. Höllenkreis sind die <u>Gewalttäter</u> auf drei Flächen versammelt: Tyrannen; Selbstmörder und Vergeuder; Gotteslästerer und Sodomiten.

o Im 8. Höllenkreis büßen die <u>Betrüger</u>. Dorthin soll Geryon, dass abscheuliche und gefährliche Sinnbild des Betruges, die beiden Wanderer tragen.

---

[70] *Geryon*: im griech. Mythos: riesenhafter König mit drei Leibern und drei Köpfen, den Herakles erschlägt. Bei Dante erinnern Schlangenleib und Menschenantlitz an die Schlange der Genesis.
Dante übernimmt kaum mehr als den Namen aus der Mythologie. Er verwebt die Fülle der Bilder von der Antike bis zum Mittelalter zu einem neuartigen Phantasiewesen. Hier ist Geryon nicht eine Bestie, die Schrecken verbreiten soll, sondern das Sinnbild des Betruges.

Der Höllenkreis des Betruges bildet eine neue
Dimension des Unrechts.
Hierher können Dante und Vergil nicht syste-
matisch weiter schreiten. Es ist ein Abgrund zu
überwinden. Und dieser unvorstellbare Abgrund
in eine andere Qualität der Schuld kann nur auf
mythische Weise überwunden werden.

Das mythische Wesen, das die beiden Jenseits-
wanderer in die neue Dimension von Höllenqua-
len führen soll, ist das im ersten Vers des Gesan-
ges vorgestellte Untier: **Geryon.**

Das Fabelwesen Geryon besitzt Menschenkopf
und Drachenleib. Er hat einen gewaltig drohen-
den Schweif, an dessen Ende der giftige Stachel
des Skorpions blitzt.
Es ist ein Drache ohne Flügel (obwohl er Dante
und Vergil in den Abgrund fliegen soll). Er hat
das (menschliche) *Antlitz eines Ehrenmannes, /
zeigt liebenswürdig sich nach außen –*
doch wer dem gütigen Blick vertraut und sich in
Sicherheit wiegt, den trifft heimtückisch von hin-
ten der giftige Skorpionstachel.

Das Untier hat weder menschlichen noch anima-
lischen Charakter. In seiner Vermischung von
mythologischen, apokalyptischen, dämonischen,
allegorischen und heraldischen Aspekten ersteht
ein Bild unheimlicher, unergründlicher Wandel-
barkeit. Es ist nicht zu beschreiben und nicht zu
durchschauen. Jeden Augenblick kann es einen
neuen heimtückischen trügerischen Zug seines
Unwesens zeigen.

Wucherer

Am Abgrund des 7. Höllenkreises sitzt im Flammenregen die letzte Gruppe der Gewalttäter: die Wucherer.[71] Ihr Handeln galt als Verbrechen wider die Natur (es tat ihr Gewalt an), weil er keine eigene Arbeitsleistung ist, sondern die tote Materie Geld für den Menschen „arbeitet". Im Leben haben sie ihrer Hände Arbeit gescheut, jetzt müssen sie am Boden sitzend pausenlos mit den Händen umsichschlagen, um den Flammenregen abzuwehren - wie Hunde die Fliegen.[72] Sie tragen Brustbeutel mit Wappen der Florentiner Adelsfamilien, deren Geldverleih Dante anklagt.

Flug auf dem Drachen zum 8. Kreis

Vergil und Dante besteigen den Rücken des Drachens, und das vielgestaltige undeutbare Ungeheuer wird ihnen zum „Fährmann der Lüfte", mit dem sie durch den Abgrund in den 8. Höllenkreis hinunter fliegen (79-136).

Der **Flug** ist ein Phänomen: Dante scheint vor 700 Jahren das Flugzeug vorgeahnt und im technischen Detail verstanden zu haben[73]. *So wie ein Nachen aus dem Hafen gleitet ... schwamm er im freien Raum*: wie ein Luft-Schiff.

---

[71] *Wucher* ist für Dante jede Art des Geldverleihs; auch das Bankensystem von Florenz.

[72] *Vergeltung* (contrappasso) steht immer in einem sinnvollen Zusammenhang mit der Sünde.

[73] Leonardo da Vinci schuf um 1500 die ersten ernst zu nehmenden Pläne und Versuche, um mit von Muskelkraft bewegten Flügeln zu fliegen.

Geryon rudert mit den Pranken wie die Rotorblätter eines Hubschraubers. *In großen Kreisen mit geringer Neigung* solle er wie ein Drachenflieger segeln, rät ihm Vergil (98). *Und langsam, langsam schwebte er dahin. / Er kreist und sinkt ... So wie der Falke ... herunterkommt durch hundert Kreise* sucht er im Gleitflug das Landeziel, das immer genauer erkennbar wird.

Aus dem rätselhaften Untier wird ein hilfreicher Geleiter, in dessen Bewegungen die „Idee des Fliegens" verwirklicht ist. *So setzte uns Geryon auf den Boden... Und flog davon so wie ein Pfeil vom Bogen.*

Nach dem abenteuerlichen Flug in den Abgrund sind Vergil und Dante am Rand des 8. Höllenkreises angekommen: es ist der Ort, an dem die **Betrüger** büßen.

8. HÖLLENKREIS: Die 10 Gräben des Betrugs

18. Gesang: 1.+2. Graben: Verführer

Der Eindruck immer qualvollerer Sündenstrafen wird noch gesteigert, weil der **8. Höllenkreis** selbst noch einmal in **10** konzentrische, nach unten sich verjüngende **Gräben** unterteilt ist. *Malebolge* werden sie im 1. Vers genannt, was als „Verbrechergrube" und ähnlich paraphrasiert wird; die heutige Bedeutung „Sack" solle an ein unentrinnbares Behältnis erinnern. Aber im italienischen Sprachgebrauch hat sich für *bolgia* die Bedeutung „Höllengraben" erhalten; ganz offenbar eine Tradition, die auf Dante zurückgeht[74].

Dieser 8. Höllenkreis wird von einer **10 Ebenen** hohen **Mauer** umschlossen: sie reicht von dem oberen Rand, wo Geryon gelandet ist, bis zum untersten der zehn Ringgräben.

Die Jenseitswanderer blicken von oben hinunter in den 1. Graben: Hier sind die **Kuppler** und **Verführer** (22-99). [75]

---

[74] *Malebolge*: sprichwörtlich: *questo posto è una bolgia:* „hier ist die Hölle los".

[75] Kuppler und Verführer in tieferen Höllenkreisen als Tyrannen und Gotteslästerer mag verstören. Das Strafensystem der Danteschen Hölle ist tiefgründig: Betrug ist (noch) schlimmer als Gewalt, weil er die Menschen durch ihr Vertrauen hilflos und wehrlos macht. – Und: auch ein „Goebbels" ist ein „Verführer" ...

Die Kuppler und Verführer rennen in zwei ge-
trennten Gruppen im Kreis; die einen rechts he-
rum, die anderen links herum.

Ihre Sündenstrafe ist das ewige Rennen im
Kreis auf dem Grund des Grabens, wo Teufel sie
mit Peitschenhieben[76] vorwärts jagen.

Je phantastischer Dantes Traumvisionen werden,
desto anschaulicher werden die Beispiele aus
dem täglichen Leben: den Lauf der beiden Sün-
derscharen erklärt er mit geordnetem Gegenver-
kehr der Besuchermassen auf der Engelsbrücke
in Rom während des Heiligen Jahres 1300, in
dem die *Commedia* terminiert ist:

So wie die Römer, bei der großen Menge / im Jahr des
Jubels, damit auf der Brücke / die Menschen sich nicht
stauten ...

Der 2. Graben ist der Strafort der **Schmeichler**
und **Dirnen** (100-136). Den Schmeichlern gilt
Dantes besondere Verachtung. Sie prostituieren
ihre Seele und gehören deshalb zu denen, die
ihren Leib prostituieren. Auf ewig waten sie
durch stinkendem Kot.

Die Vorstellung des ekelerregenden Geruchs und
die Lautmalerei der Reime (*sbuffa, muffa, zuffa –
dosso, fosso, mosso* ...) erzeugen das abstoßende
Bild einer gigantischen Abortgrube.

---

[76] Auspeitschen war die geläufigste Form im mittelalterli-
chen Strafvollzug.

19. Gesang: 3. Graben: Simonisten

Tiefer, im 3. Graben, büßen die Simonisten[77]. Missbrauch geistlicher Ämter gilt Dante als ein besonders schlimmes politisches Vergehen, auf das er den moralischen Verfall von Florenz und seine eigene Verbannung zurückführt.

Die Strafe der Simonisten ist das „Einpfählen": sie werden in engen Löchern mit dem Kopf nach unten lebendig begraben. Dieser dritte Graben ist übersät mit Gräbern, aus denen die Fußsohlen ragen, über denen Flammen züngeln.

Dante geht zu einem Loch, *wo einer mit den Füßen weint.* Der senkrecht nach unten Begrabene ist Papst Nikolaus III. Weil gleiche Amtsränge übereinander eingepfählt werden, (also der Neue seinen Vorgänger tiefer in die Erde quetscht), glaubt Nikolaus, sein Amtsnachfolger Bonifatius VIII. stehe an seinem Grab und werde über ihm eingepfählt. Aus dem Mund eines Papstes erleben wir die Verdammung zweier (zum fiktiven Zeitpunkt der *Divina Commedia* noch lebenden) Päpste: Dantes Erzfeind Bonifatius VIII.[78] (†1303) und Clemens V. (†1314).

---

[77] *Simonie*: Verkauf/Kauf geistlicher Ämter; [Apg. 8,9: Simon Magus (der Magier) wollte Petrus und Johannes die Gabe der Geistmitteilung abkaufen.] - Dante forderte strikte Trennung geistlicher und weltlicher Gewalt.

[78] *Bonifatius VIII.* (1294-1303); führte 1300 das Hl. Jahr (Jubeljahr) in der kath. Kirche ein; mit der Bulle „Unam sanctam" erneuerte er die Forderung nach dem Vorrang der geistlichen vor der weltlichen Macht.

In groteskem Irrtum (der köpflings Begrabene
kann nichts sehen) wird Dante hier zum Beicht-
vater eines Papstes, der bekennt, Kirchenämter in
großem Umfang an seinen Familienclan verkauft
zu haben.

Der Gesang endet mit Dantes Verfluchung der
„Konstantinischen Schenkung"[79], die den weltli-
chen Machtanspruch der Päpste ermöglichte.

Dantes Urteil ist um so eindrucksvoller, als die-
ses Dokument zu seinen Lebzeiten noch als echt
angenommen wurde, und erst mehr als hundert
Jahre nach Dante durch Nikolaus von Kues als
Fälschung entlarvt wurde.[80]

---

[79] *Konstantinische Schenkung*: erst im 15. Jh. als Fälschung
erkannte Urkunde, nach der Kaiser Konstantin d. Gr.
(306-337) dem Papst die Herrschaft über Rom und alle
abendländischen Provinzen zugesteht; diente zur Legiti-
mierung päpstlicher Herrschafts- und Besitzansprüche
(Kirchenstaat). (→ Par. XX, Konstantin).

[80] *Nikolaus von Kues*, lateinisiert Nicolaus Cusanus,
(1401-1464), deutscher Kirchenrechtler, Philosoph,
Bischof und Kardinal.

20. Gesang: 4. Graben: Wahrsager und Zauberer

Dante und Vergil steigen ab *zur steilen wilden Klippe* über dem 4. Graben.
Hier büßen die **Wahrsager** und **Zauberer**.

Di nuova pena mi convien far versi –
„Von einer neuen Strafe muss ich dichten".
Nuova heißt bei Dante nicht nur neuartig, sondern auch seltsam, unglaublich, unerhört.

Jenen, die nach vorne in die Zukunft schauen wollten, ist der Kopf vollständig nach hinten gedreht, sodass sie auf ihrer schweigenden Prozession nach hinten in die Vergangenheit blicken, während sie vorwärts laufen müssen.

Diese Sünder wider die Wahrsagung werden ausdrücklich von Vergil vorgestellt, der im Mittelalter selbst als eine Art Magier verehrt wurde. Offenbar will Dante ihm ein Podium zur Ehrenrettung geben.

Dantes dogmatische Verurteilung der Prophetie in diesem Höllenkreis und sein gleichzeitiger Versuch, Vergil davon freizusprechen, sind nicht unproblematisch unter dem Gesichtspunkt, dass Vergils 4. Ekloge[24] im Mittelalter als Vorhersage des kommenden Christus verstanden wurde. (siehe Inf. II: Der Heide Vergil.)

Kernstück des Gesangs bildet eine liebevolle Landschaftsschilderung von Oberitalien und von Vergils Heimatstadt Mantua.

Dort droben liegt im schönen Land Italien (Italia bella) */ ein See am Fuß der Alpen, die das deutsche Land / begrenzen bei Tirol* ... (61):

Der Gardasee mit seinen Zuflüssen und die Kulturlandschaft bis nach Mantua bilden eine wundervolle poetische Huldigung an Vergils und Dantes Italien.

21. Gesang: 5. Graben: Staatsbetrüger

Von Steg zu Steg hinunter führt der Weg und sie kommen zum 5. Graben, dem Strafort der **Staatsbetrüger**.

Für Dante bedeutet der Missbrauch von geistlichen (19. Gesang) und staatlichen Ämtern ein Grundübel, mit dem die Gesellschaft zugrunde gerichtet wird. Beides sind opportunistische, autoritäre Übergriffe, deren sich die Bürger nicht erwehren können.

Besonders der Missbrauch von Staatsämtern (Bestechlichkeit) musste Dante innerlich aufwühlen, weil er selbst wegen solchen Missbrauchs unbegründet verurteilt und verbannt wurde. (Zwei Jahre nach dem fiktiven Jahr 1300 der *Divina Commedia*).

Nach der im 4. Graben herrschenden Apathie wirkt der 5. Graben als Schock: In einem Teich aus schwarzglänzendem brodelndheißen Pech müssen die Staatsbetrüger schmoren.

Plötzlich rast ein Teufel heran, mit einem Ratsherrn auf dem Rücken, und wirft ihn in das Pech hinein. Die Szene wird hochdramatisch und tragikomisch; eine wilde Teufelsmeute stürzt herbei und sticht *mit mehr als hundert Haken ..., wie die Küchenjungen / das Fleisch mit ihren Gabeln untertauchen, / im Kessel, dass es nicht nach oben schwimme.* (38-57).

In diesem Gesang sind nicht die Sünder die Hauptpersonen, sondern die **Teufel**. Deren chaotisches Wesen und die sarkastisch-komischen Situationen bilden einen beklemmenden Kontrast zu dem unheimlich geräuschlosen glühend heißen Pechsee, in dem die Sünder leiden.

Vergil geht über die Brücke zu den Teufeln, um über den Weg zu verhandeln. Sofort will sich die Meute auf ihn werfen, aber gebieterisch ruft er nach ihrem Wortführer. Dieser, Malacoda (*böses Ende* oder *Unterweltschwanz*), nennt die Brücke zum 6. Graben unbegehbar, weil ein Brückenbogen vor 1266 Jahren eingestürzt sei.

Die Zeitrechnung der Teufel beginnt nicht mit Christi Geburt, sondern mit dessen Tod[81]. Die 34 Lebensjahre plus 1266 ergeben das fiktive Jahr 1300 der *Divina Commedia*. Vergil und Dante sollen eine andere Brücke benutzen, und zehn Teufel brechen auf zu ihrem Geleit.

Die Szene vibriert zwischen Angst, Schauder und Lächerlichkeit. Bizarre Teufelsnamen[82] und drollige Szenen (*Soll ich ihn* – Dante – *in den Hintern stechen? – Ja, spieß ihn an!*) gipfeln schließlich in dem Aufbruch-Signal des Oberteufels:
Er blies Trompete mit dem Hintern.

---

[81] Der Einsturz durch den Kreuzestod Christi erfolgte *gestern, nur fünf Stunden später*; da der Tod Christi zur Mittagszeit angenommen wird, ist es <u>jetzt</u>: „heute, 5 Stunden früher": Ostersamstag 7 Uhr morgens.

[82] Die Teufelsnamen (118-123) bedeuten etwa: Harlekin, Irrwisch, Krallenhund, Wildschwein, und andere unübersetzbare Phantasienamen.

22. Gesang: Aufbruch zum 6. Graben

Die zehnköpfige Teufelseskorte bricht auf, um Dante und Vergil zu einer Brücke zu bringen, auf der sie angeblich den nächsten Graben überschreiten können.

Die Ereignisse dieses Marsches wirken possenhaft komisch, aber der höllische Humor ist schal und bitter. Am Ende bleibt das Gefühl: diese Teufel sind dumm in ihrer tückischen, wilden Rohheit; gegen das Göttliche haben sie keine Chance.

Der Zug weckt bei Dante Kriegserinnerungen: *Ich sah schon Ritter, die im Aufbruch waren, / und Sturmangriffe sah ich und Paraden / ... Turniere schlagen und zum Zweikampf reiten / ...* doch eine solche Gruppe, wie sie jetzt den 5. Graben entlang marschiert, sah er noch nie. Man spürt sein ironisches Lächeln über die burleske Teufelskomödie.

Wo das glühende Pech nicht bewacht wird, retten sich die Sünder *wie Frösche* ans Ufer und verstecken sich. Einer wird vom Teufelskonvoi entdeckt; die „Höllenpolizisten" fangen ihn und wollen ihn qualvoll piesacken. Aber der arme Sünder kann die Situation durch eine schlaue Unterhaltung lange offen halten. Er bietet an, ersatzweise sieben versteckte Sünder *mit einem Pfiff* herzurufen, sie zu „verpfeifen" (97). In einem günstigen Moment rettet er sich mit einem Sprung in den heißen Schwefel. (Der Staatsbetrüger hat sogar die Hölle betrogen).

Die um ihre Schinderei geprellten Teufel streiten
so aufgeregt, wer von ihnen der Schuldige sei,
dass zwei selbst aus Ungeschicklichkeit in das
heiße Pech plumpsen. Weil ihre Flügel sogleich
verklebt sind, können sie sich nicht aus eigener
Kraft retten; die anderen Teufel am Ufer *streckten*
Haken aus nach den Geleimten, / die ganz gesotten
waren in dem Peche.

Dante und Vergil nutzen die Verwirrung, alleine
weiterzugehen.

23. Gesang: 6. Graben: Heuchler

Auf der Suche nach der Brücke über den 6. Graben merken sie plötzlich, dass sie von dem wütenden, geprellten Teufelspack verfolgt werden, – *die Flügel weit gespreizt, ganz nahe schon, um uns zu fangen.* In sieben aufeinanderfolgenden Gleichnissen[83] beschreibt Dante, wie Vergil ihn geistesgegenwärtig packt und blitzschnell mit ihm die Böschung in den 6. Graben hinunter rutscht. Bis dorthin darf ihnen das „Personal" der 5. Grabens nicht folgen.

Im 6. Graben sind die (religiösen) **Heuchler** untergebracht. Das Mittelalter verstand das Pharisäertum als Verbrechen am hl. Geist; Thomas von Aquin[84] verurteilt s als Todsünde. Ihre Strafform zwingt die Heuchler, die Falschheit auf ewig körperlich zu ertragen: sie schreiten unter der schweren Last von Bleimänteln, die außen vergoldet blenden. *Gefärbte Leute ... die Kapuzenmäntel tragen ...wie Cluniazensermönche*[85] (58). Die Mönchskutte wird zum Symbol der Heuchelei.

---

[83] *Wie eine Mutter, die vom Lärm erwacht und neben sich das Feuer lodern sieht, ihr Kind ergreift und flieht... Niemals floss Wasser schneller durch die Rinne, um auf dem Land ein Mühlenrad zu treiben ...*
Die Gleichnisse erinnern an Homer (700 v.Chr.), in dessen „Ilias" über 130 Gleichnisse die Ereignisse erläutern; aber die *Ilias* war nicht ins Italienische übersetzt.

[84] Thomas von Aquin: Kirchenlehrer; Schüler von Albertus Magnus in Köln; bedeutendster Philosoph und Theologe des Mittelalters; lehrte in Paris, Rom und Neapel.

[85] Die Tracht der Benediktiner von Cluny war wegen ihrer pompösen Kutten berühmt und berüchtigt.

Auf dem Boden ausgestreckt liegt eine Gestalt: es ist Kaiphas, der die Kreuzigung Christi auf dem Gewissen hat. An Händen und Füßen ist er mit Pflöcken statt Nägeln auf den Boden gekreuzigt. Das Kreuz selbst ist als Substanz gar nicht vorhanden; es wird sinnfällig durch die Haltung des Bestraften, über den die Kreisprozession der Bleikuttenträger in dem engen Graben auf ewige Zeit hinwegschreitet.

Erst hier erfährt Vergil, dass die Brücke über den 6. Graben, zu der die Teufel sie geleiten wollten, längst eingestürzt ist.

Ein Kapuzenträger verhöhnt seinen Zorn darüber: schon zu Lebzeiten in Bologna habe er gewusst, dass Teufel verlogen sind.

24. Gesang: 7. Graben: Diebe

Der Abstieg in die Hölle wird von Kreis zu Kreis beschwerlicher, die Landschaft zerklüfteter und archaischer.

Aus dem 6. Graben müssen die Wanderer die Schutthalde der eingestürzten Brücke nach oben klettern, um auf den Damm zu kommen, hinter dem der 7. Graben liegt. Es ist die ausführlichste Schilderung einer Ersteigung im Inferno: ein Aufstieg der Selbstüberwindung. Dante ist erschöpft und muss von Vergil angetrieben werden.

Weil die Hölle sich als Trichter nach unten senkt, liegt der jenseitige Damm eines Grabens tiefer als der diesseitige; der Aufstieg von der Talsohle eines Grabens ist niedriger als der Abstieg war. Vergil deutet den Aufstieg allegorisch (46) mit der Macht des Geistes gegenüber der Trägheit des Körpers: nicht irdischer Ruhm sei der Sinn des Lebens, sondern die Entfaltung seelischer Kräfte; und dies ist ein mühsamer „Aufstieg".

Im 7. Graben herrscht chaotischer Tumult; von oben ist nichts zu erkennen. Um auf den niedrigeren Damm auf die andere Seite zu kommen, steigen sie zur Felsenbrücke hinauf, überschreiten den 7. Graben, und gehen herunter auf den Damm, vom dem aus sie ein furchtbares Schauspiel erkennen: Der Graben ist ein Schlangenzwinger, in dem die **Diebe** eingesperrt sind.

Dante unterscheidet die <u>Räuber</u>, die sich fremdes Gut mit <u>Gewalt</u> aneignen (im 7. Höllenkreis) von den <u>Dieben</u>, die dasselbe mit <u>Heimtücke</u> tun.

Damit Sünde und Strafe sich sinnfällig entsprechen[86], wird der Charakter der Diebe wirksam: sie bewegten sich wie Schlangen heimlich im Verborgenen; jetzt werden sie selbst von Schlangen gequält (94-105): die Hände sind ihnen mit Schlangen auf den Rücken gefesselt; andere Schlangen umwinden sie oder bohren sich in ihren Leib. Ein Sünder wird in den Hals gebissen, fängt Feuer und verbrennt zu Asche, steht aber sofort als der gleiche wieder auf zu neuen Qualen.

Dante erkennt den Kirchendieb Vanni Fucci, der zu Lebzeiten nicht erwischt wurde. Aus Wut über seine Entlarvung prophezeit er Dante die unheilvolle politische Entwicklung in Florenz und seine baldige Verbannung. *E detto l'ho perchè doler ti debbia* –   „Das sag' ich dir, damit es Schmerz bereite". Nach Ciacco (7.), Farinata (10.) und Brunetto Latini (15. Gesang) ist es die vierte von sieben Weissagungen.

---

[86] *contrappasso*: sinngemäße „Vergeltung"

25. Gesang: 7. Graben: Diebe

Der Kirchendieb Vanni Fucci beendet seine Prophezeiungen mit einer obszönen Gebärde: *Die Hände hoch mit beiden Feigenzeichen (ambedue le fiche:* die Fäuste mit den Daumen zwischen Zeige- und Mittelfinger) *rief er: „Nimm, Gott, ich werf' sie dir entgegen."*
Die Strafe folgt im gleichen Moment, und obwohl sie sich blitzschnell ereignet, erlebt der Zuschauer alle Details zeitlupenartig: eine Schlange drosselt den Hals, der geflucht hat; eine andere umwindet die Arme, die gedroht haben. Fucci rennt panisch davon und wird verfolgt von einem Kentauren[87], auf dessen Rücken ein feuerspeiender Drache wild mit seinen Flügeln schlägt (22). Den Ausgang erfährt man nicht.

Dann überstürzen sich die Ereignisse wahnwitzig: Ein Dieb wird von einer Schlange angefallen („sechsfüßig": ein Drache); nach einem scheußlichen Paarungsakt (52-78) verschmelzen die beiden Wesen zum Doppelmonstrum. *Verschwunden waren alle frühern Formen. / Die Missgeburt erschien als zwei und keiner.*

In einer weiteren Steigerung wird ein Dieb von einer Schlange gebissen und nimmt deren Wesen an, während die Schlange sich in einen Dieb zurückverwandelt. Die „Schlange" schleicht davon, der „Mensch" spuckt ihr (sich selbst) nach. Perverser Begattungsakt und Gestaltenwechsel werden in allen Stadien detailliert erlebt.

---

[87] *Kentaur*: Fabelwesen mit Pferdeleib und Menschenkopf. (→ Inf. XII).

Dante und Vergil stehen wie versteinert. – Das
Leiden dieser Verdammten, die sich wie eine
Schlange immerwährend in ein anderes Wesen
häuten, wird niemals enden.

26. Gesang: 8. Graben: Böse Ratgeber

Der Gesang beginnt mit einer sarkastischen Lobeshymne auf die Diebe des vorhergehenden Grabens: *Freu dich Florenz, denn du bist ja so groß; / deine Flügel schlägst du über Land und Meer*[88]*, / und durch die ganze Hölle dringt dein Name!*
Dante und Vergil waren auf dem niedereren Damm, der den 7. vom 8. Graben trennt, ein Stück nach unten gestiegen. Jetzt müssen sie wieder herauf. Was sie dort im 8. Graben sehen, ist so unglaublich, dass Dante den Anblick in Bildern umschreiben muss:
Der Graben wirkt angefüllt mit einem Meer von Glühwürmchen (29). Es sind lebendige Fackeln, die **Bösen Ratgeber,** geistige Brandstifter (*48: Jede Seele hüllt sich ein in ihrer Flamme*). Sie selbst sind unsichtbar; ihre Stimme zischt aus der Fackel. Die Faszination des Bildes ist so stark, dass Dante beim Hinunterschauen beinahe den Halt verliert (43).

Er erkennt eine Doppelfackel, in der zwei Sünder gemeinsam büßen: Odysseus und Diomedes[89]. Durch List hatten sie vor dem Kriegszug Achill aufgespürt, den seine Mutter verstecken wollte; sie erfanden die List mit dem Hölzernen Pferd; und sie rieten nach dem Sieg, das Heiligenbild der Athena gewaltsam zu erbeuten.

---

[88] Beinahe wörtlich nach einer Inschrift am Podesta-Palast in Florenz: *Que mare, que terram, que totum possidet orbem* („Die Meer und Land und den ganzen Erdkreis beherrscht.").
[89] Diomedes: griech. Mythologie: König von Argos (Peloponnes); Held im Trojanischen Krieg.

Vergil spricht **Odysseus** an, und dieser berichtet von seiner „letzten Fahrt" (91-142) – sie ist Dantes freie Erfindung. Das Mittelalter kannte die Sage von den „Irrfahrten des Odysseus", aber nicht Homers „Odyssee". Dantes Odysseus treibt keine Sehnsucht nach seiner Gattin Penelope nach Hause; er wird zur Verkörperung des *menschlichen Forscherdranges*.

Fast 200 Jahre vor den Entdeckungsreisen des Kolumbus feiert Dantes Odysseus den Wissensdrang des Menschen: nichts konnte *die heiße Glut besiegen, / die mich hinaustrieb, in der Welt zu forschen* (97); zu forschen auch *nach den Lastern und dem Wert der Menschen* – es ist die Suche nach sich Selbst. Als er zu den „Säulen des Herkules" kam (Straße von Gibraltar), hielt er vor seinen Gefährten eine hinreißende Ansprache über die Herausforderung für den Menschen, das Unbekannte zu erforschen. Er ist nicht bei den antiken Helden im 1. Höllenkreis, sondern im Kreis, wo der **Missbrauch der Vernunft** bestraft wird. Die Flamme der intellektuellen Begeisterung verzehrt sich selbst, wenn sie keine Grenzen akzeptiert. In seinem rastlosen, unmäßigen geistigen Drang fehlte dem antiken Heiden die Beschränkung durch christliche Ethik; sein Forscherdrang war unendlich und bedenkenlos. Am Ende seiner Entdeckungsfahrt sah Odysseus in der Ferne einen großen Berg im Meer, *wie ich noch keinen je gesehen hatte*. Er erreichte ihn nicht mehr – ein Wirbelsturm vernichtete das Schiff und alle Menschen auf ihm. Ob es der Läuterungsberg des Purgatorio war?

27. Gesang: 8. Graben: Bösen Ratgeber (Forts.)

Mit dem „Heiden" Odysseus kontrastiert ein Held der Dante-Zeit: **Guido da Montefeltro** war ein berühmter ghibellinischer Feldherr. Er verfiel dem Kirchenbann, versöhnte sich später mit der Kirche und trat im Alter von 73 Jahren in den Franziskanerorden ein. Zwei Jahre später, 1298, starb er. (Er ist also seit 2 Jahren in der Hölle).

Dante benutzt Montefeltro als die große Abrechnung mit seinem Erzfeind Papst Bonifatius VIII.[78] Als Feldherr war Montefeltro erfolgreich und berühmt durch seine Listen. Der Papst zog ihn deshalb in seinen Machtkämpfen mehrmals zu Rate; auch noch als Mönch. Das Ereignis, das zu seiner Verdammung führt, ist möglicherweise von Dante erfunden: Im Todesjahr Montefeltros hatte Papst Bonifatius VIII. (85: *der große Fürst der neuen Pharisäer*) die Stadt Palestrina östlich von Rom, (das Bollwerk seiner Gegner Colonna), völlig zerstört.

Montefeltro berichtet Dante, dass er es war, der dem Papst mit einem heimtückischen Ratschlag dazu verhalf. Zunächst hatte er seinen Rat verweigert, um nicht erneut seiner früheren Sünde schuldig zu werden. Es wurde ihm zum Verhängnis, dass er als Mönch keinem König oder Kaiser mehr Gehorsam schuldete, aber dem Papst. Dieser erteilte ihm im Voraus Absolution und zwang ihn zum „bösen Rat" (100). So verhalf Montefeltro dem Papst zum Sieg, sich selbst zur schrecklichen Höllenstrafe.

Als der Ordensheilige Franziskus Montefeltros Seele nach dem Tod in den Himmel aufnehmen wollte, wurde sie ihm vom Teufel entrissen. Durch die Schurkerei eines Papstes wird die Schöpfungsordnung pervertiert: der Teufel wird Vertreter göttlichen Rechts und weist den Heiligen (Franziskus) in die Schranken.

Die dramatische Szene ist äußerst vielschichtig. Sie verweist auch auf die eigenverantwortliche Entscheidung (freier Wille), die sogar gegenüber dem Stellvertreter Gottes gilt (Bonifatius 104: *Den Himmel kann ich schließen und auch öffnen*).
Und: der Ablass rettet den Sünder nicht.
Und: der Heide Odysseus kann kein Schuldgefühl besitzen, er schreitet stolz und muss von Vergil angesprochen werden; Montefeltro besitzt christliche Erkenntnis seiner Schuld, die ihn quält und ruhelos zum Bekenntnis treibt: der Unwissende (Odysseus) ruht in sich – der Wissende (Montefeltro) ist erschüttert; im Leben ist diese Erschütterung eine Chance auf Veränderung.

28. Gesang: 9. Graben: Zwietracht

Im 9. Graben büßen die **Zwietrachtstifter**. Es ist eine Steigerung der bösen Ratgeber, denn sie wirken aktiv und niederträchtig an Krieg und Feindschaft.

Das Massentableau suggeriert eine ineinander geschichtete Schau sämtlicher Schlachten in Unteritalien[90] seit der mythischen Gründung durch Aeneas.

Die Vergeltung (*contrappasso*) entspricht der Sünde: weil sie im Leben Völker und Gesellschaft gespalten haben, wird ihnen in der Hölle der Körper verstümmelt. Die Wunden verheilen, aber die Verdammten müssen ewig im Kreis laufen und bei jeder Runde spaltet ihnen ein (unsichtbarer) *Teufel … dort hinten* (37) die Körperteile erneut.

Eine ganze Serie historischer „Spalter" tritt auf in dieser endlosen und ewigen Kreisprozession: Mahomet (31) als Spalter der Menschheit in Christenheit und Islam ist am ganzen Körper aufgerissen:„Jener"[91] (93) Römer, der Cäsar zum Marsch auf Rom trieb, besitzt keine Zunge mehr.

---

[90] *Der lange Krieg* (10): 2. Punischer Krieg 218-202 v. Chr. – *Robert Guiscard* (14): Vertreibung der Saraszenen durch die Normannen (1091). –*Bei Tagliacozzo* (17): das Ende der Stauferherrschaft (1268).

[91] „jener" Tribun C. Curio förderte den Konflikt zwischen Cäsar und Pompeus; „und einer": die Familienfehde nach dem Bruch eines Heiratsversprechens führte zum Adelskrieg in Florenz (Par. XVI, 136).

„Einem"[91] (103), der den Keim zu den blutigen Kriegen der Ghibellinen und Guelfen legte, die so viel Unheil über Dantes Florenz brachten, sind die Hände abgehackt: es ist der Troubadour Bertran de Born (um 1200), „der Vater und Sohn entzweite"[92], und der in seinen Liedern den Krieg verherrlichte. Er muss ewig den eigenen Kopf vor sich her tragen.

---

[92] *Heinrich II.* (1154-89), Begründer der Königs-Dynastie Plantagenet in England und sein Sohn.

29. Gesang: 10. Graben: Fälscher

Der Stand des Mondes[93] zeigt frühen Nachmittag; am Abend dieses Ostersamstag müssen sie die Hölle durchwandert haben.

Um den zögernden Dante anzutreiben, macht Vergil eine präzise Größenangabe: *Wenn du die Schatten zählen willst, bedenk' den Umfang dieses Grabens: zweiundzwanzig Meilen.* Die Jenseitswanderung ist ein seelischer Prozess, ein Erkenntnisweg; da sind konkrete Maßeinheiten unsinnig. Aber die Zahl erzielt eine besondere Wirkung: im 30. Gesang sagt Vergil vom 10. Graben, er sei „elf Meilen groß" (Inf. XXX, 86) – gegenüber den 22 Meilen des 9. Grabens. Der Umfang der Gräben nimmt also jeweils um die Hälfte ab. Für den Leser, der sich eine geographische Vorstellung des Höllentrichters gemacht hat, entsteht eine Ahnung kosmischer Weite, denn die realen Angaben führen zu grotesken Ergebnissen[94].

---

[93] In der Hölle wird die Zeit nach dem Stand des Mondes gemessen, statt dem der Sonne; der Mond ist zwar nicht sichtbar, aber die häufigen Hinweise halten die kosmische Vorstellung der Jenseitswanderung wach.

[94] *Höllentrichter*: Eine Rückrechnung auf den 1. Höllenkreis ergibt: die 11 Meilen Umfang des 10. Grabens werden rückwärts 16 mal verdoppelt (9 Gräben + 7 Kreise); das sind etwa 700.000 Meilen Umfang = etwa 900.000 Kilometer Umfang;

900.000 km (Umfang: $2 \pi r$) entspricht 150.000 km Radius = 300.000 km Durchmesser; daraus errechnet sich die Fläche (πr^2) = 70 Milliarden km^2 Oberfläche. Dies wäre **20.000 mal die Erd-Oberfläche** (356.978 km^2).

Zeit (Stand des Mondes) und **Raum** (Umfang des Grabens) erzeugen eine **Traumsphäre**, in der übersinnliche Bilder **real** erscheinen. Poetisch wirkt die „Halbierung" des Umfangs als Tempo-Beschleunigung der Handlung. Es wird auch klar, dass die beiden Wanderer nie einen Graben (oder Höllenkreis) ganz durchschreiten könnten, und immer nur einen Ausschnitt wahrnehmen.

Dante kann sich vom 9. Graben noch nicht lösen, weil er einen Verwandten entdeckt hat, der (historisch) ermordet wurde und noch nicht gerächt ist. Der Angehörige blickt ihn verächtlich an und würdigt ihn keines Wortes. Die Blutrache war im Mittelalter noch üblich.

Über die Felsenbrücke gelangen sie zum Damm am 10. Graben, in dem **Fälscher** in ewiger Verdammnis leiden. Dante unterscheidet verschiedene Formen: im 29. Gesang Alchimisten[95], im 30. Gesang Fälscher von Identität, Münzen und Worten. Das Bild der Schlachtfelder im 9. Graben steigert sich im 10. Graben unerträglich, wenn Spitäler in den sumpfigen Tälern Oberitaliens zur Kulisse werden. Sie waren im Sommer überfüllt von Malariakranken; Geschlechtskranke aus ganz Oberitalien siechten in den hygienisch verkommenen Anstalten.

Wie Pferde gestriegelt werden, so kratzen sich die zu ekelerregenden Krankheiten verdammten **Alchimisten** Krätze von der Haut.

---

[95] *Alchimie*: entstand im 2./3. Jh. im alexandrinischen Ägypten; bis ins Mittelalter „geheime Kunst", aus einfachen Metallen Gold zu machen („Stein der Weisen"); später Vorgänger der Chemie.

30. Gesang: 10. Graben: Fälscher (Forts.)

Der Fälschergraben bietet eine abstoßende Land-
schaft des Leidens, in der die Seuchenanstalten
mit den Irrenanstalten verbunden sind.

Die **Fälscher der Identität** sind tollwütig („au-
ßer sich") und pflegen die Seuchenkranken als
wahnsinnige Quälgeister.
Die **Geldfälscher** haben aufgeblähte wasser-
süchtige Leiber und ewigem Durst.
Die **Fälscher des Wortes** kochen innerlich unter
hohem Fieber.

Dante ist von einem handgreiflichen Streit zwi-
schen Geldfälschern und Wortverfälschern so
fasziniert, dass er sich wie in einem Traum[96] fühlt
(136): *Wie wenn man etwas Schlimmes träumt, und
sich im Traume wünscht, es sei nur Traum, weil man
ersehnt, dass es nicht wirklich ist ...*

---

[96] Das Motiv des Traums wird im Purgatorio und Paradiso
sehr bedeutsam werden.

31. Gesang: Übergang vom 8. zum 9. Kreis

Aus dem „Jammertal" (*misero vallone*) der Irren-
und Seuchenanstalten steigen die Wanderer den
Hang wieder hinauf zum Rand dieses 10. Gra-
bens und befinden sich jetzt auf der untersten
Ebene des 8. Höllenkreises.

Hier scheint der Höllentrichter zu Ende zu
sein. Im diffusen Licht (*nicht ganz Nacht und nicht
ganz Tag*) kann Dante keine konkrete Umgebung
mehr erkennen.

Plötzlich hört er ein Horn, so gewaltig, dass es
den Donner übertönen würde, und glaubt, *viele
hohe Türme* zu sehen, erfährt aber von Vergil: die
„Türme" sind Riesen, deren monumentale Ober-
körper aus einem riesengroßen Brunnenloch[97]
ragen, das sie ringsherum wie ein Kreis von
Türmen umrahmen.

Auf dem Grund dieses gewaltigen Schachtes
liegt der 9. Höllenkreis: der Strafort der Verräter.
Sein Mittelpunkt wird der tiefste, innerste Punkt
der Hölle sein: der Sitz Luzifers.

Dantes Wahrnehmung erfolgt nur allmählich
und in einer dramatischen Steigerung sinnbild-
lich in mehreren Stufen: Suchen – Hören – Erfah-
ren – Erkennen.

Allmählich lösen sich die „Nebelschwaden"
auf und Dantes Augen können durch *die dicke
dunkle Luft* dringen.

---

[97] Nach „Hochrechnung" (29. Gesang) kann der Umfang de
Brunnenlochs 7 km betragen = 2 km Durchmesser.

Dante schaudert vor dem Höllenbrunnen (40): *Wie die runde Festungsmauer von Montereggion*[98] *mit Türmen sich bekrönt, so ragten aus dem Abgrund bis zum Rand die Riesen, nur mit ihrer oberen Hälfte, schauerlich zu sehn.* Ihre Unterleiber stecken im Brunnen, die Oberkörper umrahmen als eine gewaltige Ringmauer aus Türmen den Schacht. **Riesen** sind Symbole roher Gewalt; als Titanen der antiken Mythologie ein Sinnbild der Auflehnung gegen das Göttliche[99]. Dante steht vor der ins Absurd-Gigantische gesteigerten „Leibwache" Luzifers vor dem letzten Höllenkreis. Aus dem Mauerring lösen sich drei Riesen.

Nimrod[100] wird mit dem Turmbau von Babel verbunden; er empfängt die beiden Wanderer mit einem konfusen, unverständlichen Gebrüll: *„Raphel may amech zabì almì"* ist keine Sprache; er mag prophezeien, dass die babylonische Sprachverwirrung auf ewig bestehen bleibt.

Nach dem biblischen Riesen folgen zwei antike: Ephialtes wurde wegen seines Aufstands gegen die Götter (Gigantomachie[101]) von Apollon getötet und ist besonders streng angekettet ist (ein Arm nach vorne, einer nach hinten, eine Kette umwickelt den Hals und fünfmal den Leib).

---

[98] *Montereggion*: Gipfelfestung im Val d'Elsa; zur Dante-Zeit gewaltiger Anblick; 14 riesige Türme.

[99] *Riesen*: Auch in der germanischen Mythologie sind die Riesen Gegner der Götter (Asen).

[100] *Nimrod* biblisch: Urenkel Noahs; „der erste Gewaltherrscher auf Erden" (1. Moses 10, 8-12).

[101] *Gigantomachie* griech. Mythos: Kampf der Giganten gegen die olympischen Götter; sie wurden von Zeus mit Hilfe des Herakles zurückgeschlagen.

Der dritte ist <u>Antäus</u>[102], der an der Götterschlacht nicht teilgenommen hatte, und deshalb auch nicht gefesselt ist. Vergil bittet ihn, sie mit seinen riesigen Armen auf den Boden des geheimnisvollen Schachtes[97] hinab zu setzen, wo sich der **Eissee des Kozytus**[103] befindet.

Das furchteinflößend Chaotische und Mysteriöse dieses untersten Höllengrundes wird noch verstärkt durch die orakelhafte erste Erwähnung des Kozytus (122): *Dove Cocido fa freddura serra* – „die Kälte lässt den Kozytus gefrieren" oder „der Kozytus schließt die Kälte ein" – eine tiefgründige Zweideutigkeit, die aber zuletzt auch eindeutig sein könnte: die seelische Kälte des Satans lässt den See der Unterwelt gefrieren, der gleichzeitig Satans Kälte bannt und auf ewig umschließt.

Der Riese Antäus packt die beiden kleinen Menschen, *und sachte setzt' er auf dem Grund uns ab, der Luzifer in sich verzehrt und Judas.* Dann richtet sich Antäus wieder auf *wie ein Mast.* Dante und Vergil sind am innersten Punkt der Hölle angekommen.

---

[102] *Antäus*: griech. Mythos: Riese, Sohn des Poseidon; unbesiegbar, solange er seine Mutter Gaia (Erde) berührt; Herakles hob ihn hoch und erwürgte ihn in der Luft.

[103] *Kokytos*: hier unterster Grund der Hölle. In der antiken Mythologie einer der Unterweltflüsse. Hier ist es der zu Eis erstarrte Zusammenfluss aller Unterweltflüsse.

9. HÖLLENKREIS: Verrat

32. Gesang: Verrat an Familie, Volk, Gästen

Auf dem untersten Grund, im 9. Höllenkreis fließen alle Unterwelstflüsse zusammen[104] und speisen den **Eissee Kozytus.**
Hier sind die **Verräter** auf ewig festgefroren.
Es ist ein paralysierender Frost, der die Kälte der Herzen symbolisiert in einer potenzierten, erstarrten Polarlandschaft. Hier ist das Höllenfeuer zu Eis erstarrt. Dieser unterste Punkt des Universums (8: *fondo a tutto l'univers*) ist gleichzeitig der Ort äußerster Ferne von der Gnade Gottes. Das Bewusstsein, auf dem Grund der Hölle zu stehen, erschüttert Dante so stark, dass er sich unfähig glaubt, das, was er hier sieht, in Versen zu beschreiben. Er lässt sich zu einer Hass erfüllten Beschimpfung der Verdammten hinreißen (13): *O du, vermaledeites Volk von allen, / das du den Ort bewohnst ...*

Im Eissee Kozytus sind die Verräter sind in fünf Gruppen geteilt:

o **Verräter an Verwandten:**
sie büßen in der „*Kaina*"[105] (40-69) und sind bis zum Hals im Eis festgefroren; ihre Körper sind daher unbeweglich; sie können nur den Kopf bewegen.

---

[104]*Unterweltflüsse*: Exkurs „Der Greis von Kreta", die vier Höllenflüsse, Inf. XIV.
[105] *Kaina*: nach Kain, der seinen Bruder Abel erschlug.

o **Politischen Verräter:**
 sie büßen in der „*Antenora*"[106] (70-123), wo
 ebenfalls nur die Köpfe aus dem Eis ragen;
 zusätzlich sind sie mit dem Gesicht nach un-
 ten gefroren.

o **Verräter an Gastfreunden**[107]:
 sie büßen in der „*Tolomea*"[108] (33. Gesang), wo
 sie mit dem Gesicht nach oben im Eis gefroren
 sind; ihre Tränen gefrieren zu einer Eiskruste
 im Gesicht.

o **Verräter an Wohltätern:**
 sie büßen in der „*Giudecca*"[109], dem Zentrum
 des Kozytus. Ihr Körper sind vollständig im
 Eis eingefroren; es herrscht Totenstille.

---

[106] *Antenora*: nach Antenor im Trojanischen Krieg; Dante
kannte die homerische *Ilias* nicht, wo Antenor ein wei-
ser Ratgeber ist; er kennt nur die Sage von Antenors
verräterischen Rat, den Griechen Helena zurückzuge-
ben.

[107] Die Sitte, Fremde aufzunehmen, zu bewirten und ihnen
Schutz zu gewähren, war seit frühesten Zeiten ein heili-
ger Brauch. Bei Griechen und Römern, die jeden Le-
bensbereich einer bestimmten Gottheit zuordneten, war
der höchste aller Götter Schützer der Gastfreundschaft:
Zeus Xenios (Jupiter hospitalis). Das Mittelalter übte
die Gastfreundschaft als religiöse Pflicht; selbst dem
Feind wurden drei Tage Gastrecht gewährt.

[108] *Tolmea*: nach dem biblischen Ptolemäus, der seinen
Schwiegersohn und seine beiden Schwäger zu einem
Gastmahl lud und sie dabei heimtückisch ermorden ließ
(1 Maccabäer 16, 1 ff).

[109] *Giudecca*: nach Judas (ital. Schreibweise: Giudas) Ischa-
riot, einer der 12 Jünger; er verriet Jesus an die jüdische
Behörde (Markus 14,10).

o **Erzverräter:**
Judas, Brutus[110] und Cassius [110] (34. Gesang)
büßen im absoluten *Mittelpunkt* der Hölle. Sie
werden ewiglich in den *drei Mäulern Luzifers*
zermalmt.

Dante wandert über die Eiswüste, aus der die
Köpfe ragen, und erfährt in der *Kaina* Verräter-
schicksale von Brudermördern (21), vom Hass,
den der politische Parteienhader der Guelfen
und Ghibellinen in den Familien schürte (41),
von Verwandtenmord aus Habgier (52).
Er schreitet weiter Richtung Zentrum des Sees
und findet in der *Antenora* die politischen Verrä-
ter. In der Schlacht von Montaperti[111] wurde der
Sieg der Ghibellinen nur möglich, weil ein Verrä-
ter der Guelfen seinem eigenen Bannerträger die
Hand abschlug; die Guelfen flohen, weil sie die
Schlacht verloren glaubten, als sie ihre Fahne
nicht mehr sahen. Fast hätte dieser Verrat ganz
Florenz der Zerstörung ausgeliefert[112] (81).
Dante wird unter diesen Verbrechern des poli-
tischen Verrates an ihrem Land und Volk so auf-
gewühlt, dass er selbst zu verrohen droht. Als
ein Verräter nicht antworten will, packt er ihn bei
den Haaren (104): *Mehr als ein Büschel hatt' ich
ausgerissen, während er heulte.*

---

[110] *Brutus und Cassius*: Verschwörer und Mörder von Julius
Cäsar 44 v.Chr. (Brutus war Cäsars bester Freund).

[111]*Schlacht von Montaperti*: (1260) Sieg der Ghibellinen
über das damals guelfische Florenz.

[112]Der Ghibellinen-Führer *Farinata* nahm (Inf. X, 91) für
sich in Anspruch, die Zerstörung verhindert zu haben.

121

Der letzte Abschnitt des Gesangs (ab 124) bildet
den Auftakt zu der Szene, die den Gesang be-
herrscht und weltberühmt machte:
Dante sieht zwei Köpfe aus dem Eis ragen, von
denen der eine dem anderen gierig am Nacken
nagt. Das grauenvolle Rätsel wird im nächsten
Gesang gelöst werden.

33. Gesang: Graf Ugolino

Der vorletzte Gesang des Inferno beinhaltet eine der furchtbarsten persönlichen Tragödien, die Dante in seinem Gedicht verewigt hat. Seine überwältigende dichterische Kraft und tragische menschliche Tiefe verleihen ihm einen Platz unter den **Höhepunkte der Weltliteratur.**

Am Ende des 32. Gesanges war Dante zu zwei aneinander festgefrorenen Leibern gelangt, von denen nur die Köpfe aus dem Eis ragen. Der eine Kopf nagt am Nacken des anderen (XXXII, 124). Nun erfährt er das Schicksal von **Graf Ugolino**, der in seiner politischen Laufbahn mehrmals zum Vaterlandsverräter wurde und am Ende seines Lebens etwas tat, was ihn nach dem Tode im ewigen Eise des Höllengrundes grausam seelisch peinigt – es ist die Geschichte seiner Ermordung durch **Erzbischofs Ruggieri** von Pisa.

Zur Steigerung ihrer Qual sind die Todfeinde im ewigen Eis untrennbar miteinander verbunden. Ugolino muss unaufhörlich das tun, was ihm den unerträglichen Erinnerungsschmerz bereitet, und Ruggieri muss es erdulden.

Um die besonders schändliche Form des politischen Verrats, den heimtückischen Bruch des (hier durch ein hohes theologisches Amt erschlichenen) Vertrauens zu gestalten, hat Dante ein Ereignis aus der mit Florenz verfeindeten Nachbarstadt Pisa gewählt.

123

Historischer Hintergrund

Unter den Städten Pisa, Florenz und Genua gab es zwischen 1270 und 1290 mehrfach politische Machtverschiebungen. Daran war Graf Ugolino als einer der mächtigsten Adligen in Pisa aktiv beteiligt. Durch die diplomatisch weitsichtige Verheiratung seiner fünf Söhne und drei Töchter machte er sich zum Zentrum eines kompliziert verflochtenen Verwandtschaftssystems.

Wie alle maßgeblichen Politiker Pisas stand er zunächst auf Seiten der Ghibellinen[113]. Nach dem Untergang der Staufer[114] (1268) versuchte er sich den Guelfen[113] anzuschließen, um seinen Einfluss in Pisa zu erhalten. Das misslang und er wurde aus der Stadt vertrieben. Sofort verbündete er sich mit Lucca und Florenz (die mit Pisa das machtpolitische Städtedreieck der Toskana bildeten) und besiegte Pisa, das er danach ein Jahrzehnt lang beherrschte. Aber die Zeit war ihm nicht günstig: das aufstrebende Genua gewann an Einfluss und stürzte Pisa als Seemacht.[115]

Als die verbündeten Lucca, Florenz und Genua gegen Pisa anrückten, rettete Ugolino seine Herrschaft durch Übergabe der Kastelle. Es nutzte nichts: bald übernahmen wieder die Ghibellinen unter Erzbischof Ruggieri die Macht und Ugolino wurde verbannt.

---

[113] *Ghibellinen*: kaisertreue Anhänger der Staufer; Guelfen: papsttreu; siehe auch: „Dantes Leben".

[114] Staufer: siehe Kapitel „Dantes Leben".

[115] In der *Seeschlacht von Meloria* (1284) gerieten 11.000 Pisaner in Gefangenschaft; es war das Ende von Pisas Seeherrschaft und gleichzeitig der Beginn von Ugolinos Machtverfall.

Ugolino erstrebte eine Allianz mit den neuen Herrschern und bot sich ihnen als Verbündeter gegen seinen einflussreichen Enkel an. Mit heimtückischen Täuschungsmanövern gelang es dem Kopf der Ghibellinen, Erzbischof Ruggieri, Ugolino in die Stadt zu locken. Er wurde im Handstreich gefangen genommen und eingekerkert. Ruggieri verfügte, dass er mit vier seiner Söhne und Enkel gemeinsam verhungern soll. – Dies ist die historische Überlieferung. Der Turm heißt noch heute „Torre della fame" (Hungerturm).

Dante setzt die Kenntnis der Geschichte voraus und erzählt das Ereignis, das niemand kennen kann, weil nur der Jenseitswanderer vom Verdammten selbst erfahren kann, was während des 8 Tage dauernden Sterbens der Eingekerkerten geschah. Ugolinos erschütternde Beschreibung dieser Tage der hoffnungslosen Isolation, in denen seine Söhne vor den Augen des hilflosen Vaters langsam verhungern, verlagert die Sterbeszene in die Ewigkeit. Der Verdammte darf seine Strafe, kannibalisch am Kopf seines Feindes zu nagen, nur einmal in der Ewigkeit unterbrechen: um Dante sein Schicksal zu erzählen.

Das Furchtbare seiner Höllenstrafe wird in den Anfangsversen des Gesangs schaurig naturalistisch spürbar: *Der Sünder hob von seinem wilden Fraße / den Mund empor und wischt' ihn mit den Haaren / des Kopfes, den er hinten angefressen. / Dann fing er an ...Wie ich gefangen war / und dann getötet, brauch' ich nicht zu sagen. / Doch was zu deinen Ohren nicht gedrungen, / das ist, wie grausam dieser Tod gewesen.*

Ugolino beschreibt das, was bisher zu keinen Ohren dringen konnte:

Mit seinen Söhnen wurde er in einem dunklen Turm eingekerkert. Durch ein kleines Mauerloch beobachtete er den Lauf des Mondes (26), um ein Zeitgefühl für die Gefangenschaft zu haben. (Im Kerker wie in der Hölle dient der Mond als Zeitmaß; er zählt die Monate, nicht die Tage). Eines Nachts hatte er einen prophetischen Alptraum einer tödlichen Jagd: er sah sich und seine Söhne als Wölfe, die *der da* (Ruggieri) als Jagdhund verfolgte. Die Traumvision wird ergreifend schicksalhaft, weil seine Söhne zur gleichen Zeit dasselbe träumen.

Hier unterbricht Ugolino die Erzählung, um Dantes Mitleid einzufordern für seinen Vaterschmerz, in den ihn die ungeheure Vorahnung stürzt: *Wenn du hier nicht weinst, worüber weinst du dann?*

Zum ersten Mal wurde den Gefangenen an jenem Abend kein Brot gebracht, *und jedem ahnte bang aus seinem Traum* (45). Sie durchlitten alle Stadien körperlichen und seelischen Schmerzes: das Klopfen des Hammers, der die Türe vernagelt und ihre Zelle zu einem Sarg machte, war der endgültige Hinweis auf den Hungertod. Wortlos starren sie sich an. *Ich weinte nicht, doch ward ich ganz zu Stein, / sie aber weinten, und mein Anselmuccio*[116] *sprach* ... (Dante verringert das historische Alter der Söhne, was das Grauen noch erhöht.)

---

[116] *Anselmuccio*: „mein Anselmchen"

126

Am nächsten Tag *biss ich mir vor Schmerz in beide Hände.* Die naive Reinheit des jüngsten Sohnes missversteht die Schmerzensgeste; aus seinem unschuldigen Munde kommt der erste Gedanke an das unmenschliche Motiv der Anthropophagie[117]: *Vater, du hast uns bekleidet / mit dem elenden Fleisch, du nimm es von uns! ... / Stumm blieben diesen Tag wir und den nächsten.*

Unerbittlich vergehen die Stunden, schweigend warten sie auf den Tod. Am 4. Tag wirft sich der ältere Sohn dem Vater vor die Füße und fleht ihn verzweifelt um Hilfe an. Der Todeskampf seiner Kinder, die unschuldig für ihn sterben, trifft die edelsten Gefühle des Vaters: sie hatten sich immer sicher in seiner Obhut geglaubt; jetzt enttäuscht er sie. *So starb er, und so wahr du mich hier siehst /, sah ich die dreie nacheinander sterben / am fünften und am sechsten Tag; ich selber / schon blind, begann um sie herumzukriechen. / Zwei Tage rief ich sie, als sie gestorben; / dann war der Hunger stärker als die Trauer.* (75). An dieser Stelle seiner Schilderung verdreht Ugolino die Augen und beginnt, die Zähne wieder in das Haupt seines Feindes zu bohren. Es ist eine der bewusst geheimnisvollen und mehrdeutigen Stellen: „war der Hunger stärker als die Trauer" und Ugolino biss ins Fleisch seiner Söhne? oder wurde die Trauer durch den Hungertod beendet? Im Hungerdelirium der letzten Lebensstunden kann sich Ugolinos Wahrnehmung verwirrt haben, sodass er die Antwort selbst nicht kennt.

---

[117]*Anthropophagie*: griech.: Verzehr von Menschenfleisch durch Menschen.

Ugolinos Strafe ist es, auf ewig an dem Kopf seines Erzfeindes zu nagen; vielleicht, weil er es beim Anblick seiner sterbenden Kinder wünschte und für diesen Hass, für die Sünde im Geiste verdammt ist?

Dante ist entsetzt. Er verflucht Pisa und wünscht den Untergang der Stadt in einer Sintflut (79). Die eigene Maßlosigkeit zeigt das Maß der Erschütterung: für das Verbrechen eines Einzelnen wünscht er einer ganzen Stadt und ihren unschuldigen Kindern und Kindeskindern den Untergang.

Beim Weiterschreiten spürt Dante den kalten Wind, der von den Flügelschlägen Luzifers herrührt (103).

In der *Tolmea*[108] trifft er unter den zahlreichen Verrätern an Gastfreunden[107] einen Anführer der Guelfen, der zwei Verwandte beim Gastmahl ermorden ließ. Losungswort für die Mörder war, den Nachtisch, Datteln und Feigen zu servieren (120). *Vengano le frutte!!* ("Bringt die Früchte!") wurde sprichwörtlich in Italien.

Ein Genueser Verwandtenmord beim Gastmahl treibt Dante zu einer Verfluchung: jetzt auch von ganz Genua (151).

34. Gesang: Luzifer

Dante und Vergil sind im innersten Kreis des Eissees angekommen: die *Giudecca*[109], wohin die Verräter an Wohltätern verdammt sind.

Die *Giudecca* bildet den Mittelpunkt der Hölle; sie ist die untere Spitze des Höllentrichters und stößt an den Erdmittelpunkt an.
Sie ist der **Sitz Luzifers**.

So wie Dante den Übergang zum letzten Höllenkreis, den Ring der Riesen, zunächst als eine gewaltige Mauer aus Türmen wahrnahm, so wird ihm auch hier eine reale Landschaft suggeriert: *wie wenn durch dicke Nebelschwaden ... eine Windmühle auftaucht ...*
Verschwommen und ungenau glaubt Dante ein nicht zu beschreibendes „Gebäude" auszumachen.

Es herrscht Totenstille in der *Giudecca*; denn die Verdammten sind in verschiedenen Körperhaltungen vollständig im Eissee eingefroren (13).

Plötzlich befinden sich Dante und Vergil im **Zentrum** (20):
Ecco Dite[118] („Das ist Dis") –
Luzifer.

---

[118] *Dis* (Genitiv: *Ditis*) ist der lateinische Name für den Gott der Unterwelt. So nennt Dante Luzifer, den Satan.
In früheren Höllenkreisen wird *Dis* (Ditis) auch benutzt als Bezeichnung für „Teufelsstadt" und Hölle insgesamt (pars pro toto).

Der Anblick Satans versetzt Dante in einem Schwebezustand; *ich war nicht tot, und war auch nicht lebendig* (25). Die grauenvolle Erscheinung hat Dante das Bewusstsein geraubt.

Lo imperador del doloroso regno („der Herrscher dieses schmerzensvollen Reiches") parodiert die Herrschaft Gottes: *Lo imperador che sempre regna,* (Par. XII, 40: „der Herrscher, der ewig regiert").

Es bietet sich ein skurriler Anblick: Luzifer ist mit der unteren Körperhälfte im Eis eingefroren; die obere ragt heraus. Seine Größe kann Dante nur im Vergleich beschreiben: soviel größer die Riesen waren als er selbst, um so viel ist Luzifer größer als die Riesen.

Der einst schönste der Engel ist in seiner nicht zu beschreibenden Hässlichkeit ein Ausdruck der Negation Gottes. Sein Kopf[119] hat drei Gesichter mit drei grässlichen Mäulern: eines nach vorne, zwei nach den Schultern.

Diese Pervertierung der Dreifaltigkeit wird noch gesteigert durch drei verschiedene Farben der Gesichter: das frontale ist rot, die beiden seitlichen weiß-gelb und schwarz.[120]

---

[119] Die meisten Übersetzungen nennen 3 Köpfe, obwohl der Text immer nur von einen Kopf mit 3 Gesichtern spricht: *alla sua testa* (37) u.a.

[120] Die 3 Gesichter Luzifers: Es wurde oft versucht, diese 3 Farben symbolisch oder allegorisch zu deuten; die Versuche sind originell, aber nicht einleuchtend; Dante hat in seiner *Divina Commedia* manches unlösbare Rätsel verborgen

Luzifers Erscheinung ist ein Gegenbild, ja eine Parodie Gottes. Seine drei Gesichter vereinigen sich oben *gleich einem Kamm* (42: cresta); ein Hahnenkamm als Verhöhnung von Königskrone oder Dornenkrone.

Unter jedem der drei Gesichter wachsen zwei Flügel aus den Schultern, so groß, wie auf dem Meer noch nie ein Segel gesichtet wurde.

Diese 6 Flügel[121] haben keine Federn (die leichte Feder wäre das Sinnbild des freien Geistes); es sind Fledermausflügel. Das gibt Luzifer das Aussehen eines unsinnig monströsen Vogels, der sich aber nicht in die Lüfte erheben könnte (trotz der 6 monumentalen Flügel), und der deshalb auf ewiglich in Eis gebannt bleibt.

Das Flattern der 3 Flügelpaare erzeugt 3 Winde, die den Kozytus gefrieren lassen. Luzifer weint aus allen 6 Augen, wodurch seine Erscheinung noch grotesker wird: der „Herrscher dieses schmerzenvollen Reiches" (28) muss ebenso auf ewig Tränen vergießen, wie die in sein „Reich" Verdammten.

Die Tränen rinnen über Luzifers drei Kinne und vermischen sich mit blutigem Speichel, der aus seinen drei Mäulern rinnt, denn (53). *In jedem Maul zermalmt er einen Sünder, mit seinen Zähnen ...sodass er drei zugleich auf diese Weise quält.*

---

[121] *Flügel*: die Seraphim haben 6 Flügel (nach Prophet Jesaia, 6); auch die Tiere der Apokalypse (Inf. IV, 8).

In Luzifers drei Mäulern werden die drei Erzverräter zerquetscht: Judas [109], de Verräter Christi, Brutus [110] und Cassius [110], die Mörder von Julius Cäsars. (Wie meist 2 Vertreter aus dem Altertum neben einem christlichen).

Judas, der schlimmste, steckt mit dem Kopf im Maule Luzifers; dazu martert ihm Luzifer mit den Krallen den Leib.

Wie Judas Christus verraten hat, haben Brutus und Cassius Cäsar verraten, dessen Römisches Reich nach der Vorstellung des Mittelalters das Gottesreich auf Erden vorbereiten sollte.[122]

---

[122] Siehe auch in „Der Heide Vergil" zu Inf. II.

Aufstieg aus dem Inferno zum Purgatorio

Der letzte (34.) Gesang des Inferno ist geteilt in
zwei gleiche Hälften:
69 Verse Die Beschreibung Luzifers
70 Verse Der Aufstieg zur Oberwelt
 1 Vers Schlussvers

Dante schwankt zwischen Bewusstheit und Be-
wusstlosigkeit. Er droht die Fassung zu verlieren
unter dem Eindruck der höllischen Antithese zu
Gott. In diesem Plötzlich bricht Vergil die Höl-
lenfahrt ab (68): *Die Nacht kommt. Wir müssen
weitergehen. Denn alles haben wir gesehen.*

Seit er im Wald, in den er sich verirrt hatte,
Vergil getroffen hatte und mit ihm zur Jenseits-
wanderung aufgebrochen war, sind 2 Nächte
und 2 Tage vergangen: Am Abend des Grün-
donnerstag waren sie aufgebrochen, jetzt ist der
Abend des Ostersamstag.

Ein **Wandel von Raum und Zeit** beginnt: Ver-
gil fordert Dante auf, die Arme um seinen Hals
zu legen. Dann besteigt er mit seiner Last Luzifer
zwischen dessen Flügeln. An *wilden Büscheln* des
behaarten Riesenkörpers hangelt er sich mit Dan-
te auf dem Rücken herab bis zu der Stelle, wo
der Körper Luzifers im Eis steckt.

Hier, im Nabel des Bösen, ist der **Zentrum** der
Hölle, der Erdmittelpunkt. Das Mittelalter sah
dort (nach Aristoteles) den Schwerpunkt der
Erde. Dieser Punkt muss überwunden werden,
um nach der anderen Erdhälfte emporsteigen zu
können.

Mit Dante auf dem Rücken dreht Vergil ihre beiden Körper um 180 Grad, *den Kopf dahin wo ihre Füße waren* (79). Damit haben sie ihre Abwärtsrichtung gedreht und können auf die andere Hälfte der Erdkugel „nach oben" steigen. Dieser Durchgang durch das Zentrum der Hölle, erforderte eine äußerste Kraftanstrengung: es war die Überwindung, die Abkehr vom Bösen.

Zurückblickend zum Erdmittelpunkt bietet sich ein groteskes Bild: Luzifer von unten, *wie er die Beine aufwärts streckte* (90).

Wieder treibt Vergil an: *Lang ist die Strecke und der Weg ist mühsam. Schon geht die Sonne in die dritte Stunde.* „La mezza terza" (96): mach der kirchlichen Tageseinteilung dauert die „Terz" von 6 bis 9 Uhr morgens. Wenn die Sonne in „mezza terza" steht, ist es halb nach 6 Uhr.

Am Abend des Ostersamstag waren sie in das Zentrum der Hölle gekommen; wenn sie auf der anderen Erdhälfte heraus treten, ist es erst der Morgen des Ostersamstag; sie haben Zeit und Raum (71) überwunden.

Im Hohlraum über Luzifers Füßen (*natural:* „eine natürliche Grotte") erklärt Vergil, was Dante als Wunder empfunden hat: die Drehung um den Erdmittelpunkt (110) und den Wechsel der Hemisphären.

Hier erst wird der Name des innersten Kozytus erwähnt: *Du hast die Füße auf der kleinen Fläche, die der 'Giudecca' andre Seite bildet. Hier ist der <u>Morgen</u>, drüben ist es <u>Abend</u>.* (118).

Durch einen schmalen Höhlengang, den „ein
Bächlein" geschaffen hat, steigen sie „zurück zur
lieben Erde" (*a ritornar nel chiaro mondo*).

Das „Bächlein" ist der Lethe-Fluß, den Dante
unter den Flüssen in der Unterwelt vermisst hat-
te (Inf. XIV, Exkurs: Ursprung der Höllenflüsse):
er fließt vom Gipfel des Läuterungsberges (irdi-
sches Paradies) herab und spült die vergebenen
Sünden in die Hölle hinunter.

Ein rundes Loch öffnet den beiden Jenseitswan-
derern die Erde –
„Dann traten wir hinaus und sahn die Sterne."
   – *a riveder le stelle* –
alle drei Teile der *Divina Commedia* enden mit
dem gleichen Wort:
stelle.

Ende des Inferno

2. Teil: PURGATORIO (Läuterungsberg)

Inhaltsverzeichnis der 9 Läuterungskreise

Purgatorio – Fegefeuer – Läuterungsberg

2. Läuterungskreis
13. Gesang: Die Neidischen
14. Gesang: Die Neidischen (Forts.)
            Aufstieg zum 3. Läuterungskreis
3. Läuterungskreis
15. Gesang: Die Zornigen
16. Gesang: Die Zornigen (Forts.)
            Lehre von Staat und Kirche
17. Gesang: Die Zornigen (Forts.)
4. Läuterungskreis
17. Gesang: Aufstieg zum 4. Läuterungskreis
            Die Liebe
            Aufbau von Inferno und Purgatorio
18. Gesang: Die Lehre von der Liebe (Forts.)
            Die Trägen

➜ 5. Tag – Ostermontag –3. Tag Purgatorio
5. Läuterungskreis
19. Gesang: Dantes zweiter Morgentraum
            Die Habgierigen – Hadrian V.
20. Gesang: Die Habgierigen (Forts.): Kapetinger
21. Gesang: Die Habgierigen (Schluss) – Statius
22. Gesang: Geiz/Verschwendung
            Aufstieg zum 6. Läuterungskreis

6. Läuterungskreis
22. Gesang: Die Unmäßigen
23. Gesang: Die Unmäßigen (Forts.)
24. Gesang: Die Unmäßigen (Forts.)
            Dantes Dichtungslehre
7. Kreis im Purgatorio
25. Gesang: Aufstieg zum 7. Läuterungskreis
            Dantes Seelenlehre
            Die Wollüstigen

„Bereit zum Aufstieg in die Sterne"

Purgatorio – Fegefeuer – Läuterungsberg

Das **Inferno** hatte eine lange christliche Tradition, im Mittelalter gab es konkrete Vorstellungen von der Hölle und ihren Sündenstrafen. Diese Vorlage hatte Dante im **Purgatorio** nicht mehr. Bildliche Fiktionen einer Läuterung der Seelen im Jenseits sind in der Kirchenlehre spärlich und unpräzise. In den vier Evangelien gibt es keinen direkten Hinweis auf ein „Fegefeuer". Deshalb wird es von der evangelischen Theologie abgelehnt. Die protestantischen Vorstellungen von Luther[123], Zwingli[124] und Calvin[125] kennen keinen Platz für einen solchen Ort. Auch die orthodoxe Kirche[126] lehnt das Fegefeuer ab.

---

[123] *Luther*: 1483-1546

[124] *Zwingli*: (Schweiz, 1484-1531); Bekanntschaft mit Erasmus von Rotterdam; beeinflusst durch Luther; entwickelte einem eigenständigen Zweig der Reformation; sein Versuch, die Reformation in der ganzen Schweiz durchzusetzen, führte zu politischen Konflikten mit den katholisch gebliebenen Kantonen und zum zweiten Kappeler Krieg, in dem Zwingli als Feldprediger auf der Seite Zürichs fiel.

[125] *Calvin*: (1509-1564); evangelischer Prediger in Genf; wegen übergroßer Sittenstrenge ausgewiesen; Begegnung mit Melanchthon; nach seiner Rückberufung führte er in Genf strenge Kirchenzucht ein; heftiger Kampf (Verbannungen, Hinrichtungen) zwischen Anhängern und Gegnern.

[126] *orthodox*: griech. „rechtgläubig"; (Landes-)Kirchen, die sich als gleichberechtigte Glieder auf der Grundlage des gleichen theologischen, liturgischen und spirituellen Tradition verstehen; irdisches Abbild der himmlischen Kirche; weltweit etwa 170 Mio. Mitglieder (davon die russisch-orthodoxe Kirche etwa 80 Mio.).

Dante schrieb die *Divina Commedia* 200 Jahre vor der Reformation. Aber auch damals gab es keine theologische Eindeutigkeit. Die katholische Glaubenslehre kannte überhaupt erst seit dem 11. Jh. ein Läuterungsgeschehen nach dem Tode. Die Beweise, welche die katholische Kirche dem Fegefeuer zu Grunde legt, sind nur indirekter Natur und beziehen sich auf drei Bibelstellen.

o Macchabäer 12, 40 werden Geldspenden für sündig Verstorbene und Fürbitten genannt. Das könnte auf eine Läuterungsfunktion und Erlösung des Sünders hinweisen.

o Matthäus, 12, 32: „Wer etwas redet wider des Menschensohn, dem wird es vergeben; aber wer etwas redet wider den Heiligen Geist, dem wird es nicht vergeben; weder in dieser, noch in jener Welt."

o Aus dieser Negation kann auf ein Zwischenreich zwischen Hölle und Himmel geschlossen werden, wo es die Möglichkeit der Vergebung gibt, jedoch nicht für alle Sünden.

o Corinther III, 13 spricht von einer „Erprobung" des Menschen im Feuer. Dies ist in der Überlieferung der einzige Hinweis auf ein „Feuer", und hieraus muss sich die Vorstellung vom „Fegefeuer" (lat. purgatorium) abgeleitet haben.

Andere Belegstellen gibt es nicht. Deshalb blieb die Lehre der Läuterung nach dem Tode immer umstritten. Das Konzil von Trient (1563) nennt zwar einen Zwischenzustand zwischen Verdammnis und Seligkeit mit läuternden Bußen, aber ohne örtliche und zeitliche Vorstellungen.

Für den Mittelteil seiner *Divina Commedia* musste Dante eine eigene Bilderwelt entwickeln; er erfand dazu etwas **vollkommen Neues**: Er verschmilzt die vagen Vorstellungen von einem Reich der Läuterung mit den Mythen von Irdischem Paradies, Elysium[127] und Garten Eden[128].

„Purgatorio" heißt zwar italienisch „Fegefeuer", aber Dantes Purgatorio entspricht nicht dieser Vorstellung; es ist der Ort für einen meditativen Läuterungsprozess ohne Feuerqualen. Seine aus Irdischem Paradies, Elysium und Garten Eden gemischte jenseitige Welt verbindet er mit einer weiteren Erfindung: dem Bild eines mühsamen Aufsteigens. So entsteht der Läuterungsberg.

Durch diese eigene Bilderwelt, für die der Leser kein Vorbild kannte, gewinnt das Gedicht stilistische und dramaturgische Dynamik:

o auf den **Abstieg** in die Hölle

o folgt der **Aufstieg** zum Irdischen Paradies
o (dem Hochplateau des Läuterungsberges)

o danach der **Aufflug** durch die Himmelssphären, der ebenfalls ein meditativer Prozess ist und kein „Flug".

---

[127] *Elysium*: im griech. Mythos die Inseln der Seligen am Westrand der Erde, wohin auserwählte Helden und die Söhne der Götter versetzt werden, ohne den Tod zu erleiden.

[128] Der *Garten Eden*, das Paradies der Genesis (1. Buch Mose), liegt im Osten; Dante löst es aus der Schöpfungsgeschichte heraus und verlegt es freischöpfend auf eine Insel im südlichen Ozean.

Der Läuterungsberg bildet eine geographisch-kosmische Symmetrie zur Hölle: er liegt dem Hölleneingang genau gegenüber auf der anderen Seite der Erdkugel, wo er sich auf einer einsamen Insel des südlichen Ozeans erhebt. Er ist entstanden, als durch den Sturz Luzifers der Höllentrichter bis in den Mittelpunkt der Erde hineingebohrt wurde[129]; die dadurch verdrängte Erdmasse erhob sich auf der gegenüberliegenden Erdseite als kegelförmiger Berg (das Gegenbild zum Höllentrichter).

Dante treibt seine dramaturgische Erfindung noch weiter:

o Die **Hölle** ist in Strafkreise nach dem antiken **Ethik-Schema des Aristoteles** eingeteilt.
o Der **Läuterungsberg** ist nach dem christlichen **Schema der sieben Todsünden**[130] abgestuft.
o In der **Hölle** sind drei Bereiche abgegrenzt: Vorhölle, 9 Höllenkreise und Eissee.
o Auch der **Läuterungsberg** hat drei Bereiche: Vorpurgatorio (Warteort der Seelen), 7 Stufen mit Bußen und wachsender Entsühnung, und das Hochplateau des Irdischen Paradieses.

Der ganze Läuterungsberg stellt ein konsequent durchdachtes System von Buße und Läuterung dar.

---

[129] Entstehung der Hölle: Kommentar zu Inf. IV
[130] *Todsünden*: kath. Theologie: die 7 „Hauptsünden" Stolz, Geiz, Unkeuschheit, Neid, Unmäßigkeit, Trägheit, Zorn, wurden im Mittelalter zu Todsünden erklärt.

Analog zur Beschreibung der Hölle und ihrem Strafensystem durch Vergil (Inf. XI) wird auch die Einteilung des Purgatorio von Vergil beschrieben (Purg. XVII)[131].

Zwar werden auch auf dem Läuterungsberg wie in der Hölle Bußen auferlegt. Aber im Unterschied zur Hölle dauern sie nicht ewig (Inf. III, 9: *Lasciate ogni speranza, voi ch'entrate*), sondern sind zeitlich begrenzt und führen zu einer stufenweisen Heilung der Seele. Es ist eine positive Form der Buße.

Die Strafen sind nach dem Prinzip des *contrappasso*[132] psychologisch und ästhetisch der jeweiligen Sünde angepasst.

o Die Jenseitswanderung hatte begonnen in der **Nacht auf Karfreitag** mit dem Abstieg zur Hölle.
o Nach 2 Tagen kamen Dante und Vergil am **Abend des Ostersamstag** ins Zentrum der Hölle, zum Erdmittelpunkt.
o Da sie von dort zur entgegengesetzten Seite auf die südliche Erdhälfte heraufstiegen, ist es hier erst der **Morgen des Ostersamstag**.

Das ganze Purgatorio wird geprägt von einer eigentümlichen Mischung aus Traumwirklichkeit und allegorischer Bedeutsamkeit.

---

[131] Einteilungen in Inf. XI, Purg. XVII, Par. XXVIII; zur Zahlensymbolik siehe Inf. XI Exkurs.
[132] *contrappasso*: „Vergeltung"; sie steht mit der Sünde in sinnvollem Verhältnis.

Dante und Vergil befinden sich jetzt am Ufer einer Insel im Ozean, in deren Mitte sich der Läuterungsberg erhebt. Vor den Zugang ist ein **Wächter** gesetzt: der Römer **Cato** von Utica[133].

Ein antiker Staatsmann an der „Pforte" zum christlichen Purgatorium hat die Interpreten befremdet. Aber Cato „der Jüngere" von Utica steht hier als Repräsentant der Stoa[134], deren Philosophie und Lebensgefühl maßgeblich sind für den Eintritt ins Purgatorio.

Dante (und in der Antike Cicero und Seneca) verehrten Cato von Utica als den tugendhaftesten Mann des Altertums.

---

[133] *Cato*: Die Antike kennt zwei berühmte Männer dieses Namens: 1. „der Ältere" (234-149 v. Chr.); röm. Staatsmann, unversöhnlicher Feind des politischen Gegners Karthago. 2. „der Jüngere" (95-46 v.Chr.); Urenkel von (1); röm. Staatsmann, (Selbstmord in Utica); genannt **Cato von Utica**; als Stoiker und überzeugter Republikaner war er ein erbitterter Gegner Cäsars und gab sich nach dessen Sieg den Tod.

[134] *Stoa*: (griech. für Portikus: Säulenhalle mit geschlossener Rückwand, im Unterschied zur offenen Kolonnade). Die Lehre der Stoiker (Stoizismus) ist benannt nach ihrem Versammlungsort, der Stoa in Athen (um 300 v. Chr. gegründet). Sie gliederten die Philosophie in Physik, Ethik und Logik. Nach ihrer Ethik gibt es nur eine einzige wahrhafte Glückseligkeit: ein Leben im Einklang mit der Allnatur; diese Glückseligkeit wird erreicht durch die Grundtugenden Gerechtigkeit, Tapferkeit, Beherrschung und Menschlichkeit (das Ideal des „Weisen"). Hieraus entwickelte sich eine Staats- und Rechtslehre.

Vorpurgatorio

1. Gesang: Dantes Waschung und Gürtung

Und singen will ich von dem zweiten Reiche,
in dem sich reiniget des Menschen Seele ...

Aus dem Erdinneren sind die beiden Wanderer wieder unter den freien Himmel aufgestiegen. Auf die ewige Nacht in der Tiefe folgt die Morgendämmerung des Ostertages. Hier soll Dantes „erstorbene Poesie" (la **morta poesia**) aus „Todeshauch" (dell' **aura morta**) wieder aufleben.

Die furchtbar bedrückende Atmosphäre der Hölle wird abgelöst durch eine wunderbar erhabene Atmosphäre einer unschuldigen reinen Landschaft, die noch in Dämmerung gehüllt ist.

Am Osthimmel grüßt der Morgenstern; es ist die **Venus**: das Gestirn der Liebe, das dem Sonnenaufgang vorausgeht (19): *Der schöne Stern, der uns zum Lieben mahnt, / erfüllt' den Osten ganz mit seinem Lächeln.*

In diesen ersten Versen beginnt bereits die für das ganze Purgatorio typische allegorische Bildersprache:
Die **Sonne** ist das Sinnbild der göttlichen **Gnade**; ihr vorausgehen muss die **Liebe**.
Die **Liebe Gottes** ist die Voraussetzung seiner **Gnade**.

Dante befindet sich jetzt auf der seiner Heimat
Italien gegenüberliegenden Erdhemisphäre: er
blickt empor zum Südhimmel. Dieser Teil der
Erde war den Bewohnern der nördlichen Hemis-
phäre unbekannt. Er befindet sich an der Grenz-
scheide zwischen Nacht und Tag, den Minuten
vor dem Aufgang der Sonne (also in der Erwar-
tung der Gnade Gottes).

Für diese Minuten hat Dante ein eigenes Stern-
bild erfunden[135]: *vier Sterne ... der Himmel schien
sich ihres Lichts zu freuen* (23); ein „Viergestirn"
als Allegorie für die 4 weltlichen Kardinaltugen-
den[136]: Weisheit, Tapferkeit, Besonnenheit, Ge-
rechtigkeit. Der Kanon dieser Tugenden wurde
von Platon[137] formuliert; die Stoa[134] führte (100
Jahre später) alle übrigen Tugenden auf diese
vier zurück.

Während sich Dante und Vergil staunend dem
Erleben des Himmels und der Gestirne und dem
aufdämmerden Morgen hingeben, erscheint
plötzlich *ein der Ehrfurcht würdiger Greis* (31): der
Römer **Cato von Utica**.

Der bereits 46 v. Chr. verstorbene Cato wurde
(Dantes Erfindung) als einziger großer Geist der
Antike bei Christi Abstieg zu der Hölle aus dem
Limbus erlöst und in das Vorpurgatorio versetzt,
dessen Eingang er bewacht.

---

[135] Das Viergestirn, das Dante hier erfindet, gibt es tatsäch-
lich: das Kreuz des Südens.

[136] Thomas von Aquin fügte den weltlichen Tugenden die 3
theologischen hinzu: Glaube, Hoffnung, Liebe; bis heu-
te die klassische Einteilung in der kath. Moraltheologie.

[137] Platon: 427-347 v. Chr.; Schüler von Sokrates, Lehrer
des Aristoteles; Ideenlehre.

Cato von Utica

Die Wahl des Heiden Cato von Utica (er starb ungetauft vor Christi Geburt) scheint zusätzlich problematisch wegen dessen Selbstmord, der ihn in den Selbstmörderwald der Hölle verbannen müsste.[138]

Aber Dante unterscheidet zwischen christlichen Selbstmördern (Inf. XIII) und Cato, der nach dem stoischem Gesetz der Antike durch seinen Selbstmord als Märtyrer der politischen und geistigen **Freiheit** gelten musste. Politische und persönliche Freiheit, die Entscheidung für das Gute und die Sühne des Bösen aus freiem Willen, sind die ethische Voraussetzung für den Aufstieg im Purgatorio.

Vergil erklärt Dante: *Die Freiheit sucht er, die so teuer ist* (71).

Am Eingang zum Purgatorio wacht Cato von Utica als das Symbol der **Gewissensfreiheit** und einer konsequenten Haltung bis an die Grenze des Todes. Das Viergestirn (die 4 Kardinaltugenden) *schmückten sein Antlitz so mit ihrem Lichte, / als ob er in der hellen Sonne stünde* (37).

Cato verlangt, Vergil solle Dante mit Schilf gürten[139] (Symbol der Demut) und sein Gesicht in Tau waschen[140], *der alles aus dem Antlitz tilgt, was unrein ist* (die Bilder der Hölle).

---

[138] *Selbstmörderwald*: 7. Höllenkreis, 2. Fläche.

[139] *Schilf* wurde als Kirchenschmuck verwendet; daraus wird das heutige Schmücken mit Blumen abgeleitet; noch heute wird in Italien am Ostermorgen Schilf gereicht.

[140] Eine rituelle Reinigung war in der Antike vor Betreten des Tempels erforderlich; heute: Weihwasser.

Dante und Vergil erleben den Tagesanbruch als einen Schöpfungsakt(115):
Die Morgenstunde wich der Dämmerung ... das leichte Wellenspiel des Meeres ... wo Tau kämpft mit der Sonne, und im Wind der Morgenfrische langsam sich verflüchtigt ...

Es ereignet sich ein Wunder: überall wo Vergil einen Schilfhalm ausreißt, um Dante zu gürten, wächst sogleich ein neuer nach.

2. Gesang: Engel und Seelenschar

Liebe und Musik

Die beiden Jenseitswanderer waren in der ersten Morgendämmerung auf der Insel des Purgatorio an die Oberfläche gestiegen. Jetzt erleben sie die **Morgenröte** Aurora (in ihrer Farbenfolge *weiß ... rot ... rötlich-gelb*), während im Osten die **Sonne** aufgeht.

Der Sonne gegenüber erscheint im Westen eine andere **Lichtquelle** (13), die sich so schnell über das Meer nähert, dass Dantes Wahrnehmung sie kaum erfassen kann: ein Lichtpunkt zuerst, *der sich wie im Fluge nähert*, sogleich *leuchtender und größer*, dann erkennt er *durch einen weißen Schimmer* die Silhouette einer hellen Gestalt, und schon im nächsten Augenblick werden die großen Flügel sichtbar – es ist der himmlische Fährmann, der eine Schar Seelen zur Insel des Purgatorio bringt.

Er braucht kein Ruder und kein anderes Segel als seine Flügel, die gleichzeitig den Wind erregen und von ihm bewegt werden. Phantastisch schnell hat sich der *Gottesvogel* (l'ucello divino) genähert, *sein Glanz so helle, dass kaum das Auge ihn ertrug* (37).

Dante muss den Blick senken, als der *himmlische Bootsmann* den Nachen, der kaum das Wasser zu berühren schien, *mit mehr als hundert Seelen* anlandet.

Der Engel schlägt das Kreuzzeichen über die Seelen, die ans Ufer stürzen, und im selben Moment ist er lautlos mit seinem Boot entschwunden.

Die Epiphanie des göttlichen Boten hat den Sonnenaufgang triumphal vollendet (55):
Nach allen Seiten warf das Licht des Tags die Sonne jetzt mit Blitzesstrahlen, und jagt den Steinbock weg vom Himmelsbogen.

Unter den Seelen erkennt Dante seinen Jugendfreund Casella, einen Komponisten und Sänger. *Dreimal umschlang ich ihn mit beiden Händen, und dreimal kehrten mir zur Brust die Arme* (80) – denn Tote besitzen keine Körperlichkeit mehr.

Dante bittet den Freund um ein Lied, und Casella singt eine von Dantes Liebeskanzonen (112): *Amor che nella mente mi ragiona* (Liebe, die mir in meinem Geiste spricht).

Allegorisch sind die Hauptmotive dieses Gesanges verbunden: **Liebe** und **Musik**. Wie es eine geistliche Musik gibt (Gregorianik bei Ankunft der Seelen) und eine weltliche (Liebeslied), so gibt es eine irdische und eine geistige Liebe.

Gebannt lauschen alle dem wunderschönen Gesang; aber Cato unterbricht grob: es darf kein Verharren geben im Vorpurgatorium; das Ziel ist der Aufstieg.

3. Gesang: Vernunft und Erleuchtung

Exkommunizierte

Dante erschrickt, als er nur seinen eigenen Schatten sieht. Es wird ihm bewusst, dass er einen Erdenleib besitzt und Vergil einen Schattenleib. Im christlichen Purgatorium verliert Vergil an Bedeutung. Er ist wichtiger Begleiter, aber nicht mehr überlegener Führer: Der Vertreter der Vernunft befindet sich hier im Bereich des Glaubens. Bedrückt erkennt er den Primat des begnadeten **Glaubens** an über die Unvollkommenheit des **Wissens** (40).[141]

Dante beobachtet eine Seelenschar, die sich auffällig langsam vom Ufer zum Läuterungsberg bewegt. Es sind Exkommunizierte, die vor dem Tode noch bereut haben, und jetzt ein Mehrfaches ihres verirrten Lebens auf den Anstieg warten müssen.

Aus der Gruppe löst sich König Manfred[142], der vom Papst mit dem Kirchenbann belegt wurde. Er fiel als Held in der Schlacht, und nach seiner Bestattung ließ Papst Clemens durch den Erzbischof sein Grab schänden und seine Gebeine verstreuen[143].

---

[141] Vorrang des Glaubens vor der Vernunft: siehe auch Inf. IX: Anblick der Medusa

[142] *Manfred*: (1232-1266); König von Sizilien (ab 1258); nichtehelicher Sohn Kaiser Friedrichs II. (siehe auch Inf. XIII, 2. Fläche; er erweiterte seine Macht auf Kosten des Kirchenstaats.)

[143] Die Grabschändung ist nur bei Dante überliefert.

Der Gesang illustriert ein Paradox:
der ruhmvoll bestattete Vergil[144] bleibt als Heide
unerlöst; der unbestattete König wird im Jenseits
erlöst (weil er vor dem Tod bereut hatte).

Es bedeutet eine ungeheuer gewagte antipäpstliche Glaubenswahrheit Dantes: die Allmacht der
göttlichen Gnade missachtet die Exkommunikation durch den Papst.

---

[144] Vergil starb 19. v.Chr. in Brindisi; Kaiser Augustus ließ
seinen Leichnam nach Neapel überführen und als
Staatsdichter prunkvoll bestatten.

4. Gesang: Lage und Charakter des Purgatorio

Einheit der Seele - Saumselige

Die Zeit bleibt immer im Bewusstsein; *die Sonne ist um fünfzig Grad gestiegen*: 3 Stunden und 20 Minuten sind vergangen, seit sie die Erdoberfläche erreicht haben.

In den ersten 4 Terzinen (12 Verse) philosophiert Dante über die **Einheit der Seele**[145] und das Zusammenwirken der Seelenkräfte. (Später in Purg. XXV, 52 ff. wird er seine Lehre von den 3 Seelenformen entwickeln).

Der Läuterungsberg ist der höchste Berg der Welt; das erklärt seine Entstehung aus der durch den Höllentrichter verdrängten Erdmasse. Und es ist für den, der ihn begehen will, ein mühsamer Stufenweg bereits in der Annäherung an den Aufstieg:

Aus dem **Vorfeld** des Purgatorio kommen Dante und Vergil zum **Einstieg**. Er ist eine extrem enge Felsspalte (in der Bergsteigersprache ein Kamin), durch die sie mühsam hochsteigen und den ringsum laufenden „Saum" erreichen[146].

---

[145] Die Einheit der Seele war ein großes Thema im Mittelalter. Nach Platon gab es 3 Seelenteile: die triebhafte, die muthafte, die Vernunftseele. – Nach Aristoteles: vegetative (den Körper belebende) Seele, Sinnenseele (Hören, Sehen …) und Geistseele (nur diese ist unsterblich). Es wirkte auch noch die Lehre der Manichäer (nach dem babylonischen Religionsstifter Mani, 216-277), die mehrere verschiedene Seelen annahmen.

[146] Der schwierige Aufstieg wird mit einer bekannten Bergfestung verglichen: San Leo bei Urbino.

Seines steilen Aufstiegs Winkel fasste / mehr als die Hälfte eines Viertelkreises (41): also über 45 Grad. Wie Vergil am oberen Rand der unteren Hölle (Inf. XI) deren Einteilung erklärte, beschreibt er nun vor dem Beginn des eigentlichen Aufstiegs **Lage und Charakter des Purgatorio** (52-96).

Die geographische Lage erklärt er astronomisch nach den Tierkreiszeichen: es liegt gegenüber von Jerusalem, auf der anderen Hemisphäre. Am Anfang sei der Aufstieg mühsam, dann werde er leichter, weil mit jeder Stufe die Bereitschaft zur Läuterung aus freiem Willen wachse[147].

Sie begegnen der Seelenschar der Saumseligen, die im Vorpurgatorio warten müssen, bis ihnen der Aufstieg erlaubt ist.

Ein Meisterstück der Beobachtung ist Dantes Begegnung mit einem Jugendfreund: dieser hockt am Boden, die Arme um die Knie geschlungen, hebt den Blick nur über die Schenkel schielend, und sagt: „wozu soll ich mich hinauf mühen ..." –

Die Sonne hat den Zenit erreicht. Es ist Mittag.

---

[147] Bergsteiger wissen, dass der Aufstieg mit zunehmender Höhe leichter wird und erklären es mit Motivation. - Mediziner wissen, dass dies auf der Umstellung des Stoffwechsels beruht. - Geistig-seelisch entspricht es dem Schreiten des Zen-Mönches, der seine Mitte findet. Und wer schon vor einem Schicksals-Berg stand ... Der Leser findet bei Dante die Welt seiner eigenen Lebenserfahrung. XII, 16 und XXII, 8.

5. Gesang: Unverhofft Getötete

Die Wanderer begegnen einer weiteren Schar, die den Aufstieg noch nicht beginnen darf, weil auch sie „säumig" war im Glauben: Es sind unverhofft Getötete, die erst durch Reue in der Sterbeminute erlösbar wurden. An ihnen wird die Problematik von **Leib und Seele** dargestellt. Dante erlebt 3 Einzelschicksale.

Der erste der jäh Gestorbenen ist ein Guelfe, der sich als Bürgermeister von Bologna den Hass der Ghibellinen von Ferrara zuzog und von ihnen auf der Reise nach Mailand ermordet wurde, als er dort ein politisches Amt antreten wollte. Seine Fluchtbeschreibung glüht vor Realismus.

Der zweite ist der Sohn von Montefeltro[148]. Er fiel in der Schlacht, und wie bei seinem Vater stritten auch um seine **Seele** ein Engel und ein Teufel. Der Engel siegte und der Teufel musste von der Seele ablassen; er rächte sich am **Körper** und erzeugte während der Schlacht ein (historisches) Unwetter[149], durch das der Körper des Gefallenen von einem reißenden Bach weggeschwemmt wurde. Er konnte nie aufgefunden und bestattet werden.

Mit dem Schlachtenlärm kontrastiert das rührende Schicksal der dritten Toten: einer unbekannten Frau, die von ihrem Mann ermordet wurde.

---

[148] (Inf. XXVII): Der Teufel entriss dem Engel seine Seele, weil der Papst ihn zum Betrug verleitet hatte.

[149] Detailliert wird die Entstehung des Regens nach der Theorie von Aristoteles beschrieben.

6. Gesang: Dantes Klagerede auf Italien

Der Minnesänger

Dante widerspricht seinem Vorbild Vergil, der in der *Aeneis* eine Wirkung von **Fürbitten** geleugnet hatte. Nach Thomas von Aquin verkürzen sie die Dauer der Buße, ohne deren Art zu ändern. Sie schreiten weiter voran im **Vorpurgatorio**. *Eh du hinaufkommst, siehst du die Sonne wiederkehren* (55) – an diesem Tag (Ostersamstag) werden sie also den Gipfel des Läuterungsberges nicht mehr erreichen.

In der Gruppe der gewaltsam Getöteten, die in der Todesminute ihre Sünden bereuten, kauert eine Seele; *stolz und hoheitsvoll / schweift klar und ruhig dort sein Aug' umher* (62): der Minnesänger Sordello. Als Vergil seine Heimatstadt nennt: „Mantua ..."[150] stellt sich Sordello freudig erregt als Landsmann vor. Im nächsten Gesang werden beide ein langes Gespräch führen. Sordellos politische Klagelieder[151] um den Verlust der ritterlichen Werte in Italien stimmen mit Dantes sittlichen Vorstellungen überein; er wird zu seinem Sprachrohr. Seine Erscheinung motiviert Dante zu einer **Klagerede** über den moralischen und politischen Zustand Italiens, wie sie so leidenschaftlich anrührend in der ganzen *Divina Commedia* nicht mehr wiederkehrt.

---

[150] Vergil will die Grabinschrift „Mantua me genuit" (Mantua hat mich geboren) zitieren; Sordello unterbricht.

[151] Sordello lebte 100 Jahre vor Dante. In seinen Liedern ging er mit den Fürsten seiner Zeit scharf ins Gericht.

Die Mahnrede ist in Stil und Form ein rhetorisches Meisterwerk in ihrer Steigerung von Anklage, Mahnung, Strafpredigt, prophetischem Zorn, Sarkasmus, Hohn und Spott.

Fünfundzwanzig Terzinen (76-151) lassen Dantes glühende politische Leidenschaft fluten.

In vier feierlichen Anreden wendet er sich zunächst an Italien, dann an König Albrecht[152], schließlich an Gott und zuletzt an seine Heimatstadt Florenz.

Italien, Sklavin, Ort des tiefen Schmerzes, / Schiff ohne Steuermann in großen Stürmen / nicht Herrin von Provinzen, Haus der Schande (bordello)! ... Elende du, schaue ins Innere dir, / ob irgendwo noch Frieden herrsche[153] ... Weh euch!

Das Land siecht ohne einen wahren verantwortungsvollen Führer dahin.

O Deutscher Albrecht, ...du hast geduldet, / dass zur Wüste des Reiches Garten ward.

Der deutsche König war wie sein Vater Rudolf von Habsburg an der Mehrung der Macht in Deutschland interessiert und überließ Italien ganz der Herrschaft von Papst Bonifatius VIII.[154]

---

[152] Albrecht I. (1255-1308); ältester Sohn Rudolfs I. von Habsburg.

[153] Die verfeindeten Veroneser Familien Montecchi und Cappelletti (106) wurde durch Shakespeares „Romeo und Julia" weltberühmt (Montague und Capulet).

[154] Bonifatius VIII., Dantes Erzfeind. Siehe Zeittafel und Inf. XIX + XXVII. u.a.

Dante prophezeit Albrecht seine Ermordung als Strafe Gottes.[155] Vier Terzinen (106, 109, 112, 115) steigern sich im: *Vieni a veder!* (Komm her und schau!) ... Es ist ein verzweifelter Ruf nach dem staufischen Kaisertum, das Italien als starken Teil des Heiligen Römischen Reiches vor dem Machtstreben der Kirche bewahren sollte. Aber mit dem Tod des letzten großen Staufers, dem schöngeistigen Friedrich II.[156] war dieser Traum ausgeträumt. Man kann vermuten, dass Dante die aufrüttelnde Mahnrede nach der Krönung Heinrich VII.[157] geschrieben hat, von dem eine Gesundung Italiens und Stärkung des Reiches erhofft wurde. In Dantes Klage ist das stolze *Rom eine weinende Witwe* (112).

O höchster Vater wendet sich Dante an Gott und erbittet sein strafendes Eingreifen (118).

Am Ende entlädt sich die gewaltige Anklage der Missstände in grausamem Sarkasmus (127): **Du mein Florenz** *kannst wohl zufrieden bleiben / bei dieser Rede, du bist nicht betroffen / dank deines Volks, das so verständig ist ...Du machst zerbrechliche Gesetze im Oktober, die im November sinnlos sind.* – Dantes spricht von seiner eigenen Anklage und Verbannung 1301/2.

---

[155] Albrecht wurde tatsächlich von seinem Neffen Parricida (lat: „Verwandtenmörder") ermordet. Im Schillers *Wilhelm Tell* erscheint er als „Tyrannemörder" und fordert das Verständnis des Geßlermörders Tell (V, 2); aber Tell ist nur in den Altdorfer Touristenfestspielen ein Tyrannenmörder; Schillers Tell ist Retter der Freiheit als Naturrecht des Menschen.

[156] Friedrich II. siehe Inf. XIII Fußnote 59.

[157] Heinrich VII. siehe Zeittafel.

7. Gesang: Tal der säumigen Fürsten

Der Aufstieg gelingt nur in der göttlichen Gnade, deren Sinnbild die Sonne ist. *Der Tag neigt sich* (43) – die Wanderer müssen die Nacht im Tal verbringen. Hier warten die Saumseligen als Strafe für ihre Nachlässigkeit zu Lebzeiten auf die Erlaubnis zum Weitergehen warten.

Besonders schwerwiegend sind die Versäumnisse einer neuen Gruppe: **Regenten**, die ihre Pflicht für das Land nicht erfüllt haben. Sie sind über andere Menschen erhoben, deshalb gehört ihnen im Vorpurgatorio ein besonderer Aufenthaltsort[158]: eine Talmulde in wundervoller Naturstimmung (68): *Gold und Silber, Scharlachrot und Bleiweiß, tiefleuchtendes heitres Ebenholz, frischer Smaragd, im hellen Licht gebrochen ... sie alle müssten weichen vor den Farben der Kräuter und der Blumen dieses Tals.* Eine fassbare, reale italienische Landschaft wird durch eine märchenhafte Fülle von Farben und durch *tausend zauberhafte Düfte, die sich mischen zu unbekannter Süße* zum phantastischen Stimmungsbild. Dazu erklingt der fromme Gesang der Fürsten, die als historische Personen dramatisiert sind. Aus Poesie und Farben, Düften und Klängen, Gesten und Ereignissen, formt sich eine Impression, die alle menschlichen Sinne harmonisch zum Schwingen bringt. Ein imaginäres Kunstwerk, Symphonie aller Kunstformen: ein Gemälde, das duftet und

---

[158] entsprechend dem „Limbus" der Vorhölle, dem „höllischen Elysium". (Inf. IV).

klingt, spricht und sich bewegt, in wundervollen Versen.
Alle acht Fürsten sind Zeitgenossen, denen Dante Regierungsversäumnisse vorwirft.

- o Rudolf von Habsburg war der erste gewählte König, der nicht nach Italien kam, um die Kaiserkrone zu erwerben[159]
- o Kaiser Heinrich VII. wandte sich zu spät nach Italien und scheiterte (Dante hatte sehr große Hoffnungen auf ihn gesetzt)
- o Danach 5 Könige aus Böhmen, Frankreich und Spanien
- o Als einziger nicht Gekrönter ein Ghibellinenführer

An den Herrscherfolgen leitet Dante ein problematisches Thema ab: das **Charktererbe**.

Hohe Charaktergaben gehen nicht vom Herrscher auf den Erben über; von den Eltern kommen körperliche und charakterliche Anlagen, aber edle Gesinnung und edelmütiges Handeln sind nicht vererbbar.

---

[159] Rudolf wird deshalb hier zu Unrecht Kaiser genannt.

8. Gesang: Die Wächterengel

Schlange der Anfechtung

Die Nacht bricht herein. Dante vergleicht seine Gefühle mit dem Heimweh des Schiffers am ersten Tag seiner Reise, und mit dem des Pilgers, der die Abendglocken hört: Sinnbild der Sehnsucht nach Erlösung (Heimweh zur himmlischen Heimat). Er blickt zu den Sternen (25), *und sah, wie von dem Himmel niederfuhren / zwei Engel mit zwei feuerroten Schwertern, / daran die Spitzen abgebrochen waren*[160]. Ihre grüne Kleidung und grünen Flügel sind Symbol der Hoffnung. Sie positionieren sich als Wächterengel an den beiden Seiten des Tales.

Inzwischen ist am Himmel „das Dreigestirn" aufgegangen: analog dem Viergestirn des Tages (die 4 weltlichen, tätigen Tugenden)[161] bedeutet es die 3 geistlichen, kontemplativen Tugenden: Glaube, Hoffnung, Liebe. Eine Schlange (95: *unser Widersacher*) windet sich im Dunkeln und wird durch das Flügelrauschen der Engel vertrieben. Sie versinnbildlicht die **Anfechtung**, die den Menschen (in der Nacht) überfällt, wenn die Sonne der **Gnade** nicht scheint.

Dante begegnet der Seele eines Freundes, der ihn als Verbannten aufnahm (109); sein Loblied auf dessen Gastfreundschaft ist indirekt die 5. der 7 Prophezeiungen seiner eigenen Verbannung, und eine Anklage des Papstes.

---

[160] Die stumpfen Schwerter bedeuten: Gerechtigkeit wird nicht ohne Barmherzigkeit geübt.
[161] Purg. I, 23 und Fußnote 136.

Übergang von Vorpurgatorio zu Purgatorio.

9. Gesang: Dantes Traum. – Der Eingang.

<u>Bisheriger Verlauf</u> des ersten Tages auf der Insel des Läuterungsberges:

o Dante und Vergil sind aus der Hölle aufgestiegen zu der Insel, auf der sich der Läuterungsberg erhebt. Vergil wäscht Dante mit Tau die Bilder der Hölle aus den Augen und gürtet ihn mit dem Schilf der Demut.

o Sie begegnen der ersten Seelenschar und begeben sich zum Fuß des Läuterungsberges.

o Dort befindet sich der Warteort, wo die Saumseligen auf den Aufstieg warten.

o Aus dem Vorfeld steigen sie durch eine enge Felsspalte in den Bereich des Vorpurgatorio und treffen auf Seelenscharen der Trägen.

o Hier warten die unverhofft Verstorbenen.

o In der Abendsonne begegnen sie der Seele des Minnesängers Sordello, dessen politische Gedichte eine leidenschaftliche Mahnrede Dantes auslöst über Pflichtvergessenheit der Kaiser und über politische Misswirtschaft in seiner Heimatstadt Florenz.

o Am Abend dieses ersten Tages auf der Insel sehen sie in einer blumigen Talmulde die Seelen der Fürsten, die ihre Pflichten versäumten und auf den Aufstieg warten; Dante reflektiert über Fürstentugenden. In der Dämmerung erscheinen zwei Schutzengel, welche die beiden Seiten des Fürstentales bewachen.

o Es wird Nacht.

Ende des 1. Tages im Purgatorio.

Inf. IX hatte den Übergang von der oberen zur inneren Hölle dargestellt. Symmetrisch bildet Purg. IX den **Übergang** vom Vorpurgatorium zum eigentlichen Purgatorium. (Und ebenso wird Par. IX symmetrisch den Übergang von den drei unteren Himmeln in die höheren Kreise beschreiben).

Den Übergang kann Dante auf einer Seelenwanderung nicht „bewusst" erleben; sie geschieht in einem Traum, der sich auf mehreren Wirklichkeitsebenen vollzieht; ein Traum im Traum, eine Vision in der Vision.

Die <u>Zeitbestimmung</u> ist real und irreal zugleich:
o Wo Dante lebt und dichtet (in Italien) geht die Sonne auf;
o an seinem seelischen Aufenthaltsort (der Läuterungsberg auf der gegenüberliegenden Hemisphäre) beginnt die Nacht.
o Die scheinbar reale Zeitangabe wird verschleiert durch ein Sternbild
o Auroras (Morgenröte) Stirne wird mit Edelsteinen (Sternen) umstrahlt; und das ergibt: *das Bild des kalten Tieres* (Fische?), *das mit seinem Schwanze schlägt* (Skorpion);
o Fische und Skorpion stehen an den entgegengesetzten Seiten des Himmels. Wird also die Morgenröte von dem Sternbild umkränzt oder blickt sie ihm entgegen? Oder wird das „kalte Tier" das „mit seinem Schwanz schlägt" zum himmelumspannenden Sternbild?

163

Die Zeitvorstellung wird vollends relativiert durch Dantes Traum: er schläft am Abend ein und erlebt unverzüglich seinen (Morgen-)Traum. Mit dieser komplexen kosmischen Mischung aus Geographie, Fiktion, Realität, Vision, beginnt Dantes **erster Wahrtraum** *in der frühen Morgenstunde... wo der Geist noch frei wandelt außerhalb des Körpers* (16).

Nach antiker Tradition ist es die Zeit der Wahrträume. Dante fühlt sich von einem Adler emporgehoben und wie einst Ganymed zum Thron Jupiters entführt. Es ist die Entrückung aus dem letzten Rest von Erdenschwere, wenn er sich von einem Flammenmeer umgeben fühlt (31). *Und so gewaltig brannte das geträumte Feuer, dass es des Schlafes Fesseln mir zerriss.*

Als Dante aus seinem Traum erwacht, sind die ersten 2 Stunden des Tages vergangen. Vergil steht neben ihm. Die Frage, wie Vergil hierher gelangte, stellt sich nicht. Logische und physische Gesetze sind aufgehoben an diesem Ort.

Das Purgatorio wird von einer Felswand umschlossen, in der sich ein Eingang befindet (49). Dorthin müssen sie emporsteigen.

Vergil beschreibt, wie Dante hierher gelangt ist: Vom Himmel kam eine Frau, Lucia[162] ...

---

[162] Lucia war auch die Botin, die von Beatrice zu Vergil geschickt wurde, damit er Dante aus seiner Verirrung im Wald herausführt (Inf. II, 70). Die hl. Lucia von Syrakus wurde bei Augenleiden angerufen; im übertragenen Sinne ist sie hier das Sinnbild der „gratia illuminans": Gnade der Erleuchtung.

Die heilige Lucia *hob dich auf ... und hier legt' sie dich hin.* Dante begreift den Prozess des Erwachens als Erkenntnis der Gnade (64): *Wie einer, der vom Zweifel zur Gewissheit kam ...* **So ward auch ich verwandelt.**

Vor dem **Eintritt in das Purgatorio** ruft Dante den Leser an. Es ist die 2. von 7 Leseranreden im Purgatorio, die immer ein besondere Steigerung ankündigen. Dante betont, dass die neue Stufe seiner Wanderung einen neuen, höheren Ton der Dichtung erfordere. *Wundere dich nicht Leser, wenn ich den höheren Gegenstand mit größerer Kunst bekleide.*

Die Erscheinung des Wächterengels, die Stufen, und das Eingangstor zum Purgatorium werden mit einer grandiosen Mischung aus Malerei, Plastik, Architektur gestaltet, Farbsymbolik und akustische Wirkungen laden die Szene mit einer gewaltigen Symbolkraft auf. (73-145).

Der Engel an der Pforte ist nach dem Himmelsboten am Höllentor (Inf. IX), dem Fährmann der Seelenschar (Purg. II) und den zwei Wächterengeln im Fürstental (Purg. VIII) der 5. Engel; es folgen noch 7 Wächterengel, einer auf jedem der 7 Kreise des Purgatorio; zusammen die heilige Zwölfzahl[163].

Dante und Vergil steigen zur Ringmauer des Purgatorio hinauf und erkennen ein Tor, zu dem drei Stufen führen.

---

[163] die heilige Zwölfzahl: 12 Tierkreiszeichen, 12 Stämme Israels, 12 Apostel ...

Auf der Schwelle sitzt ein schweigender Engel mit blitzendem Schwert. Erst nachdem Vergil auf Beatrice verweist (*vom Himmel eine Frau*), ist der Engel bereit, sie einzulassen.

Vorher ritzt er mit seiner Schwertspitze sieben blutige „P" in Dantes Stirne.

Dann öffnet er mit 2 Schlüsseln den Riegel der Türe und stößt das Tor auf. Aus dem Inneren tönt Gesang und Orgelspiel; sie treten ein.

Die Szene zeigt eine Fülle von **Bildsymbolen**:

Dante hält die Öffnung in der Mauer für einen *Riss wie einen Spalt* (74), aber nach der Entrückung im Traum muss er aus eigener Kraft hinauf steigen, bis zu der Erkenntnis, dass es einen 'Zugang' gibt.

Das drohend blitzende Schwert kann das gleiche sein, das einst die Sünder aus dem Paradies vertrieben hat. Es zeigt zugleich, dass der Engel richterliche Gewalt repräsentiert.

Er sitzt auf der Türschwelle über den 3 Stufen, die sich einzeln unterscheiden. Jede Stufe wird in einer Terzine beschrieben (94-102).

Dante muss von diesem „Wächter" zugelassen werden, und hierfür sind zwei Voraussetzungen nötig: Gnade (Beatrices Fürbitte) und eigene Unterwerfung unter die höchsten Gesetze. Der Engel wird deshalb meist als Dantes „Beichtvater" interpretiert und ihm die Buße des Purgatorio auferlegt, bevor er eintreten darf: das Schwert als Zeichen der Gerechtigkeit; die 3 Stufen als Stufen des Sakramentes: Reue-Beichte-Buße. Man hat sie auch als die Stufen der Menschheitsentwicklung gedeutet … …

166

Die *erste* (Stufe) *war von weißem und so glänzend reinem Marmor, / dass ich darin mein Spiegelbild erblickte*. (Die ursprüngliche Unschuld des Menschen).

Die *zweite* *eher schwarz als dunkel, / aus einem rauen und verbrannten Stein, / der Länge und der Quere nach gespalten*. (Das Stadium der Sünde; der Riss lang und quer durch den Stein als Hinweis auf das Kreuz Christi).

Die *dritte, die sich auf die beiden türmte, /schien mir aus Porphyr und so rot wie Feuer, / dem Blute gleich, das aus der Vene sprudelt*. (Die Erlösung durch Christi Blut).

Auf der obersten Stufe ruhen die Beine des Engels, der auf der Schwelle sitzt, *die offenbar aus Diamant geschnitten war* (unbedingte Autorität Gottes).

Dante schlägt sich dreimal auf die Brust: das rituelle „mea culpa". Dann ritzt ihm der Engel mit der Schwertspitze **sieben** „P" auf die Stirne: „peccavi" (ich habe gesündigt); er wird sich auf jedem der sieben Kreise, die im Purgatorio die sieben Todsünden[130] versinnbildlichen, von einem „P" reinigen.

Zum Öffnen der Türe dienen 2 Schlüssel: ein silberner und ein goldener. In der scholastischen Lehre[58] bedeuten sie Urteil und Absolution[164]. Der Engel öffnet das Schloss und warnt: wer zurückblickt, muss das Purgatorio verlassen (131).

---

[164] Inf. XXVII, 104: Papst Bonifatius VIII. drohte Montefeltro mit seinen „zwei Schlüsseln": *Den Himmel kann ich schließen und auch öffnen.*

Wie es in der Hölle kein Zurück gibt aus ewiger
Verdammnis (Inf. III, 9: *Lasciate ogni speranza,
voi ch'entrate.* „Lasst alle Hoffnung fahren, die
ihr eintretet"),
so gibt es auch auf dem Weg der Läuterung kein
zweifelndes Zurück. Läuterung verlangt Stetig-
keit des Aufstiegs; das erlaubt kein Zurück-
schauen (keinen Rückfall)[165].

*Das hochheilige Tor aus tönendem Metall öffnet sich
dröhnend.* Chorgesang und Orgelspiel klingt aus
dem Innern.

Dante und Vergil treten über die Schwelle.

---

[165] Das Motiv ist bekannt seit dem Mythos von „Orpheus
und Eurydike"; auch in der Bibel drohte den Geretteten
von Sodom und Gomorrha beim Zurückzuschauen
(Rückfall in die Sünde) die Vernichtung.

10. Gesang: Aufstieg zum 1. Kreis: Hochmütige

*Als wir des Tores Schwelle überschritten hatten …
schloss es sich dröhnend.*
Dante widersteht der Versuchung sich umzudrehen; er folgt dem Verbot (Purg. IX, 131).

Die Wanderer werden hier nicht freudig willkommen geheißen (wie es Chorgesang und Orgelspiel vermuten ließen). Die Bitterkeit der Buße wird ihnen bewusst. Sie sind auch immer noch nicht im 1. Kreis der Läuterung angekommen, und müssen sich zuerst noch durch eine enge **Felsenklamm** nach oben mühen. Der mühsame Aufstieg windet sich zwischen den Felswänden *wie eine wogende Welle* und sie müssen ihre ganze Konzentration aufwenden beim Steigen.

Aus dem Untergehen des abnehmenden Mondes (14) kann die Tageszeit erschlossen werden: es ist gegen halb 11 Uhr vormittags, etwa 2 Stunden nach Dantes Erwachen aus dem Morgentraum.

Sie entsteigen *jenem Nadelöhr*[166] und sind auf der untersten Ringterrasse (**1. Läuterungskreis**) angekommen. Der den Berg umlaufende Weg fällt nach außen steil ab (20); ebenso steil ragt auf der Innenseite die Felswand empor.

---

[166] cruna (16): Nadelöhr. Die Übersetzungen Hohlweg, Gasse usw. unterschlagen den Sinn des mühsamen Aufstieges: Matth. XIX, 24: „Eher gelangt ein Kamel durchs Nadelöhr als ein Reicher in das Reich Gottes."

Über dieser Felswand kann man vermuten, dass sich dort eine weitere Ringterrasse befindet, die den ach oben spitzer werdenden Berg enger umläuft. Wie die Höllenkreise nach unten in Annäherung zur größten Sünde und Verzweiflung immer enger werden, so werden die Läuterungskreise nach oben in Annäherung zu immer größerer Hoffnung und Gnade enger.

Die Breite des ersten Ringweges beträgt *dreimal die Länge eines Mannes*, also etwa 5 Meter.
Es herrscht öde Einsamkeit[167].

---

[167] Anspielung auf die allgemein geringe Bereitschaft zur Bußfertigkeit

10. Gesang: Ordnungs-System des Purgatorio

Mit dem 1. Kreis beginnt die Läuterungsarbeit des Purgatorio: eine strenge Abfolge von **Buße** durch **Meditation**.

Gemäß den 7 Todsünden der mittelalterlichen Ethik müssen die Seelen der Reihe nach sieben Terrassen (Kreise) des Berges durchlaufen. Sie müssen unterschiedlich lange verweilen, abhängig von dem Maß der Sündhaftigkeit, die ihnen aus dem irdischen Leben anhaftet.

Im Purgatorio werden <u>nicht</u> wie in der Hölle <u>konkrete</u> Straftaten gebüßt; die verschiedenen Kreise des Purgatorio dienen der <u>Meditation</u> über die <u>Art</u> der Sünde allgemein (Hochmut, Neid ...).

Diese Meditation erfolgt fast immer an 3 Beispielen der Tugend, die der Sünde entgegengesetzt ist (z.B. Demut gegen Hochmut); es folgt danach das meditierende Gebet; abschließend 3 Beispiele der bestraften Sünde.

Die Bilder sind streng gegliedert: eines aus der Antike, eines aus dem Alten, eines aus dem Neuen Testament; letzteres immer aus dem Umfeld der Jungfrau Maria. Diese Symmetrie wird nie eintönig, weil die Beispiele außerordentlich vielfältig variiert werden.

In der Hölle steigert sich die Sünde mit jedem neuen Höllenkreis; im Purgatorio ist es umgekehrt: die Läuterung beginnt mit der schwersten Sünde; der Aufstieg ist also zu Beginn am schwierigsten.

1. LÄUTERUNGSKREIS: Hochmut

10. Gesang: Hochmut und Demut

Im 1. Kreis büßen die **Hochmütigen**.
Die Felsenwand besteht aus weißem Marmor. Sie zeigt erhabene Abbildungen von verschiedenen Formen der **Demut**, *wie sie kein Polyklet*[168] *und nicht einmal die Natur selbst* hätten erschaffen können (31). Die Innigkeit und Lebendigkeit des Ausdrucks übersteigt die Vorstellung von einem Kunstwerk, denn Gott ist ihr Schöpfer (99).

Die Bildfolge (man wird sich Mamor-Reliefs vorstellen) ist als Steigerung aufgebaut:
o zuerst ein einfaches Zweifigurenbild (Maria und der Verkündigungsengel),
o dann ein bewegtes Gruppenbild (der Tanz Davids um die Bundeslade),
o zuletzt eine dramatisch aufgeregte Szene (Kaiser Trajan im Gespräch mit einer Bittstellerin, direkt vor dem Kriegszug).

Das Marienbild ist nur scheinbar „einfach", und erst die Entschlüsselung seiner Inschrift führt zur Deutung.
Die David-Szene erzählt eine Sinngeschichte, die über die eigentliche Darstellung hinausgeht.
Im Dialog Trajans vermittelt der tote Stein einen lebendigen Wandlungsprozess.

---

[168] Polyklet: Bildhauer (5. Jh. v.Chr.) in Griechenland, Zeitgenosse von Phidias (der u.a. die Goldelfenbeinstatue des Zeus in Olympia schuf; eines der 7 Weltwunder). Das Mittelalter schätzte Polyklet höher als Phidias.

Mariae Verkündigung (34-45):
Reine Demut

Das erste Relief aus der Gruppe der Demuts-Bilder ist die Verkündigungsszene mit Jungfrau Maria und dem Engel Gabriel.

Diese Szene war den Lesern von vielen Gemälden wohlbekannt (am Dom in Florenz befindet sich ein Steinrelief). Der Künstler muss sich in der Darstellung zwischen drei Stimmungen entscheiden:

o Marias Überraschung und Staunen;
o ihr zweifelndes Fragen („da ich keinen Mann erkenne");
o ihre Ergebung („die Magd des Herrn").

Dante wählt den Schluss der Begegnung.

Die Worte, mit denen Maria **Demut** und Ergebenheit ausdrückt, mussten auf Gemälden als Spruchband dargestellt werden. Aber Dantes Relief auf der Marmorwand scheint Sprache zu besitzen: *Der Engel war so lebensecht ... / man konnte schwören, dass er „Ave" spreche* (40: Giurato si saria ch'ei dicesse ‚Ave'). *Und die Gebärde drückte wahrhaft aus die Worte: ‚Ecce ancilla Die'* (Siehe die Magd des Herrn).

Die gesprochenen Worte erklingen aus dem Stein-Relief so deutlich *„wie ein Bild* (come figura) *sich in weiches Wachs einprägt".* Dieser Vers besitzt eine geheimnisvolle Mehrdeutigkeit. „Figura" heißt nicht nur Bild, Gestalt, Figur – es bedeutet auch „rhetorische Figur", also Satz- und Wortbild. Wenn das **AVE** des Bildes in Wachs geprägt wird, ist es rückwärts zu lesen: **EVA**.

Durch Prägen des **AVE** in Wachs und das abgebildete **EVA** erhält die Erscheinungsszene einen tieferen Sinn (34): *Der Engel, der harabstieg mit der Kunde / von jenem jahrelang ersehnten Frieden, / der uns erschloss den lang verbotnen Himmel* ... symbolisiert die Geschichte vom *Frieden*, der durch den Sündenfall **(Eva)** gebrochen und durch Christus (*„Ave* Maria") wieder hergestellt wurde.

König Davids Tanz um die Bundeslade (55-69): Demut in der Größe

Dante kombiniert zwei biblische Bilder vom Transport der Bundeslade auf einem Ochsenkarren (wobei sie wankte) mit dem Transport durch Menschen, bei dem König David sang und tanzte (2. Samuelis 6, 1-7 und 16-21). Die Bibelstelle galt dem Mittelalter als besonderer Ausdruck der **Demut**.

Auf dem Steinbild „hört" der Betrachter den Disput *des Volkes, geteilt in sieben Chöre ... der eine ‚Nein' der andre ‚Ja'* und den Chorgesang der Menge. Davids Frau Mikal schaut aus dem Fenster des Palastes und spottet verächtlich über den hüpfenden und singenden König im aufflatternden Hohepriestergewand. („Wie herrlich ist heute der König von Israel gewesen, der sich vor Mägden und Knechten entblößt hat." David antwortet: „Ich will noch geringer sein, und ich will niedrig sein in meinen Augen und mit den Mägden zu Ehren kommen." Gott gab David recht, indem er Mikal unfruchtbar machte.

Auf dieser Überlieferung beruhte der Ruhm der **königlichen Demut** Davids.

Kaiser Trajan und die Witwe (73-96): Gerechtigkeit aus Demut

Es wird die legendäre Szene dargestellt, wo Kaiser Trajan (53-117 n. Chr.) einen Feldzug verschiebt, um einer Witwe Recht zu sprechen. Man glaubt, den Dialog von Kaiser und Bittstellerin im Stein zu hören und wird Zeuge des seelischen Prozesses, wenn der Kaiser den Bitten der Witwe nachgibt, weil er Gerechtigkeitssinn über Kriegsruhm stellt. Der Betrachter fühlt den Schmerz der Witwe, die dem Pferd des Kaisers in die Zügel greift; er spürt den Wind, der die Fahnen flattern lässt, die Aufregung der Soldaten und die Unruhe der Pferde (76 ff.):

Ich spreche von Trajan, dem Römerkaiser; / und eine Witwe hing in seinen Zügeln, / mit Tränen überströmt und voller Schmerzen. / Rings um ihn her sah man ein dicht Gedränge / von vielen Rittern, und auf goldnem Grunde /die Adler über ihm im Winde flattern. / Die arme Frau stand mitten unter ihnen und schien zu sagen: ,Herr, schaff mir Vergeltung / für meines Sohnes Tod, der mich verzehrt.' Er schien zu sagen: ,Wart noch eine Weile, / bis ich zurück bin.' Aber sie, wie jemand, dem der Schmerz im Nacken sitzt: / ,O Kaiser, wenn du nicht wiederkehrst?' Und er: ,Ein andrer wird / es für mich tun.' Sie aber: ,Wozu nützt / die fremde Wohltat, wenn du selber nicht handelst?' / Worauf er: ,So tröste dich, ich werde / sogleich meine Pflicht erfüllen müssen, / wenn es Gerechtigkeit und Mitleid wollen." / Der Herr, der niemals etwas Neues kannte,[169] */hat jenes Sprechen sichtbar abgebildet.*

---

[169] Der Schöpfer dieser Meditationsbilder: Gott.

175

Die Seelenschar der Hochmütigen.

Als Kontrast zu den aufgeregt gestikulierenden Einzelskulpturen folgt die stumme Schar der Büßer. Sie sind gebeugt unter schweren Steinlasten und schreiten in einer schweigenden Prozession. Die physische **Buße** besteht aus einer geistigen Disziplin, der Meditation über die Sünde des **Hochmuts**: also in der Betrachtung der Bildwerke an der Felsenwand.

Die Größe der Last und die Dauer der Buße in diesem Kreis sind abgestuft nach der Größe des Hochmuts. In der durch die Steinlasten gebeugten Haltung zeigt sich die Bereitschaft zur Demut.

11. Gesang: 1. Kreis: Hochmut

Adels-, Künstler-, Politikerhochmut

Auf die Vorbilder der Demut folgt die zweite Form der Meditation: das **Gebet**; eine Erweiterung des *Vater unser* (1 ff.): *O Vater unser in dem Himmel droben, / Du unbegrenzt, doch mit besonderer Liebe / der Kraft der ersten Sphären dort verbunden, / gepriesen sei Dein Name und Dein Wirken / von jeder Kreatur ... Und unser täglich Brot gib uns auch heute ... Und wie wir gern verzeihen so wollest Du uns das Böse vergeben ...*

Danach begegnet Dante drei historischen Personen, die verschiedene Erscheinungen des Hochmuts repräsentieren.

o **Adelshochmut**

Umberto Aldobrandesco gehörte einem ghibellinischen Adelsgeschlecht an, das in der Toskana über 60 Burgen besaß[170]. Der historische Aldorandescho rühmte sich, jeden Tag in einem anderen Schloss wohnen zu können. Um 1300 wurden sie von Siena unterworfen und das Geschlecht ging unter. Er war ein typischer Vertreter hochmütigen Adels (61): *Das alte Blut, dazu die kühnen Taten / der Ahnen machte mich so übermütig, / dass ich die gleiche Mutter aller Menschen / vergaß, und alle mit Verachtung strafte.* Es ist ein glühendes Bekenntnis Dantes für die Gleichheit aller Menschen; alle stammen quasi von einer gemeinsamen Mutter ab, ohne Vorrechte der Geburt.

---

[170] Die Aldobrandeschi wurden in Dantes Klagerede mit grimmigem Hohn bedacht (Purg. VI, 111).

177

○ **Künstlerhochmut**
Dantes Zeitgenosse Oderisi von Gubbio wurde hochgeschätzt *in jener Kunst, die in Paris Illuminieren heißt*[171]. Doch auch sein Ruhm verging (91): *O vana gloria!* (O leerer Ruhm!).
Der gefeierte Maler Cimabue[172] wurde von seinem Schüler Giotto[173] verdrängt.
Und die gerade in Florenz gefeierten Dichter werden von einem anderen verdrängt werden.[174]
Ein tausendjähriger Ruhm verhält sich zur Ewigkeit (um die es im Purgatorio geht) wie ein Wimpernschlag zur einer Umdrehung des Fixsternhimmels, die nach Dantes Kenntnis 36.000 Jahre dauert (106).

○ **Politikerhochmut**
Ein berühmter Ghibellinen-Führer in Siena, der nach seinem grandiosen Sieg über die Florentiner Guelfen auf dem Höhepunkt seines Ruhmes war, breitete nach dem Sturz der Staufer auf dem Marktplatz seinen Mantel aus und sammelte das Lösegeld für einen gefangenen Freund. Die Überwindung des Hochmuts ersparte ihm das Vorpurgatorium.

---

[171] *illuminieren*: („festlich erleuchten"). Im Mittelalter Handschriften ausmalen. Im Kirchenschatz des Vatikan befinden sich zwei prächtig illustrierte Messbücher von Oderisi.

[172] Cimabue: italienischer Maler (1240-1302); berühmtes Kruzifix von Santa Croce in Florenz; Lehrer Giottos.

[173] Giotto: italienischer Maler und Baumeister (1266-1337); Schüler von Cimabue; Dombaumeister in Florenz.

[174] Dante meint sich selbst; deshalb muss auch er durch diesen Läuterungskreis gehen.

12. Gesang: 1. Kreis: Hochmut (Forts.)

Die 3. Meditationsform dieses Läuterungskreises besteht in der **Betrachtung** von Darstellungen bestraften Hochmuts.

Auf dem Weg rings um den Berg sind – nach Art der auf dem Boden liegenden Grabsteine in mittelalterlichen Kirchen – Stein-Reliefs ausgelegt über welche die Seelen in ihrer von den Steinlasten niedergedrückter Haltung hinwegschreiten (sie mit Füßen treten).

Entsprechend den zwölf Formen des Hochmuts (Bernhard von Clairveaux) wird in 12 Terzinen (25-63) kunstvoll eine Zwölfergruppe[163] bestraften **Hochmuts** komponiert, deren Lebendigkeit durch die hochdramatischen, tragischen Szenen[175] die Bilder der Demut noch zu übertreffen scheint.

Der erste Wächterengel
Die 6. Stunde ist vorüber (81); es ist Mittag. Der Wächterengel des 1. Läuterungskreises erscheint (*jenes schöne Wesen / im weißen Kleide, und im Angesicht / so schimmernd wie die morgenlichten Sterne*) und löscht mit einem Flügelschlag das erste „P" von Dantes Stirne; sein Hochmut ist überwunden.

Der Aufstieg zum nächsten Läuterungskreis kann beginnen.

---

[175] z.B.: Sturz Luzifers, Kampf der Giganten gegen die olympischen Götter, Turmbau zu Babel, Niobe, Saul … Eine 13. Terzine (Szene vom Untergang Trojas) fasst am Ende alle Aspekte des Hochmuts zusammen.

Der Weg, den der Engel weist, führt über Stufen nach oben. Dante vergleicht diesen Aufstieg mit den Stufen, die von der Brücke Ponte delle Grazie zu San Miniato führen (100).[176]

Die berühmten Stufen dienen ihm als Anspielung auf einen stadtbekannten Fälschungs-Skandal in Florenz (höhnisch: *die wohlregierte Stadt*): sie wurden *in alten Zeiten gebaut, als Maße und Gewichte noch nicht gefälscht wurden.*

Unter dem Gesang der ersten der 7 Seligpreisungen der Bergpredigt (Demut) steigen die beiden hinauf zum zweiten Läuterungskreis.

---

[176] Die Kirche San Miniato steht auf dem höchsten Punkt von Florenz und trägt den päpstlichen Ehrentitel *Basilica minor.* Sie gilt heute als die vornehmste Romanische Architektur in der Toskana und als eine der schönsten Kirchen Italiens. Ihre Marmorverkleidung aus weißem Carrara Marmor und dunkelgrünem Serpentin wurde vermutlich och vor 1100 begonnen.

2. LÄUTERUNGSKREIS: Neid

13. Gesang: 2. Kreis: Neid - Nächstenliebe

Als ein öder schmaler Terrassenweg verläuft der 2. Kreis zwischen Felsenwand und Abgrund. (Auf dem kegelförmigen Berg werden die Kreise nach oben immer enger). Hier ist der Fels nicht aus Marmor, es gibt auch keine Bildwerke. Von den Steinwüsten der Hölle unterscheidet sich die Landschaft nur durch das Sonnenlicht (die Gnade Gottes).
Vergil spricht ein Sonnengebet, das an den Sonnengesang der hl. Franziskus[177] erinnert (16): *O süßes Licht, in dessen Schutz ich trete ... Die Welt durchwärmst du und bist ihre Leuchte.*

Dante und Vergil gehen so weit, *wie man hier* (in Italien) *eine Meile zählen würde* (21), da hören sie plötzlich Stimmen ohne etwas zu sehen[178].

---

[177] Manche Kommentare sehen den „Heiden" Vergil „auf halbem Wege" zum Christentum wegen des Anklangs an den Sonnengesang des hl. Franziskus. Ebenso bedeutend wären aber der Sonnenhymnus des ägyptischen Pharaos Echnaton (1364-1347 v.Chr., Gatte der Nofretete) und andere. Falls Dante diese anderen Hymnen nicht kannte, muss man allerdings annehmen, dass er Vergil hier erhöhen wollte.

[178] Mit überprüfbaren geographischen, historischen, biographischen Fakten und konkreten Zeit- und Maßangaben erzeugt Dante kontinuierlich den Eindruck eines Jenseits als realer Welt. Der Leser ist immer aktiviert. Die irdischen Vorstellungen werden dann aber unmerklich relativiert: hier folgen auf die Länge des Weges ('auf Erden wäre es eine Meile') Geisterstimmen.

Die Stimmen sind Geisterstimmen, die ebenso wie die Marmor-Bilder im ersten Läuterungskreis die Tugend preisen, die dem **Neid** entgegengesetzt ist: die **Nächstenliebe**.

Dante setzt die Kenntnis der Heiligen Schrift und der Mythologie beim Leser voraus:
Die hektisch vorbei jagenden gespensterhaften Stimmen rufen im Rennen jeweils nur einen kurzen Satz (eine Terzine); daraus muss der Leser den Zusammenhang erklären.

o Die erste Stimme erinnert an Marias Ruf „Vinum non habent" (Sie haben keinen Wein mehr) auf der Hochzeit von Kana, worauf Christus Wasser in Wein verwandelte.
o Die zweite Stimme ruft „Io sono Oreste" (Ich bin Orest); das Zitat musste dem Leser genügen, ein Drama zu erkennen, in dem ein Freund sich für den Freund opfern will.[179]
o Die dritte Stimme predigt: „Liebet eure Feinde" aus der Bergpredigt (Matth. 5, 44).

Es sind keine schöngeistig getragenen Stimmen, die edle Worte zitieren; die Geisterstimmen erschallen hektisch wild und geradezu schmerzhaft *wie Peitschenhiebe*, um den Neid durch das Vorbild der Tugend *zu züchtigen*.

---

[179] griech. Mythologie: Orest hatte seine Mutter Klytaimnestra ermordet aus Rache für deren Mord an Agamemnon. Cicero berichtet über eine römische Tragödie dieses Stoffes, wo Orest hingerichtet werden soll, und sein Freund Pylades sich als Orest ausgibt (*Io sono Oreste*), um ihn zu retten.

Nur allmählich kann Dante die sündigen Seelen erkennen. Er sieht zunächst nur Schatten, dann graue Mäntel, dann vernimmt er Stimmen, schließlich sieht er traurige Gestalten an der Felswand sitzen, wie die blinden Bettler vor der Kirchentüre (61).

Die Augenlieder sind diesen Gestalten mit Draht zugenäht (wie in der Falknerei frisch gefangenen Jagdfalken die Augen vernäht wurden, damit sie nicht entflogen). Durch Neid und Missgunst waren die Sünder im Leben mit seelischer und geistiger Blindheit geschlagen. Ihr Buße ist das blinde geduldige Zuhören, als eine Meditation über Neid und Nächstenliebe.

Aus der Gruppe der Neidischen tritt eine Frau hervor; die sich selbst Sapìa[180] aus Siena nennt (103). Ihre Missgunst muss sprichwörtlich gewesen sein, denn wir erfahren nur ihren Vornamen. Sie bereut, dafür gebetet zu haben, dass der eigene Neffe eine Schlacht verliert. Damals bejubelte sie die Flucht der eigenen Leute, *wie eine Amsel tut bei schönem Wetter.*[181] (120).

Dante betont, dass die Schlacht verloren ging, *weil Gott schon wollte,* und nicht wegen des Gebetes einer neidischen Verwandten.

---

[180] Das Spiel mit Namensbedeutungen war im Mittelalter beliebt. Sapìa erinnert an das lateinische „Sapientia" (Weisheit). italienisch „savio" (weise); sie ist aber eher eine „böse Alte".

[181] „Wie die Amsel beim ersten Sonnenstrahl": italienisches Sprichwort für verfrühte Freude.

Die Schadenfreude der Frau scheint noch nicht geläutert zu sein (148): denn noch im Gruß an *jene Narren*, (quella gente vana), ihre Landsleute in Siena, stichelt sie boshaft über deren Schildbürgerstreiche.

Der Seitenhieb mit den Schildbürgerstreichen bezieht sich auf sinnlose Vorhaben der Sienesen: Einmal legten sie in sumpfigem Gebiet einen Hafen an, der bald versandete, weil er nicht benötigt wurde. An einer anderen Stelle gruben sie hartnäckig, kostspielig und vergeblich nach einer antiken heiligen Quelle der Diana (Göttin der Jagd).

14. Gesang: 2. Kreis: Neid (Forts.)

Neid und Missgunst werden vom Individuum ausgeweitet auf die Ebene des Staates und des **Gesellschaftspolitischen**. In der Person eines ghibellinischen Adligen klagt Dante über den Verfall der ritterlichen Werte. Mit politischem Pathos polemisiert er gegen die Städte im Arnotal und gegen das Volk der norditalienischen Provinzen, wo ihm die Zustände bekannt waren. Unter „Missgunst" werden alle Leidenschaften verstanden, die der christlichen Nächstenliebe widersprechen, und in Privatleben, Gesellschaft und Staat zu Verwirrungen und Streit führen. Es werden keine Namen genannt; die Klage entfaltet sich sinnbildlich an der geographischen Beschreibung des Arnotales (25). *Der Name des Flusses steht für alle fürchterlichen Dinge;* eine Aufzählung widerlicher oder gefährlicher Tiere symbolisiert die Bewohner (43):

Im oberen Arnotal lebt ein *schweinisches Gesindel*[182]*... Weiter unten trifft man kläffende Hunde*[183] *... Aus Hunden werden Wölfe* (das habgierige Florenz) *... dann kommen die durchtriebenen Füchse*[184].

Die Erregung endet mit einem Orakel: der Neffe wird die Wölfe jagen und schlachten; (der Bürgermeister von Florenz ließ 1302 zahlreiche Adlige foltern und hinrichten).

---

[182] Der Name der Herrscher in diesem Gebiet, Porciano, dient zum Wortspiel mit „porco" (Schwein, Sau).

[183] Die Aretiner (um Arezzo) hießen im Volksmund „Kläffer", weil sie viel versprachen und wenig hielten.

[184] Die Verschlagenheit der Pisaner war sprichwörtlich; siehe das Schicksal von Graf Ugolino (Inf. XXXIII).

Missgunst entsteht aus der Weigerung, mit anderen zu teilen (87) – im Gegensatz zu geistigen Gütern: dort steigert Vermehrung das Glück, im Materiellen bringt sie Unheil.

Beispiele bestraften Neides folgen als die dritte Meditationsübung:

Den blinden Büßern erscheinen sie wie die Beispiele der Nächstenliebe als unsichtbare Geister (131): *Dem Blitze gleich, wie er die Luft durchspaltet,* dröhnen die Donnerstimmen, und die Schreie sind wieder nur im Zitat erkennbar:

o *Erschlagen wird mich jeder, der mich trifft* (133) sagt Kain nach seinem aus Neid verübten Brudermord.
o *Ich bin Aglaurus, die zum Steine wurde* (139) ruft die Tochter von König Kekrops, die aus Neid den Gott Hermes (römisch Merkur) nicht zu ihrer Schwester einließ.
o Anstelle des dritten Beispiels preist Vergil die Schönheit des Himmels: *Der Himmel ruft euch, er umkreist euch / und offenbart euch seine ewg'e Schönheit; / doch ihr blickt nur zur Erde hin.*

15. Gesang: 2. Kreis: Aufstieg zum 3. Kreis.

Dante und Vergil schreiten durch die Abendsonne[185]. Eine Lichterscheinung blendet sie: es ist der Engel des 2. Kreises, der ihnen den Aufstieg zum nächsten Kreis weist, nachdem er das zweite „P" von Dantes Stirne gelöscht hat (wie man erst 79 erfährt). Vergil nutzt den Aufgang zu einem Lehrgespräch über Neid und Liebe. Er erklärt das Paradox, das schon im vorigen Gesang (XIV, 87) angedeutet wurde: das einseitige Verlangen nach Besitz führt zu Neid und Missgunst. In der Liebe ist es umgekehrt: sie wird durch Geben immer wertvoller.

Sie sind im 3. Kreis angekommen und Dante erlebt die 1. Form der Meditation über **Zorn** in drei „verzückten Visionen" (86: visione estatica) über diejenige Tugend, die dem Zorn entgegengesetzt ist, die **Milde**: Maria, die Jesus nach drei Tagen im Tempel findet, und ihm nur einen liebevollen Vorwurf macht; eine Szene mit dem griechischen Tyrann Peisistratus; und der hl. Stephanus als Urbild des Märtyrers, der noch im Sterben für die aufgebrachte Menge betet, die ihn steinigt.

Dann nähern sich die Sünder – eingehüllt von der Rauchwolke ihres Zorns.

---

[185] Dante definiert die Zeit vom Standpunkt des Lesers aus; das macht die Rechnung eher komplizierter (4): es ist 3 Stunden vor Sonnenuntergang; „dort" (im Purgatorio) war es gerade Nachmittag, „hier" (in Italien) war es Mitternacht; denn: der Läuterungsberg liegt genau gegenüber Jerusalem (Purg. IV, 68), und Italien ist von dort 45^0 westlich gedacht.

3. LÄUTERUNGSKREIS: Zorn

16. Gesang: Staat und Kirche

Dantes Lehre von Staat und Kirche

Am Ende des 15. Gesanges sah Dante die drohende dunkle Rauchwolke, die sich auf dem Weg näherte. In diesem Rauch gehen die Zornigen; er umnebelt und verdüstert das Herz, verdunkelt das Denken.

Auch Dante fühlt sich nicht frei von diesen Emotionen, deshalb wird er selbst von dem beizenden Qualm eingehüllt, der ihm den Blick nimmt. An Vergils Schulter gelehnt geht er *wie ein Blinder* – die Vernunft (Vergil) muss den Zornigen leiten (9).

In diesem Kreis führt Dante nur ein einziges Gespräch. Aber dieses behandelt sein zentrales Thema: Das Verhältnis von **Staat und Kirche,** von weltlicher und kirchlicher Macht.

Im Läuterungskreis der Disharmonie, die durch den Zorn entfacht wird, entwickelt er seine philosophischen und politischen Ideen über den freien Willen des Menschen, über die Notwendigkeit einer politischen Führung durch einen weisen Monarchen, und über die Störung der Weltordnung durch Machtstreben der Päpste und Verweltlichung der Kirche.

Der 16. Gesang des Purgatorio ist nach 34 Gesängen des Inferno der 50. Gesang; er bildet das **ZENTRUM** der 100 Gesänge und vermittelt Dantes wichtigstes Anliegen.

Es ist Dantes persönliches staatspolitisches Vermächtnis. Sein Gesprächspartner ist kein berühmter Gelehrter und keine prominente historische Persönlichkeit. Marco Lombardo[186] nennt sich zwar selbst einen „Weltmann", aber er ist historisch ungesichert – ein Jedermann.

Übergeordnetes Thema ist der **moralische und politische Niedergang Italiens**. Dante fragt als Analytiker immer nach den Ursachen einer Entwicklung; hier: nach der Ursache für den Verlust der alten Tugenden und für die Zunahme von Missgunst, Gewalt, Betrug.

Lombardo sieht den Hauptgrund im Fehlen der **freien Willensentscheidung**. *Die Welt ist blind* (66); für alle Ereignisse schieben die Menschen die Verantwortung dem Schicksal zu. Er wendet sich streng gegen den verbreiteten Sternenglauben. *Der Himmel gibt nur den Anstoß für ein Handeln* (73); er schafft Situationen, aber verantwortlich bleibt immer der Mensch selbst. *Denn euren Geist den lenken keine Sterne … und wenn die heut'ge Welt entartet, ist in euch die Schuld zu suchen, nur in euch.*

---

[186] Marco Lombardo soll Mitte des 13. Jh. ein Hofmann aus Venedig mit Einfluss bei den Machthabern Oberitaliens gewesen sein. Aber es ist nicht einmal klar, ob er aus der venezianischen Familie der Lombardi stammt, oder sich nur als Lombarde bezeichnen will. Die Lombardei war neben Toskana und Romagna, die in der Beschreibung des Arnotales (Purg. XIV) scharf verurteilt wurden, die dritte oberitalienische Provinz, deren Zustände Dante gut bekannt waren.

189

Den Kern seiner Staatsphilosophie. die Willensfreiheit, entwickelt Dante an der Erschaffung und Entfaltung der menschlichen Seele (85).

In wundervollen Versen entstehen die Bilder von der ursprünglichen Unschuld der Seele, wie sie den Händen ihres Schöpfers entschlüpft, der sich an ihr erfreut; wie sie dann in die Welt kommt und den vielfältigen Begehrlichkeiten ausgesetzt ist, von Täuschung zu Täuschung taumelt.

Diese Unzulänglichkeit des menschlichen Charakters braucht Gesetze als Zügel. *Gesetze gibt's, doch wer schafft ihnen Achtung?* (97). Statt eines weisen Kaisers herrscht unstillbarer Machthunger der Päpste über das Land. Die Bürger sehen ihren geistlichen Führer mit allen Mitteln rücksichtslos nach Einfluss und Besitz streben; diesem „Vorbild" streben sie nach. Das alte Ideal vom friedlich sich ergänzenden Papst- und Kaisertum ist untergegangen. Das Weltmachtstreben der Päpste hat die Entfaltung eines freien Menschen gelähmt. Nach dem Tod Friedrich II. (Untergang der Staufer) hatte sich Papst Bonifatius VIII. die Vertretung der kaiserlichen Macht angemaßt[187].

In dieser Verweltlichung der Kirche und dem resultierenden Verfall der Kaisermacht liegen die Ursachen für die Störung der Weltordnung, für das gesellschaftliche und politische Chaos in Italien, für den Verlust der moralischen Werte. Dante ist glühender Verfechter der Trennung von kirchlicher und staatlicher Macht.

---

[187] Bonifatius VIII. siehe Zeittafel und Inf. XXVII.

17. Gesang: 3. Kreis: Aufstieg 4. Kreis – Liebe

Dantes Lehre von der Liebe

Zu Beginn des Zorn-Kreises erlebte Dante die erste Meditationsform als ekstatische Visionen (Purg. XV, 86); danach war er als Mitsünder in den Rauch der Zornigen eingehüllt worden und hatte im Dunkel mit Lombardo gesprochen (Purg. XVI, 46).

Jetzt, zu Beginn des 17. Gesanges beschreibt er mit einem grandiosen Naturvergleich seine Empfindungen, aus undurchsichtigem dunklen Rauch wieder ins Licht zu treten: der Leser solle sich daran erinnern, wie er in den Bergen im Nebel wandert, blind wie ein Maulwurf, und wie sich dann der Nebel lichtet und ein diffuses Sonnenlicht durchscheint, *so trat ich heraus ins helle Licht der Sonne* – die gerade unterging.

In zwei Terzinen (13-18) beschreibt er den Seelenzustand seiner Ekstase (*O Kraft des Schauens*), was von starken persönlichen Erlebnissen geprägt zu sein scheint[188].

Dann erlebt Dante als Gegensatz zu den drei Visionen der Milde (die dem Zorn entgegengesetzt ist; Purg. XV, 86) drei Visionen bestraften Zorns.

---

[188] Boccaccio (Fußnote 12) überliefert in seiner Dante-Biographie, der Dichter sei beobachtet worden, wie er so sehr in die Betrachtung eines Buches versenkt war, dass er seine Umgebung nicht mehr wahrnehmen konnte. Dem entsprechen die 2 Terzinen (13-18). Im Paradiso gibt es mehrere Stellen der mystischen Ekstase. Dante beschreibt diesen Zustand auch in *„Convivio"* (Das Gastmahl, 1306-08, unvollendet.)

Eine alttestamentliche Szene wird eingerahmt von zwei antiken Sagen; alle erscheinen wieder nur mit einem Zitat, was beim Leser die Kenntnis der Geschichten voraussetzt (19-39).

Das starke Licht dieser Visionen wird plötzlich überstrahlt von einem Glanz, der ausgeht von dem Engel dieses Kreises, der wie alle Wächterengel das Sinnbild ist für diejenige Tugend, die der Sünde des Kreises entgegengesetzte ist; im Zorn-Kreis ist es der Friedensengel (40).

Der Engel weist die Wanderer zu den Stufen, die zu der nächsten Terrasse führen, und mit einem Flügelschlag (67) löscht er das dritte „P" von Dantes Stirn.

Auf der obersten Stufe zum 4. Läuterungskreis ermatten die Wanderer. Die Sonne ist untergegangen, und ohne sie als Sinnbild der göttlichen Gnade ist ein Aufstieg nicht möglich.

Dante erfährt, dass die **Trägheit** in diesem Kreis gebüßt wird.

Da sie nicht mehr weiter steigen können, beschreibt Vergil hier das **System des Purgatorio** (analog dem Strafensystem der Hölle, Inf. XI).

Das System beruht auf den zwei verschiedenen **Formen der Liebe** (93): die **natürliche** (naturale) und die **geistige** (*d'animo*).
*Die **natürliche** kann niemals irre gehen; aber die andere (**geistige**) kann sich in der Sache irren und sie kann zu stark oder zu schwach sein.*

Auf der Grundlage der zwei Formen der Liebe
deutet Vergil die Stufenfolge der 7 Sünden, die
auf 7 Terrassen des Läuterungsberges gebüßt
werden. (Die letzte, 8. Stufe wird das Hochpla-
teau sein: das himmlische Paradies).

Grundgedanke der Lehre von der Liebe: sie ist
die Wurzel aller menschlichen Absichten, der
guten und der bösen (103); als Naturtrieb
(*naturale*) oder aus freiem Willen (*d'animo*).

Sündhaft sein kann nur die geistige Liebe
(*d'animo*); denn als intellektuelle Neigung ist sie
dreifach dem Irrtum unterworfen: sie kann sich
zum Bösen wenden, und sie kann im Maß über-
trieben oder zu gering sein.

Die Abirrung der Liebe zum **Bösen** ist immer auf
den Nächsten bezogen und äußert sich in drei
Sünden:
o Hochmut (115: das Erniedrigen des anderen,
   um selbst größer zu sein)
o Neid (118: die Furcht vor dem Aufstieg des
   anderen)
o Zorn (123: Rachsucht für eine Provokation).
Diese 3 Sünden wurden in den 3 unteren Kreisen
gebüßt.

Wenn die Liebe **zu gering** ist, wird sie zur Träg-
heit, die in diesem vierten. Kreis geläutert wird.
Die **unmäßige** Liebe zu irdischen Gütern führt
zu Geiz, Schlemmerei, und Wollust, die in den
drei oberen Kreisen gesühnt werden (124).

Die Sonne ist untergegangen – die ersten Sterne beginnen zu leuchten (70).

Der 16. und 17. Gesang des Purgatorio sind die **MITTE** der 100 Gesänge der *Divina Commedia*.

In dieser Mitte gipfeln Dantes zentrale Ideen über Willensfreiheit und Staatenlenkung und eine das ganze Weltall durchdringende Liebe:
Sie ist die <u>*Frucht*</u> *und die* <u>*Wurzel*</u> *alles Guten* (d'ogni ben frutto e radice).
Die Liebe ist Anfang und Ende.

Gesamtaufbau von Inferno und Purgatorio

Es mag verwirrend sein, dass im Inferno und im Purgatorio gleiche Sünden gebüßt werden. Der Unterschied liegt in der Reue: wer seine Sünde vor dem Tod bereute, ist läuterungsfähig.

Im Inferno steigert sich das Gewicht der Sünde mit jedem Höllenkreis, denn die Sünder kommen immer mehr in die Nähe Luzifers. Im Purgatorio muss es umgekehrt sein: die schwersten Sünden werden auf den ersten Kreisen gebüßt; danach wird der Aufstieg durch die Nähe zur Gnade immer leichter[147] (XII, 116: *Und leichter ward es mir, hinaufzusteigen.* Auch Purg. XXII, 8: *ohne jede Mühsal ... nach oben.*).

In einer Gegenüberstellung von Inferno und Purgatorio müssen also die ersten Kreise der Hölle den letzten Kreisen des Purgatorio entsprechen und umgekehrt.

Die Gegenüberstellung zeigt aber, dass nicht alle Sünden in Inferno und Purgatorio auftreten, sondern nur die aus dem 1.-5. Höllenkreis: also der oberen Hölle. Dies liegt am Unterschied der Buße, die im Inferno und im Purgatorio grundlegend zu unterscheiden ist:

o Im unteren (inneren) *Inferno* wird die spezielle Tat verdammt; (z.B. eine bestimmte Gewalttat gegen eine konkrete Person).

o Im *Purgatorio* wird die Gesinnung bestraft, die zu diesem Handeln führte (z.B. Zorn, Geiz, Trägheit), nicht die einzelne Tat.

Aus diesem Grund fehlen im Purgatorio die
Sünden der unteren Hölle: Tyrannen, Gottesläs-
terer, Staatsbetrüger,   Heuchler, Fälscher und
Verräter. Wer eine solche Schuld auf sich geladen
und vor dem Tod aufrichtig bereut hat, ist von
der konkreten Schuld befreit und büßt im Purga-
torio für die Gesinnung, die Motivation, die zu
einer bestimmten Tat verleitete.

Dagegen scheinen in der Hölle Trägheit und
Neid zu fehlen. Dantes Strafensystem der Hölle
basiert auf der antiken Ethik des Aristoteles; aber
christliches Leitbild ist ihm sein Zeitgenosse, der
Kirchenlehrer Thomas von Aquin; dieser sagt[189]:
„tristitia pertinet accidiam et invidiam" (Betrüb-
nis/Missmut führt zu Trägheit und Neid). Wohl
deshalb hat Dantes ältester Sohn Pietro in seinem
Kommentar die Neidischen und Trägen mit den
Missmutigen verbunden.

Noch nicht entschlüsselt ist die Zahlensymbolik der
Gesänge, in denen das System der drei Jenseitsreiche
beschrieben wird:
o **11.** Gesang des **Inferno**: die Einteilung der Hölle,
o **17.** Gesang des **Purgatorio**: das Stufensystem des
    Läuterungsberges,
o **28.** Gesang des **Paradiso**: die Himmels-Sphären.

1 (Inferno) +17 (Purgatorio) = 28 (Paradiso).

---

[189]Thomas von Aquin (1225-1274):
   1. Quaestiones disputatae, 84.

18. Gesang: 4. Kreis: Trägheit

Vergils Lehrgespräch über die Liebe

Die Lehrgespräche genau in der Mitte der 100 Gesänge werden wieder aufgenommen.

Die Lehre über die **Liebe** (17. Gesang) wird mit der Lehre vom **freien Willen** (16. Gesang) verbunden und gipfelt im Preis der schöpferischen Liebeskraft, die „Wurzel und Frucht" alles Guten ist (XVII, 135), und die der Mensch dank der Freiheit seines Willens selbst entwickeln kann.

Gesellschaftliche Hintergründe (XVI: der moralische und politische Niedergang Italiens) und ethische Aspekte (XVII: die niemals irrende *amore naturale* und die dem Irrtum ausgesetzte intellektuelle *amore d'animo*) werden ergänzt durch einen dritten Aspekt der Liebe: neben der „natürlichen" (im Wesen der Natur) und der „intellektuellen" (geistig begründeten) gibt es als dritte die „sensitive" Liebe: reine Empfindung.

Dantes theoretisches Gebäude eines glücklichen Staates freier Menschen auf der Grundlage einer Ethik der Liebe bleibt kein reines Lehrgespräch: es wird „in Szene gesetzt", dramatisiert durch die Regeln der scholastischen Lehrform (Scholastik: Fußnote 58): die schüchterne stumme Frage des Schülers und das Erraten der Frage durch den Meister (4), Formulierung des Themas (14), wissenschaftliche Polemik (34: gegen die Epikuräer[48]), dialektische Zweifel des Schülers (42) und beispielhafte Veranschaulichung (58: Bild der Honigbienen), am Ende Steigerung und Zusammenfassung.

Das erste Lehrgespräch über die Liebe (XVII) hatte nur *amore d'animo* in den drei möglichen Abirrungen gezeigt: auf das falsche Ziel gerichtet, übermäßig oder zu gering. Vom ambivalenten Charakter der Liebe als Ursprung des Guten und Bösen wurde das Prinzip der sieben Todsünden und der Aufbau des Läuterungsberges abgeleitet.

Jetzt verlangt es den Schüler, das **ganze Wesen der Liebe** zu erfassen, und in 5 Terzinen formt Vergil die **„Idee der Liebe"** an sich (19-33). Es ist die Krönung von Dantes Lebensthema seit der Liebesdichtung seiner Jugend bis zur universellen Liebe in der Idealisierung Beatrices im Paradiso.

Der Geist (l'animo) *ist geschaffen, schnell zu lieben* (amar presto), sobald er an etwas Gefallen findet. Aus einer Situation entwickelt sich eine Vorstellung (*intenzione*), die den Geist auf das Objekt der Liebe richtet. Es ist das schöne Bild einer im Geiste schlummernden, aber stets bereiten Liebeskraft, das poetisch ausgestaltet ist in einem psychologischen Vorgang, der zu einem geistigen Prozess führt: *der Geist neigt sich herab ... und solches Neigen, / das ist die Liebe, ist Naturempfinden* (quel piegare è amor, quello è natura).

Diese emotional entzündete Liebe (*amore sensitivo*) wird in der Verbindung mit der geistigen (*amore d'animo*) zurm „natürlichen Empfinden" (*amore naturale*): die emotionale Liebe wird zur bewussten; diese ist die „Natur der Liebe".

Das Bild der *stets nach oben strebenden* Flammen zeigt wiederum die Ambivalenz auch dieser nur scheinbar vollkommenen Liebe: sie ist nach oben, ins Geistige gerichtet, aber gleichzeitig auch der verzehrenden Glut der Leidenschaft konfrontiert.

Die Verbindung der 3 Formen der Liebe mündet in das Ideal (31): *Den Geist erfasst ein tiefes Sehnen, / geistige Bewegung ist es, die nimmer ruht, / bis ihm zur Lust wird das geliebte Wesen* (fin che la cosa amata il fa goiore).

Der Ton liegt auf dem Subjekt *la cosa*: das **Wesen**, nicht die Person oder die Sache[190]. Die Verbindung von Liebe in Geist, Natur und Emotion soll dahin führen, nicht das Objekt, die äußere Erscheinung, sondern das Wesen dieses Menschen zu lieben; nicht (nur) ein bestimmtes Kunstwerk, sondern das **Wesen** der Kunst ... Der Urtrieb der Liebe und dessen Ursprung, ebenso wie der aller Erkenntnis, bleibt ein Geheimnis (55), weil er der Seele als geistigem Wesen eingeboren ist, die ihrerseits an den Körper gebunden ist. Deshalb kann die Liebe nur in ihren Auswirkungen erkannt werden.

---

[190] Deshalb erscheint die Übersetzung der zweisprachigen kritischen Ausgabe bei dtv Klassik ganz verfehlt: der Geist, „der nicht rastet, eh er nicht im Genusse des Geliebten" ist, evoziert einen rein sinnlichen Genuss. Offenbar denkt Dante hier aber an den Platonischen Eros („Symposion"), die innere Antriebskraft, die den Menschen von der Liebe zum einen Partner, über die Liebe zu allen Menschen, zu Künsten und Wissenschaften, schließlich zum Wahren, Schönen, Guten – zur Idee der Liebe als höchste geistige Schau führt.

Vergil erklärt den „Urtrieb" der Liebe am Bei-
spiel der Bienen, denen das Honigsammeln ein-
geboren ist – so unerklärlich wie der Liebestrieb
des Menschen (58). Ebenso wie die Tätigkeit der
Bienen ist auch die Liebe *in ihrem ersten Wollen*
wertfrei. Erst der Mensch verleiht ihr einen
ethisch guten oder bösen Aspekt[191]. (Bienenhonig
ist „gut", Bienenstiche sind „böse").

Hier verbindet Dante seine beiden großen
Themen über die **Liebe** und über den **freien Wil-
len** (61): dem Menschen ist „Urteilskraft" einge-
boren. Freier Wille bedeutet Verantwortlichkeit,
das Unterscheidungsvermögen einzusetzen und
zwischen dem sittlichen Wert und Unwert eines
Tuns zu unterscheiden. *Die Urteilskraft ... muss
die Schwelle hüten ... Sie muss die gute von der fal-
schen Liebe scheiden* (64).

Hierin gipfelt Dantes Sittlichkeits-Prinzip: dem
Menschen ist der Liebestrieb eingeboren, der ihn
zu Richtigem und Falschem bewegen kann;
gleichzeitig besitzt er aber auch die Möglichkeit
der freien Willensentscheidung; und diese muss
der **Hüter der Schwelle** sein und scheiden zwi-
schen den guten und bösen Formen der Liebe.
Die dem durch Denken auf den Grund gegangen (67:
die Philosophen) *... brachten der Menschheit das
sittliche Bewusstsein.* Willensfreiheit und Liebe
sind die Quellen der sittlichen Weltordnung.

---

[191] Shakespeare, *Hamlet* (II, 2, 249): *for there is nothing
either good or bad, but thinking makes it so* (Nichts ist
Gut oder Schlecht an sich; erst unser Denken macht es
dazu.)
Goethe: Zum Shakespeare-Tag (1771): „Das was wir
bös nennen, ist nur die andere Seite vom Guten."

Vor dem Hintergrund dieser Philosophie wird die Tragödie Dantes deutlich: Italien wird dominiert vom Machtstreben der Päpste (Unterdrückung des freien Willens), Florenz liegt im Adelskrieg der Guelfen und Ghibellinen (Hass). Dante muss verzweifeln an der Zukunft Italiens. Daher die immer wiederkehrende Klage über den Verfall der alten ritterlichen Tugenden.

Die zweite Hälfte des Gesangs zeigt die eigentliche Szene des 4. Büßerkreises: die **Trägen**. Sie sind zu unterscheiden von den träge Verdrossenen in der Styx (Inf. VII, 5. Höllenkreis), die dort verdammt sind für ihre unausrottbare Verdrossenheit. Dagegen büßen die Trägen im Purgatorio die Neigung ihres Charakters[192] zu geistiger Trägheit. Sie unterscheiden sich darin auch von den Saumseligen des Vorpurgatorio (Purg. IV), die nicht einer Veranlagung zur Trägheit wegen auf den Aufstieg warten, sondern wegen später Reue für ihre Taten.

Eine hochpoetische Beschreibung des Mondes (76: als glühender Kessel am Himmel lässt er das Licht der Sterne erblassen) und eine komplizierte astronomische Zeitbestimmung verbinden das philosophische Modell einer menschenwürdigen Welt mit den Büßern, deren Trägheit einer der Gründe ist für das Scheitern des Modells: die Trägen nutzen ihre Willensfreiheit nicht.

---

[192] siehe Kapitel „Der Gesamtaufbau von Inferno und Purgatorio": in der Hölle wird die spezielle Tat verdammt (eine konkrete Gewalttat gegen eine bestimmte Person); im Purgatorio wird die Gesinnung bestraft, die zum Handeln führte (Zorn, Trägheit), nicht die einzelne Tat.

Die Läuterung in diesem Kreis besteht in der rasenden Eile des Bußeifers. Die Seelen finden nicht einmal Zeit zum Gebet (die mittlere der drei Meditationsformen) und haben keine Zeit zur Betrachtung von Darstellungen ihrer Sünde und der entgegengesetzten Tugend (Eifer).

Zwei Rufer eilen der erregt rennenden Gruppe voraus, permanent Beispiele des Eifers rufend, zwei andere folgen und rufen Beispiele bestrafter Trägheit. Wegen der großen Hektik sind es nur 2 statt der üblichen 3 Beispiele.

Eine einzige Terzine genügt für 2 Beispiele des Eifers (100): Die Leser mussten die Szene aus dem Marienleben kennen (Maria bei Elisabeth) und Caesars[193] Siegeslauf nach Spanien aus drei Namen und drei Verben erschließen: *Im Laufe eilt Maria auf den Berg. Caesar, besiegend Ilerda umstellend Marseille rast nach Spanien.*

Der Rufer am Ende der Gruppe treibt die Gruppe mit 2 Beispielen bestrafter Trägheit an: die Juden, die Moses nicht folgten, kamen um; die Gefährten, die Aeneas im Stich ließen, blieben ruhmlos.

Übermüdet schläft Dante ein.

Ende des 2. Tages im Purgatorio.

---

[193] Caesar war nach dem Verständnis des Mittelalters Gründer des gottgewollten Imperiums, welches das Reich Gottes vorbereiten sollte.

19. Gesang: Aufstieg: Habgier/Geiz

Dantes Morgentraum

Drei Nächte verbringt Dante im Purgatorio:
o eine Nacht im Vorpurgatorio
o (vor dem Aufstieg zum Purgatorio);
o eine Nacht im 4. Kreis
o (genau in der Mitte der 7 Kreise);
o die dritte Nacht auf der Höhe des Berges.
Jede dieser Nächte wird abgeschlossen durch einen **Morgentraum**.

Am Ende des 18. Gesanges ist Dante nach der Konzentrationsleistung des Lehrgesprächs eingeschlafen. Es war ein poetisch wunderbarer Übergang: vom Wachen zum Ermüden, über Nachdenken und Weiterspinnen der Gedanken zum Schließen der Augen, und endlich zum sanften Einschlafen: *und nur noch Träume waren die Gedanken* (145).

Alle drei Träume beginnen mit einer Zeitbestimmung und den Worten *nell' ora* (zur Stunde). Im 19. Gesang wird die Morgenstunde durch die Temperatur charakterisiert: die kälteste Stunde der Nacht, wenn die Erde alle Wärme abgegeben hat[194].

---

[194] Die astronomisch sehr komplizierte Angabe „Wenn die Sterndeuter Fortuna Major im Osten sehen" (*Quando i* **geomanti** *lor maggios fortuna / veggione in oriente*) kann aus der Tradition der Geomanten erschlossen werden: die Nacht vom 28. auf den 29. März, 1 Stunde 20 Minuten vor Sonnenaufgang.

Im **Traum** erscheint *ein lallendes Weib* (7: femina balba[195]), *mit schiefen Augen und gekrümmten Füßen, / mit Krüppelhänden und mit fahler Farbe.* Das ist offenbar ihr wahres Wesen; aber in Dantes sinnlichem Traumbewusstsein wirkt sie „erquickt", ihr Gesicht *wird vom Rot der Liebe überzogen* und sie beginnt so wunderschön zu singen, dass der Träumende von ihrem Gesang gebannt wird. *„Ich bin die liebliche Sirene, die auf dem Meer die Schiffer ganz verzaubert"* – selbst einen Odysseus hat sie vom Wege abgebracht.[196]

Sogleich erscheint eine andere Frau „mit heiligem Eifer" (*una donna santa e presta*[195]). Sie ruft (im Traum) Vergil herbei; der reißt der „Sirene" die Kleider vom Leib und Dante erwacht von dem Gestank, den sie verströmt.

Vergil musste Dante wachrütteln. Dreimal hat er ihn anrufen, so intensiv war der Traum[197].

---

[195] Dante unterscheidet die zwei Worte für „Frau": *femina* ist abwertend, *donna* ist positiv.

[196] *Ilias* und *Odyssee* waren noch nicht ins Italienische übersetzt. Dante kannte aus dem Mythos die Irrfahrtengeschichten, aber nicht das Epos. Bei Homer widersteht Odysseus den Sirenen, indem er seinen Gefährten die Ohren mit Wachs verstopft und sich selbst an den Mastbaum festbinden lässt. Dantes Überlieferung setzt voraus, dass Odysseus bei den Sirenen scheitert, aber nicht zugrunde geht. Denn Inf. XXVI erzählt er von seiner „letzten Fahrt" hinter die „Säulen des Herakles" (Straße von Gibraltar).

[197] Über die *donna santa e presta* ist viel gerätselt worden. Ist es Beatrice? oder die Allegorie von Vernunft und Besonnenheit? Die Gegenüberstellung von zwei Frauen als zwei Seelenkräfte im Menschen war in der Literatur häufig.

Dann drängt er zu Weitergehen (34).
In der Morgensonne erscheint ihnen der Wächterengel dieses Läuterungskreises. Diese Engel haben alle die gleiche Funktion, obwohl Dante ihre Erscheinung immer wieder abwandelt. Hier wird er an seiner „süßen milden Stimme" erkannt. Er löscht das vierte „P" von Dantes Stirne und weist den Weg zur nächsten Terrasse.

Auf dem Weg deutet Vergil die Erscheinung der Sirene (58): die „alte Hexe" stellt die Verführung dar und versinnbildlicht diesen Sündenkreis: Habsucht, Schlemmerei, Wollust.

Die Antwort auf solche Verlockungen ist Vergil als der „Wecker" Dantes und als Sinnbild der „Vernunft".

Durch eine Felsenspalte steigen sie auf zur nächsten Terrasse.
Hier, auf der 5. Terrasse liegen die Büßer weinend am Boden, mit dem Gesicht nach unten (70). Es sind die Habgierigen und Geizigen, die von ihrer Habsucht zu Boden gedrückt werden.

Habsucht, Geiz, Verschwendung[198] werden in den folgenden drei Gesängen ausführlich beschrieben. In jedem dieser Gesänge begegnet Dante einer historischen Person:

o im 19. Papst Hadrian V.
o im 20. dem Stammvater der Kapetinger
o im 21. dem römischen Dichter Statius.

---

[198] Erst im 22. Gesang wird erklärt, dass Verschwendung als Gegenteil des Geizes im selben Kreis gebüßt wird.

Hadrian V.

Ein Büßer, den Dante nicht erkennt, weil er mit dem Gesicht zum Boden liegt, spricht ihn lateinisch an (99): *Scias quod ego fui successor Petri* (Wisse, dass ich ein Nachfolger Petri war).

Es ist Papst Hadrian V., einer der reichsten Männer seiner Zeit. Er besaß über 100 Schlösser und hatte sich ganze Gemeinden aus dem Besitz der gestürzten Staufer angeeignet. Hadrian starb 38 Tage nach seiner Wahl zum Papst. In seinem päpstlichen Testament hat er niedergelegt, dass er seine Habgier bereut.

20. Gesang: 5. Kreis: Habgier/Geiz (Forts.)

Die Kapetinger

Wegen der Masse der Büßenden, *die in Haufen lagen bis zum äußersten Rand,* müssen Dante und Vergil eng an die Felswand gedrückt gehen Denn Habsucht ist von allen Lastern das verbreiteteste.

Die große Zahl der Sünder veranlasst Dante zu einer spontanen Exklamation (10): *Verflucht seist du, du alte Wölfin. ... Wann wird er kommen, der sie vertreiben wird?*[199].

Plötzlich hört Dante Rufe (19). Es sind Beispiele der **freiwilligen Armut**. Diese sind am hellen Tag zu hören; in der Nacht hört man Beispiele **bestrafter Habgier**.

o Das erste Beispiel stammt wieder aus dem Marienleben: die Geburt des Jesuskindes in der Armut des Stalles von Bethlehem;
o das zweite Vorbild ist ein römischer Konsul;
o das dritte der hl. Nikolaus von Myra.[200]

---

[199] Bei seiner Verirrung im Wald war Dante die Wölfin der Habsucht als eines der 3 allegorischen Tiere begegnet (Inf. I, 49) und Vergil hatte prophezeit (101): immer mehr Tiere (Begierden) würden sich mit dieser Wölfin paaren, *bis einst der **Veltro** kommen wird und ihm ein schmerzvolles Ende bereitet.* „Il Veltro": *Jagdhund* – Retter Italiens, Retter der Menschheit.

[200] Nikolaus von Myra in Lykien (um 350); in der kath. und russ. orth. Kirche einer der am meisten verehrten Heiligen; einer der 14 Nothelfer; das mit seinem Todestag am 6. Dezember verbundene (Nikolaus-)Fest wurde erst im 13. Jh. eingeführt (zur Dante-Zeit also ganz aktuell).

Kernstück des Gesanges ist die kolossale Hasstirade von **Hugo Capet**, dem Stammvaters des französischen Königshauses der Kapetinger[201].

Seine leidenschaftliche und unversöhnliche Anklage der französischen Politik ist nicht historisch objektiv; es ist Dantes persönliches politisches Urteil über die französischen Könige.

In Dantes Weltsicht gehörte Italien zum Heiligen Römischen Reich, das von einem weisen deutschen Kaiser geführt werden soll. Diese staatspolitische Vision wurde unmöglich wegen der Machtpolitik der Päpste und dem Desinteresse einiger deutscher Kaiser an Italien. Diese bittere Anklage erhebt Dante mehrmals.[202]

Am Rande des Reiches verfolgten die französischen Kapetinger eine europäische Politik, die der italienische und florentinische Patriot Dante als „Raubzüge" bezeichnet.

Das moralische Urteil über diese Kaiser legt er in den Mund des reuigen Stammvaters der Kapetinger, der sein Königshaus verflucht. In einer erregten, fast infernalischen Rede seziert Hugo Capet geradezu die Kaiser seines Hauses: die konkreten Vorwürfe (diese sind historisch) umfassen alle Schandtaten von Gewalt und Betrug, Mord und Verrat bis Zuhälterei (Verkauf der eigenen Tochter).

---

[201] Kapetinger: französisches Königsgeschlecht, benannt nach Hugo Capet (König 987-996); sie herrschten noch zur Dante-Zeit (bis 1328; Dante starb 1321); aber Hugo Capet war schon seit 300 Jahren tot.

[202] u.a.: *O deutscher Albrecht* (Purg. VI) und die Kaiser im Tal der säumigen Fürsten (Purg. VII).

Besonderer Hass gilt Karl I. von Anjou[203](67). *Ein anderer Karl* (von Valois) unterwarf 1301 im Auftrag von Papst Bonifatius VIII. Florenz[204]; daraus resultierte Dantes Verbannung. Bonifatius presste enorme Summen aus der Toskana (71); seine Habgier war sprichwörtlich.

Die Anklage gipfelt in seiner Gefangennahme durch den französischen König Philipp IV. „der Schöne" (86), in deren Verlauf der Papst starb. Dante hat diesen Papst scharf angegriffen[205]. Aber hier ist Bonifatius nicht der Sünder, sondern Träger einer unantastbaren Würde.

En „Raubzug" war auch die Auflösung des Templerordens durch Philipp den Schönen, der den Besitz des Ordens vereinnahmte (93).

Da die 3. Meditationsform, das Ausrufen der Beispiele **bestrafter Habgier**, nachts erfolgt, werden diese Dante von Hugo Capet beschrieben. Es sind sieben[206] Beispiele.

Der Gesang steigert sich am Ende zu einem gewaltigen Höhepunkt (127): es ereignet sich ein **Erdbeben**. Die Ursache bleibt rätselhaft; sie wird erst im nächsten Gesang erklärt.

---

[203] Karl I. von Anjou wurde vom Papst nach Italien gerufen, um die Staufer zu vertreiben und ließ den letzten Staufer, Konradin, als 16-Jährigen enthaupten. Das Gerücht, er habe Thomas von Aquin ermorden lassen, damit er nicht am Konzil von Lyon teilnehmen könne, wird zur konkreten Anklage.

[204] Das fiktive Datum der *Divina Commedia* ist das Jahr 1300. Dante mischt Historisches mit Prophezeiungen.

[205] u.a.: Inf. III, XIX, vor allem XXVII, und Purg. XVI.

[206] Wahrscheinlich wegen der „sieben Töchter des Geizes" (Thomas von Aquin).

21. Gesang: 5. Kreis: Habgier/Geiz (Forts.)

Statius

Der 21. Gesang vermittelt in zweifacher Weise eine besonders hochgestimmte Atmosphäre: Das **Wunder des Erdbebens** wird erklärt, und die beiden Dichter Dante und Vergil treffen auf den römischen **Dichter Statius**.
Der Zauber im **Gespräch der 3 Dichter** liegt in der Heimlichkeit, dass Statius unerkannt ist, bis er das Erdbeben im Läuterungsberg erklärt hat, und Statius seinerseits sein großes dichterisches Vorbild Vergil nicht erkennt. Erst ein „Schmunzeln" von Dante, den Statius als Nachgeborenen nicht kennen kann, lässt die Dichter begreifen, welches wundervolle Gespräch sie gerade miteinander geführt haben.

Erklärung des Erdbebens

Statius erklärt: hier sind die Gesetze der irdischen Meteorologie aufgehoben (46). *Oberhalb der Treppe, die mit drei Stufen uns den Zutritt öffnet*[207], fällt kein Regen oder Schnee, es gibt keine Wolken, auch keine natürlichen Erdbeben (die das Mittelalter als Stürme im Erdinnern erklärte). Der Läuterungsberg erbebt immer dann, wenn eine Seele nach der Buße von ihrer Pein erlöst und in den Himmel aufgenommen wird. – Damit hat Dante ein grandioses Bild für die Aufnahme des Menschen in den Himmel erfunden.

---

[207] Der Übertritt vom Vorpurgatorium zum Purgatorium über die 3 Stufen (Purg. IX, 94).

Die Aufnahme in den Himmel ist von den Ma-
lern oft dargestellt worden, aber immer das Ein-
treten durch das Himmelstor. Dante beschreibt
als erster den außerordentlichen Moment, in dem
sich Qual in Glück verwandelt: die Seele löst sich
von ihrer Schuld, um in die Seligkeit einzugehen,
und der ganze Läuterungsberg erbebt in freudi-
ger Erregung beim „Abschied" – **der Erlöste ist
Statius**.

Erst jetzt stellt Statius sich den Fremden vor
(82) als der Dichter, der zur Zeit der Zerstörung
Jerusalems durch Titus (70 n.Chr.) in Rom be-
rühmt war, seine Epen „Thebais" und „Achilleis"
verdanke er dem Vorbild Vergil[208]. Die Legende
seiner Bekehrung zum Christentum führt zu der
rührenden Gegenüberstellung des <u>nach</u> Christus
lebenden und bekehrten Statius, der im Purgato-
rio die Erlösung erwartet, mit dem <u>vor</u> Christus
lebenden Vergil (70-19 v.Chr.), der mit den Gro-
ßen der Antike, die Christus noch nicht kannten,
unerlösbar bleibt am oberen Rand der Hölle im
Limbus, dem „höllischen Elysium", (Inf. IV).

---

[208] *Publius Papinius Statius*, röm. Dichter (40-96 n.Chr.).
Thebais: Der Zug der Sieben gegen Theben (Anschluss
an den Oedipus- und Antigone-Mythos); *Achilleis*: Ju-
gendgeschichte des griechischen Helden Achill. Die
Qualität der Epen ist eher gering. Beliebt war Statius zu
Lebzeiten in Rom eher für die prunkvollen Verse seiner
Gedichtsammlung *Silvae* („Wälder"). Das Mittelalter
schätzte ihn als Nachahmer Vergils und er war Schul-
buchautor. Der „nach Rom berufene Toulouser" (89)
beruht auf Verwechslung mit einem gleichnamigen
Rhetor.

Das Gespräch, das den ganzen 21. Gesang einnimmt, wirkt ergreifend und irisierend durch die distanzierende und dennoch höchst persönliche Stimmung, in der drei Dichter (Vergil und Dante als zwei der größten der Menschheit, Statius als ein im Mittelalter hochgeschätzter) lange intim miteinander sprechen, ohne zu wissen, wer der andere ist.

Nach der Selbstvorstellung von Statius kommt es zu einer sensibel humorvollen Erkennungsszene: nachdem Statius begeistert den großen Vergil als „Mutter und Ernährerin" seiner eigenen Kunst gefeiert hat und *Vergils Blick* (von Dante) *fordert: „Schweige!"*, Statius aber wissen will, wer sein Gesprächspartner ist, muss Dante augenzwinkernd schmunzeln (109) und verrät damit das Geheimnis. In stummer Verehrung will Statius Vergils Knie umfassen, der ihn aufmerksam machen muss, dass sie *beide nur Schatten sind* (132).

So endet der Gesang tragisch: Vergil ist beglückt über die Liebe und Verehrung eines anderen Dichters; aber gerade durch diesen wird ihm als Heide sein Ausschluss aus der Gemeinschaft der Seligen bewusst.

22. Gesang: 5. Kreis: Geiz/Verschwendung

Der Wächterengel[209] fächelt mit dem Flügel das fünfte „P" von Dantes Stirne, *und* die 3 Dichter beginnen den Aufstieg zur nächsten Terrasse.[210]

Vergil erfährt, dass Statius für das Gegenteil des Geizes büßt: für **Verschwendung**[211] (34). Sie ist ebenso wie Geiz eine Verirrung im Maß der Liebe zu irdischen Gütern, wie es Vergil im 17. und 18. Gesang (*amore d'animo*) gezeigt hatte. Statius wurde durch Vergils Dichtung zur Erkenntnis geführt: In dessen *Aeneis* klagt Aeneas über einen Mörder aus Goldgier (*Aen.* III, 56): „Warum regierst (be-herrschst) du nicht, o heiliger Hunger der Goldes, die Begehrlichkeit der Menschen?"[212]

---

[209] Den Wächterengel könnte man als Engel der Gerechtigkeit verstehen; „Richtigkeit" im Sinne des Spruches der 7 Weisen am Tempel in Delphi: „Das rechte Maß".

[210] Das Steigen fällt von Stufe zu Stufe leichter; siehe Purg. IV und Fußnote 147. Auch Purg. XII, 116.

[211] Dante steht im Gegensatz zur mittelalterlichen Kirchenlehre des Thomas von Aquin, der die Verschwendung nicht zu den 7 Todsünden zählt (mit denen Dante das Purgatorium aufbaut).

[212] Dante las Vergil nicht im lateinischen Original, sondern in der italienischen Übersetzung. Im entscheidenden Passus: *o sacra fame dell'oro* (auri sacra fames) kann „sacra" als „heiliger" oder „verfluchter" Hunger nach Gold verstanden werden. Entweder: der „heilige" Hunger (Streben) zum Gold (zum Edelsten) sollte den Menschen auf den rechten Weg führen. Oder: der „verfluchte" Hunger (die Gier) nach Gold (Besitz) weckt die Begehrlichkeit; „wohin nur treibst du die Herzen der Menschen ..."

Auch die Bekehrung zum Christentum, Voraussetzung für die Aufnahme ins Purgatorio, erfuhr Statius durch Vergils Dichtung, und zitiert dessen 4. Ekloge:
Es kommt ein neu Jahrtausend, / Gerechtigkeit und Zeit der ersten Menschen / kommt wieder und ein neues Geschlecht vom Himmel (70).
Diese Stelle galt im Mittelalter als **Weissagung** des kommenden Christus und eines christlichen Weltalters und erhob Vergil zum Propheten der neuen Zeit.[213]
Statius ließ sich taufen, *doch noch lang trug ich das Heidentum zur Schau* (91). Zur Strafe musste er *mehr als viermal hundert Jahre* im 4. Kreis der Trägen verbringen. Seither büßt er schon über 500 Jahre im Verschwender-Kreis (Purg. XXI, 68: cinquecento anni e più).
Da Statius 96 n.Chr. gestorben ist, ergeben über 400 Jahre plus über 500 Jahre den Zeitraum bis zum fiktiven Datum der *Divina Commedia* (1300). Im Leser, der im eigenen Lebensalter denkt, erweckt Dante ein Gefühl für Ewigkeit, während er scheinbar Realität beschreibt[214].

---

[213] Ecl. IV, 5: „Magnus ab integro saeculorum nascitur ordo. / Jam redit et virgo, redeunt Satrunia regna, / Jam nova progenies caelo demititur alto." Die Verse feiern das Goldene Zeitalter unter Kaiser Augustus (63 vor bis 14 n.Chr.). Geschrieben wurden sie zur Geburt des Sohnes von Asinius Pollio (76 v.Chr. - 5 n.Chr.), der Vergil und Horaz förderte und die erste öffentliche Bibliothek in Rom stiftete.

[214] Ein markantes Beispiel für die Fiktion eines mit irdischen Maßstäben messbaren Jenseits ist die Größenangabe des Höllentrichters. Inf. XXIX, Fußnote 94.

Vergil zählt Statius historische und mythische Gestalten der Antike auf, die (mit ihm) im Limbus (Inf. IV) sind[215].

Die Wirkung von Vergils Werk auf Statius führt Dante zum letzten Sinn von Dichtung überhaupt: zum anagogischen Sinn:[216]
Erhöhung und Verwandlung des Menschen.

---

[215] Der Widerspruch ist noch ungelöst, wieso Vergil hier (113) „die Tochter des (Sehers) Teiresias" Manto im Limbus ansiedelt, die unter den Wahrsagern der Hölle namentlich genannt ist (Inf. XX, 55).

[216] Dante wollte die *Divina Commedia* im moralischen, allegorischen und im anagogischen Sinne verstanden wissen: „... der anagogische Sinn, das heißt der übersinnliche und der Übersinn."

6. Kreis: Maßlosigkeit

Die 3 Dichter sind auf die 6. Terrasse hinaufgestiegen. Es ist der Kreis der Unmäßigen.
Die poetische Zeitangabe bedeutet etwa 11 Uhr morgens (118).

Sie sehen einen **Wunderbaum**, voll von köstlichen Früchten. *Wie die Tanne sich nach oben hin verjüngt ... so dieser hier nach unten* (133); niemand kann den Baum je ersteigen und zu den Früchten gelangen.

Glasklares Wasser sprüht vom Felsen auf die Blätter. Als sie sich dem Baum nähern, ruft eine Stimme aus den Zweigen: *Von diesen Früchten werdet ihr nicht essen.* Es ist die Strafe der Schlemmer, im Angesicht von wundervoller Speise und klarem Wasser hungern und dürsten zu müssen.

Aus dem Baum tönen Rufe über Vorbilder der Enthaltsamkeit.

23. Gesang: 6. Kreis: Maßlosigkeit (Forts.)

Dantes Jenseitsswanderung ist ein Bild der geistigen und seelischen Pilgerschaft. Dieses Bild wird immer wieder abgewandelt.

Schlemmer, die unter Tantalusqualen die Früchte des Wunderbaums anschauen, aber nie erlangen, ziehen als eine **Hungerprozession** über diese 6. Terrasse (22):
Ein jeder hatte dunkle Augenhöhlen, / bleich im Gesicht, und sosehr abgemagert, / dass ihre Haut die Knochen prägte.
Es ist ein realistisches Bild: Bittprozessionen bei Hungersnöten waren im Mittelalter grauenvolle, immer wiederkehrende Realität.

Aus der Pilgerschar vernimmt Dante einen Ruf (42): *Wie wird mir solche Gnade* (Qual grazia m'è questa). Es ist sein Jugendfreund: der früh verstorbene Dichter Forese Donati. Dieser wird zum Spiegelbild Dantes, dessen Jenseitswanderung ein Erkenntnisweg durch seine eigenen Sünden ist. Die Begegnung mit dem Freund konfrontiert ihn mit den gemeinsam verlebten ausgelassenen Jugendjahren[217].

---

[217] *Forese* wird in den alten Kommentare als begabter Dichter genannt, der mehr durch seine Ausschweifungen bekannt war. Er war mit Dante befreundet Von beiden Dichtern sind je 3 Streit-Sonette überliefert, in denen sie sich nach einer Zeitmode mit einer Flut geistreich formulierter vulgärer Anpöbelungen gegenseitig zu übertreffen versuchen. Aus dem Wettstreit der Beleidigungen wird im Purgatorio ein Wettstreit der Wissbegierde über Buße und Läuterung.

Forese, der als Voraussetzung für das Purgatorio sein ausschweifendes Leben bereut, hat Einsicht gewonnen über den fortschreitenden Sittenverfall in Florenz (94), und klagt über die *schamlosen Florentiner Frauen, die mit entblößter Brust umhergehen.* Er prophezeit, es werde ein Kleidergesetz kommen, das dies verbieten wird. (Ein solches Gesetz wurde erlassen und zwei Jahre nach Dantes Tod noch verschärft).

Dante erklärt dem Freund, dass er selbst sich auf einer Büßerreise befinde: im Anblick der Sünder in der Hölle und *im Steigen und im Kreisen um den Berg* (124) will er Einsicht gewinnen in sein eigenes Leben.

24. Gesang: 6. Kreis: Maßlosigkeit (Forts.)

Dantes Dichtungslehre

Forese weist Dante auf einige Hungernde, auch auf den ausgemergelten Papst Martin IV. (22), *der jetzt durch Fasten sich läutert von Bolzenas Aalen und vom Süßwein*[218].

Der toskanische Dichter Bonagiunta da Lucco prophezeit Dante von einer geheimnisvollen Dame Gentucca, die noch unvermählt sei und ihm ihre Heimatstadt Lucca sehr lieb machen werde[219] (37). Das Gespräch wird zum Schlüssel zu Dantes Dichtungslehre.

Lucco gehörte zu der sizilianischen „Schule des höfischen Tons", die durch den *dolce stil nuovo* von Dante überwunden wurde. In den unvergleichlichen Versen 52-55 beschreibt er selbst, was seinen „süßen neuen Stil" von dem verkünstelten der Vorgänger unterscheidet:

Io mi son un, che quando / amor mi spira, noto, ed a quel modo / che ditta dentro vo significando. (Ich bin ein Mensch, der immer, wenn Liebe ihn behaucht, es wohl bemerkt, und wie sie in mir spricht, so muss ich's sagen).

An die Stelle seelenloser Künstlichkeit ist dichterische Wahrhaftigkeit getreten, unmittelbare Inspiration, die das erklingen lässt, was eine höhere Macht der Seele eingibt: die Liebe.

---

[218] Martin IV. (Papst 1281-85) soll Aale aus dem Bolsener See in erlesenem Vernacciawein gedünstet haben.

[219] Gentucca Die Anspielung auf eine Liebesbeziehung Dantes konnte bisher nicht entschlüsselt werden.

Der Wortführer der alten Schule beugt sich im Jenseits der Überlegenheit der neuen Dichtkunst.

Dante und Vergil gelangen zu einem zweiten Wunderbaum, überfüllt mit herrlichen Äpfeln.

Aus dem ersten Baum am Eingang dieses Läuterungskreises erklangen die Stimmen der Tugend, aus dem zweiten hört man Beispiele bestrafter Schlemmerei. Er stammt vom Paradiesbaum, *von dem Eva aß* (116). Die folgende Vertreibung aus dem Paradies war das erste Beispiel bestrafter Unmäßigkeit[220].

Der Wächterengel des Maßes erscheint in einem leuchten glühendem Schein (138), *ein leiser Wind bestreicht die Stirne* und löscht das sechste „P".

---

[220] Die Übersetzungen „der Baum, von dem Eva pflückte" sind zu schwach; es war verboten, von diesen Früchten zu „essen". Im „Biss" (*morso*) liegt der Wunsch, durch Genuss vom Baum der Erkenntnis zu sein wie Gott.

25. Gesang: Aufstieg zu, 7. Kreis: Wollust

Mit einer astronomischen Zeitbestimmung beginnt der Aufbruch vom 6. zum 7. Kreis: Die Sonne hat den Mittag überschritten; sie ist vom Sternbild des Stiers in das des Widders eingetreten. Es ist 2 Uhr nachmittags. Bestimmungen der genauen Tageszeit sollen das Bewusstsein zum steten Weiterschreiten wach halten; sie sind aber auch eine kosmische Orientierung: die irdische Zeit steht in Verbindung mit den Sternbildern.

Der Aufstieg auf dem schmalen Pfad mit Treppenstufen (7) von der 6. zur 7. Terrasse wird vom Nachmittag bis zum Abend dauern. Hier findet das große **metaphysische Lehrgespräch** statt. In der Technik des scholastischen Lehrgesprächs ist Vergil der Meister (der allerdings mit zunehmenden Annähern an das irdische Paradies immer mehr die Hilfe des erlösten Statius benötigt); Dante ist der dialektisch zweifelnde Schüler.[221]

Seelenlehre – Zeugungslehre

Schon lange wird Dante von der Frage geplagt, wie die Existenz der Schatten zu erklären sei. Es ist das Problem des Verhältnisses von Leib und Seele nach dem Tode. Aus dieser Frage entwickelt sich die große Abhandlung der Zeugungs- und Seelenlehre und die Lehre vom Schattenleib.

---

[221] Dialektik: logische Beweisführungstechnik durch Ermitteln und Überwinden der Widersprüche. Jede These bewirkt mit innerer Notwendigkeit ihre Gegenthese.

Das Thema wird dreistufig abgehandelt:
o Zeugungslehre nach Aristoteles
o Seelenlehre nach Thomas von Aquin
o der Schattenleib (Dantes eigene Erfindung.)[222]

Dantes Frage ist:
Wie kann man mager werden, wenn kein Verlangen besteht nach Nahrung? (20).
Vergil beginnt die Erklärung mythologisch am Beispiel der antiken Meleager-Sage[223]. Meleager sei nicht an Krankheit oder Gewalt gestorben, sondern weil im Ofen das Holzscheit verbrannte. Auch Dantes Spiegelbild lebe nicht und bewege sich trotzdem genau wie er.

Aber dann muss Vergil die Erklärung weitergeben an Statius, der als Erlöster Einblick hat in metaphysische Zusammenhänge.

In einer strengen logischen Entwicklung erklärt Statius den Entwicklungsweg der Menschwerdung nacheinander mit unterschiedlichen Argumenten:
o Aristoteles
o die Bibel
o Thomas von Aquin (34).

---

[222] Auch in der Antike waren die Toten im Schattenreich; aber willenlos, fast ein Nichts. Bei Dante ist der Schatten, als der der Mensch nach dem Tode weiterexistiert, als Teil seines Wesens bereits angelegt.

[223] Eine Schicksalsgöttin hatte der Mutter prophezeit, dass ihr Sohn nur so lange lebt, wie das Holzscheit im Ofen brennt. Sofort barg die Mutter das Scheit in der Truhe. Als der erwachsene Meleager später den Bruder der Mutter tötete, warf sie das Scheit ins Feuer.

Die Erklärung der Menschwerdung durch Statius zeigt einen Entwicklungsweg von der anima vegetativa (vegetatives Nervensystem) zur anima sensitiva (Empfindungsseele) und anima intellectiva (Verstandesseele). Er erklärt den Aufbau des Blutes und die Entstehung des zeugungskräftigen Samens durch besondere Einwirkung des Herzens, wodurch das Blut Gestaltungskraft erhält. Er beschreibt die zur Zeugung notwendige Mischung von männlichem und weiblichem Samen, pflanzliche (52) und animalische (61) Stufen, und schließlich die Bildung des Gehirns. Zuletzt erfolgt das Einhauchen der Seele durch den *Urbeweger* (70: lo motor primo).

Lehre vom Schattenleib

Die Krönung der Zeugungs- und Seelenlehre bildet Dantes Lehre vom Schattenleib, die ganz seiner dichterischen Phantasie entsprungen ist (79). Dem Dichter genügte die rein geistige, unsichtbare Seele des Thomas von Aquin nicht, die auf die Auferstehung des Leibes am Jüngsten Tag warten muss; Dante verleiht den Seelen gleich nach Tod zwar körperlose, aber sichtbare Schatten, mit denen er seine Welt des Jenseits anschaulich machen kann. Es sind nicht die aus dem antiken Mythos[222] bekannten Schatten, sondern sie besitzen alle Sinnesempfindungen der Lebenden. Je nachdem, ob die Sünden zu Lebzeiten bereut wurden oder nicht, gelangt die Seele als Schatten an den Acheron zur Höllenfahrt oder zur Tibermündung, wo sie vom Engelsnachen zum Purgatorio abgeholt werden (Purg. II).

Ankunft im Läuterungskreis der Wollüstigen

Am Ende der Abhandlung sind die drei Wanderer auf dem Terrassenweg im 7. Ring, dem letzten, angekommen.

Aus dem Felsen lodert Feuer, sodass sie sich nur mit Mühe zwischen Abgrund und Flammen bewegen können.

Im Feuer sichtbar sind die Büßer: die Wollüstigen. Sie rufen Beispiele derjenigen Tugend, die der Wollust entgegengesetzt ist: der Keuschheit.

26. Gesang: 7. Kreis: Wollust

Der Abend beginnt mit einer wunderbar empfundenen Naturstimmung:
In der Phase vor dem Untergang der Sonne färbt das gedämpfte Sonnenlicht den blauen Himmel weiß. Dantes Schatten fällt auf die Feuerwand und in seinem Umriss *lässt er die Flammen noch glühender erscheinen* (7).

Der *contrappasso* (Vergeltung/Buße) der Seelen, die das Opfer sinnlicher Leidenschaft sind, besteht in einer ständigen Umkreisung des Läuterungsberges innerhalb des Feuerringes. Sie dürfen den **Flammenweg** nicht verlassen.

Die Seelenscharen laufen in beiden Richtungen (28), und immer wenn sie sich begegnen, geben sie sich den Bruderkuss. Der Kuss als ein Symbol der sinnlichen Begierde wird transzendent erneuert und geläutert zur bruderschaftlichen Empfindung.

Dantes Gesprächspartner auf dem Läuterungsberg sind bevorzugt Künstler, mit denen er Gespräche über Kunst führt.[224]
Auch Im letzten Kreis begegnet er wieder einem Dichter (73): Guido Guinizelli.

---

[224] Der Musiker Casella (2. Ges.), der politische Troubadour Sordello (6. Ges.), der Maler Oderisi (11. Ges.), der römische Dichter Statius (21. Ges.), der toskanische Dichter Bonagiunta da Lucco (24. Ges.), der Bologneser Liebesdichter Guinizelli und der provenzalische Troubadour Arnaut Daniel (26. Ges.).

Guido Guinizelli war Dantes verehrtes Vorbild im **Minnesang,** weil seine Liebesgedichte eine eindrucksvolle Sinnlichkeit verströmen. Bevor Guinizelli sich namentlich vorstellt (92), erklärt er Dante die unterschiedlichen Verfehlungen dieses Bußkreises (76):

Die Homosexuellen seien *Leute wie Cäsar, der sich Königin rufen hörte*[225]; als Zeichen der Selbstanklage müssen sie ständig *Sodom und Gomorrha!*[226] rufen. Die Sodomiten[227] müssen zur Erinnerung ihrer sexuellen Abart den Namen *jenes Weibes rufen, das sich zum Tiere machte:* Pasiphae.[228]

---

[225] In der Cäsar-Biographie des röm. Schriftstellers Sueton (um 100 n.Chr.) wird Cäsar ein erotisches Verhältnis mit König Nikodemus von Bithynien nachgesagt, weshalb man ihn in Rom „Regina" (Königin) genannt habe; im Heer habe es ein Spottlied gegeben: *Gallias Caesar subegit, Nicodemus Caesarem* (Caesar hat die Gallier unterworfen, Nikodemus den Caesar).

[226] biblische Städte, vielleicht am Süd-Ende des Toten Meeres; nach 1. Moses 19 wegen der Frevelhaftigkeit ihrer Bewohner (Völlerei, Rechtsbeugung, Selbstgerechtigkeit, homosexuelle Gewalt; nicht aber Sodomie) von Gott zerstört; sie galten bereits im A.T. als ein Sinnbild für Laster und Sündhaftigkeit schlechthin.

[227] Sodomie: Sexualität mit Tieren; Dante bezeichnet sie als Heterosexualität gegenüber Homosexualität, wobei er die Zweigeschlechtlichkeit *„ermafrodito"* nennt: der Hermaphrodit ist aber ein Zwitter, der männl. und weibl. Geschlechtszellen produziert; (im griech. Mythos: Sohn von Hermes und Aphrodite).

[228] Pasiphae (41): Gattin von König Minos auf Kreta, die rasend in einen heiligen Stier verliebt war und ihn in einer Kuhhaut anlockte, (andere Überlieferung: eine von Dädalus gebaute Holzkuh); sie gebar den Minotaurus[53].

Die erlesenen Verse der Unterhaltung spiegeln das Niveau der **Dichtungslehre** und den Stil eines **Dichtergesprächs**.

Guido Guinizelli (1244-1274) gehört der Dichtergeneration vor Dante an. (Dante war 9 Jahre alt, als Guinizelli starb).

Seine Lyrik brachte in Italien die Abkehr vom geschraubten Stil der „scuola dottrinale" (dottrinale: theoretisch, belehrend), der wie die „Sizilianische Schule" im Süden (Purg. XXIV) eine reich verzierte, gekünstelte, oft vieldeutig verstiegene Bildersprache benutzte; eine in Lehrhaftigkeit erstarrte Form. Seine Liebesgedichte sind die ersten Versuche eines neuen Stils, den Dante dann als *dolce stil nuovo* zur Vollendung brachte. Dante dankt Guinizelli *für die holdseligen Verse*, die immer wertvoller würden, *solange der neue Stil* (l'uso moderno[229]) *noch dauern wird* (112).

Einer anderen Büßergestalt, dem provenzalischen Troubadour Arnaut Daniel, erweist Dante die Ehre, sich (italienisierend) in seiner französischen Muttersprache vorzustellen: *Jeu suis Arnaut, que plor e vau cantan* (Ich bin Arnaut, der immer singt und weint) – die Worte erhalten in italienischer Aussprache (und Schreibweise) der dunklen a- und o-Vokale den typischen Klang, deren Schmelz die Zeitgenossen an Arnauts Dichtung liebten.

---

[229] Mit „l'uso moderno" meint Dante offenbar auch die italienische Volkssprache im Gegensatz zur lateinischen Gelehrtensprache und Kunstdichtung. (→ Kapitel: *Divina Commedia* – ihr Platz in der Weltliteratur).

Ein einziger Vers hat genügt, um Arnauts Dichtkunst zu verewigen. Sein Singen und Weinen zeigt ihn als büßenden Künstler.

Der Italiener Guinizelli als Vorläufer von Dantes „neuem Stil" und der Franzose Arnaud als prägendes Vorbild für die Kunst des neuartigen Wortklangs ergänzen über Dantes Sprachgrenze hinaus seine Dichtungslehre im 24. Gesang.

27. Gesang: 7. Kreis: Wollust (Forts.)

Der Aufstieg vom letzten Kreis des Läuterungs-
berges auf sein Hochplateau, das „irdische Para-
dies", wird zunächst eingeleitet durch eine
geographisch-astronomische Zeitbestimmung,
die den ganzen Erdkreis ins Bewusstsein rückt:
Die Sonne entsendet ihre ersten Strahlen dort, wo ihr
Schöpfer einst sein Blut vergoss,
in Golgatha / Jerusalem.

Das ist genau gegenüber dem Läuterungsberg,
wo sich der Sonnenuntergang nähert. An beiden
Enden des bekannten Erdkreises ist es am Ebro
in Spanien Mitternacht (*er fließt unter der Waage,*
die dem Sternbild Widder entgegengesetzt ist, in
dem die Sonne in dieser Jahreszeit steht), und in
Indien *brennt der Ganges in der Mittagshitze.*

Der Wächter-Engel fordert die Wanderer auf,
durch das Feuer zu schreiten. Denn Dante kann
diese Buße nicht nur schauend erleben. (An frü-
heren Stellen hatte er bekannt, dass unter seinen
Sünden die Neigung zur sinnlichen Liebe zuo-
berst stehe).

Nur in diesem Kreis, für die Sünden der sinnli-
chen Glut, gibt es (als „contrappasso": Angemes-
senheit von Sünde und Läuterung) ein Feuer im
„Fegefeuer" (Purgatorio).

Vergil, der Vertreter der Vernunft, erklärt Dan-
te realistisch die immaterielle, rein geistige Wir-
kung des Feuers. Erst dadurch verliert Dante
seine Furcht vor den Flammen. Er wird von den
beiden Geleitern in die Mitte genommen und in
die Flammen hineingeführt.

Den Läuterungsprozess im Feuer empfindet Dante derart intensiv, dass er sich *in siedendem Glas abkühlen könnte; so ohne alles Maß war diese Glut* (49).

Von der anderen Seite des Feuerkreises erklingt Engelsgesang, der die drei Wanderer aus dem Feuer heraus zum letzten Aufstieg ruft. Ist es ein Wächterengel am Eingang zum irdischen Paradies? oder ist der Wächterengel der Keuschheit durch das Feuer vorausgegangen? Es bleibt unausgesprochen wie das Wegfächeln des siebten „P" von Dantes Stirn – der wunderbare Gang durch das Feuer bleibt ein Geheimnis.

Die Sonne sinkt, es kommt der Abend (61) und mit den letzten Sonnenstrahlen steigen sie im Felsen aufwärts. Nach Sonnenuntergang lagern sie sich auf den obersten Stufen, denn nur unter der Sonne, dem Sinnbild der Gnade Gottes, ist der Aufstieg möglich.

Im bukolischen Bild der Ziegenherde, die von ihrem nun selbst ruhenden Hirten bewacht wird, ist Dantes Geborgenheit unter seinen geistigen Führern spürbar.

Die Idylle verlängert sich ins Kosmische: zum letzten Mal erlebt Dante durch den schmalen Felsenspalt den irdischen Eindruck vom Leuchten der Sterne – prachtvoller denn je (89).

Ende des 3. Tages im Purgatorio.

27. Gesang: Aufstieg zum irdischen Paradies

Wie alle Nächte im Purgatorio mündet auch diese in einen **Morgentraum**:

o Den ersten erlebte Dante an der Schwelle zum Purgatorio; er wurde im Traum von einem Adler empor getragen (Purg. IX).

o Der zweite geschah an der Schwelle vom unteren zum oberen Teil des Purgatorio, wo ihm die Sirene erschien und Begierden und Vernunft miteinander stritten (Purg. XIX).

o Der dritte bezeichnet die Schwelle zur höchsten Fläche des Läuterungsberges: der Garten Eden.
Als Vorankündigung Beatrices, die ihn durch die Himmel führen wird, erblickt er im Traum die biblische Lea (die erste Frau Jakobs, dessen Söhne als Ahnherren der 12 Stämme Israels gelten); sie pflückt Blumen und singt von ihrer untätigen Schwester Rahel (97). Die beiden Schwestern symbolisieren die vita activa und vita contemplativa: tätiges und meditatives, materielles und geistiges Leben.

Mit dem ersten Morgenschimmer steigen sie die letzten Stufen hinan, und Dante fühlt *bei jedem Schritt zum Flug die Schwingen wachsen.* (123).
Er steht jetzt vor dem Eingang zum irdischen Paradies, dem Garten Eden der ersten Menschen.
Hier ist die Grenze der menschlichen Vernunft erreicht und Vergils Mission beendet. Dante hat *das zeitliche* (Purgatorio) *und das ewige Feuer* (Inferno) durchschritten.

231

In einem zeremoniell feierlichen Akt erfolgt die „Freisprechung" des Schülers durch den Meister:

Die Sonne strahlet dir ins Antlitz ...
***Frei, heil und aufrecht** ist dein Wille jetzt ...*
So krön' ich dich zu deinem eignen Papst und Kaiser.
Es ist die Krönung des freien Menschen.

Jetzt wird es Dante sein, der Vergil und Statius vorausgeht, bis sie nicht mehr teilhaben an seinem Weg.

Dante hat den paradiesischen Urzustand der Unschuld erreicht.

28. Gesang: Das irdische Paradies – Matelda

Im letzten Vers des 27. Gesanges hat Vergil Dante zu seinem eigenen Papst und Kaiser gekrönt. *Frei, heil und aufrecht ist dein Wille jetzt.* Das ist die geistige Mündigkeitserklärung. Die Läuterungsphase ist mit der letzten und schwersten Probe, dem Gang durch Feuer, zu Ende gegangen; der ursprüngliche unschuldige Zustand von Dantes Natur vor dem Sündenfall ist wiederhergestellt.

Jetzt schreitet Dante voran und Vergil und Statius folgen ihm. Der Heide Vergil wird Dante bald verlassen; er hat zum Himmel keinen Zugang.

Die drei Wanderer treten ein in das irdische Paradies, den Garten Eden der Genesis, den Adam und Eva verlassen mussten. *Begierig schon, von außen und von innen / den dichten grünen Gotteswald zu kennen, ... und langsam wandelnd schritt ich durch das Land / über die Erde hin, die Duft verströmt. / Ein linder Lufthauch ... fuhr über meine Stirne* – Erinnerung an die sieben „P" (peccavi – ich habe gesündigt), von denen in jedem Kreis eines gelöscht wurde.

Das letzte „P" ist nicht mehr konkret erwähnt worden; vielleicht löscht es der *linde Lufthauch* – eine Erinnerung an das Wehen der Flügel der Wächterengel[230].

---

[230] In Vers 103 wird erklärt werden, dass es ein mystischer Wind ist: er entsteht durch die Sphärenbewegung der kreisenden Himmel.

Nach 2 Tagen im Inferno und 3 Tagen auf dem Läuterungsberg ist dies der **6. Tag** der Wanderung; am **6. Schöpfungstag** wurde der Mensch geschaffen.

Die poetische Darstellung des irdischen Paradieses ist die schönste Landschaftsschilderung der *Divina Commedia*; sie umfasst zwölf Terzinen (drei mal zwölf Verse). *Der linde Lufthauch*, der wie die Morgensonne vom Osten kommt, lässt die *Blätter leise erzittern*; sie neigen sich in Richtung ihres Schattens. Das Säuseln ist so zart, dass *die Vöglein in den Wipfeln* nicht *in ihrer heiteren Kunst* gestört werden; das Rauschen der Bäume *gibt den dunklen Grundbass ... zur munteren Fröhlichkeit des Zwitscherns im Gezweig.* Dante malt dieses Bild aus Mystik, Geographie und Mythos: eine Stimmung *wie im Pinienwald am Strand von Chiassi*[231], *wenn Aeolus*[232] *den Südwind losgelasssen.*

Das Eintreten in den Paradieswald erinnert an den Wald am Eingang zur Hölle, wo das Werk begonnen hatte. Aber es ist ein extremer Kontrast: am Beginn der Wanderung der finstere Wald, Verirrung, Angst, die vier allegorischen wilden Tiere, Verzweiflung – jetzt dagegen ein lichter Wald voller Verheißung, vollkommene innere Freiheit („eigener Papst und Kaiser"), die Überwindung der Verirrung.

---

[231] Bei Ravenna (Dantes Exil) erstreckte sich am Meer ein weiter Pinienwald mit Kanälen und Lichtungen, dessen feierlich würdevoll wirkende Atmosphäre berühmt war.

[232] Aiolos ist der antike König der Winde; Dante kennt ihn aus der *Aeneis*, wo Vergil ihn aus einem Abenteuer des Homerischen Odysseus übernommen hatte.

Das irdische Paradies

Dante hat aus den vielen bildlichen Vorstellungen vom Garten Eden ein neues, ureigenes Bild geschaffen: sein Paradiesgarten ist das Hochplateau des Läuterungsberges, welcher der höchste Berg der Welt ist. Es ist nicht der übliche, in der antiken und mittelalterlichen Dichtung oft beschriebene „locus amoenus"[233]; Dante transzendiert seine Erdenlandschaft ins Geistige.

Persönliche Erinnerungen an Ravenna und die toskanische Heimat verbinden sich mit biblischen Bildern, byzantinischer Kunst, antiker Mythologie und religiösen Vorstellungen der Scholastik (Thomas von Aquin). Aus dieser Synthese von Bildern, Farben, Klängen entsteht ein vergeistigtes Bild des <u>irdischen</u> Paradieses, in dem sich die Verklärung des <u>himmlischen</u> „Paradiso" ankündigt.

Die vier traditionellen Paradies-Ströme (Ganges, Nil, Euphrat, Tigris) werden ersetzt durch zwei Bächlein:

Lethe, der Fluss des Vergessens, den die Tradition in der Unterwelt sah, wird ins irdische Paradies verlegt und erhält einen metaphysisch-ethischen Sinn, der später (121) erklärt wird.

Dazu erfindet Dante einen zweiten Bach...

---

[233] Der „locus amoenus" (angenehmer, lieblich schöner Ort) erscheint erstmals bei der griechischen Dichterin Sappho (um 600 v.Chr. auf der Insel Lesbos); Charakteristika: Sonne, Baumschatten, Vogelgezwitscher und ein Bach. Bis heute ist es die Vorstellung eines stimmungsvollen, sorglosen, romantischen Platzes.

Matelda

Jenseits des Bächleins Lethe sieht Dante auf einer Lichtung *allein und einsam eine Frau, die singend hinwandelte und Blum um Blume pflückte* (40). Es ist Matelda.

Ihr Name wird nicht genannt; zehnmal spricht Dante von ihr, ohne je den Namen zu nennen, und wenn Beatrice im letzten Gesang des Purgatorio beiläufig einmal ihren Namen ausspricht (XXXIII, 119), reagiert er nicht. Diese Erscheinung, die den dichterischen Zauber, den Dante im irdischen Paradies entfaltet, personalisiert, ist bis heute ein Rätsel geblieben. Alle Gesprächspartner, denen Dante in Inferno und Purgatorio begegnet, stehen in Zusammenhang mit seiner Biographie oder seiner Dichtkunst; alle haben persönliche Züge. Nur Matelda bleibt ohne individuelle Erkennungsmerkmale.

Dante muss eine Vorstellung haben, wer sie ist. Oder: sie ist keine historische Person (so gerne die Dante-Forschung ihr biographisches Vorbild finden würde[234]), sondern Matelda ist einfach die **Idee des irdischen Paradieses**, die Seele dieser geistigen Landschaft. In dieser Funktion ist sie auch die Vorankündigung von Beatrice, die Dante durch die Himmels-Spären führen wird. In Dantes letztem Morgentraum war sie als biblischen Lea erschienen: Symbol der vita activa (tätiges Leben), die nach Thomas von Aquin der vita contemplativa vorausgehen muss.

---

[234] Es gibt zahlreiche Deutungsversuche: Markgräfin Matelda von Tuszien; Hl. Mathilde von Hackeborn … … …

Matelda ist also eine poetisierte Gestalt: sie singt
und lächelt und pflückt Blumen[235], senkt keusch
den Blick; und als Dante sie bittet, näher zu
kommen, damit er ihren Gesang versteht, *schlug
sie die Augen auf, mir zum Geschenk* (62); dann
lacht sie vom anderen Ufer. Farben, Düfte, Klän-
ge ergeben nicht nur eine Symphonie der Kunst-
formen (wie im Tal der säumigen Fürsten, Purg
VII) – Mateldas Erscheinung sublimiert alle Ein-
drücke in eine geistige Dimension. Sie erwärmt
sich nicht an den Strahlen der Sonne, sondern *an
der Liebe Strahlen* (43): die Sonne ist für sie kein
Gestirn, sondern Sinnbild der Gnade Gottes, der
höchsten, geistigen Liebe. Analogien mit der rö-
mischen Fruchtbarkeitsgöttin Proserpina[236] (49)
und mit Venus (64) im Augenblick ihrer höch-
sten Liebesglut, wenn sie von Amors Pfeil getrof-
fen ist und in Liebe entbrennt zu Adonis, erhö-
hen Matelda zum Sinnbild einer Liebe, die in der
Vereinigung all ihrer Erscheinungsformen die
höchste Vollkommenheit hat: die Vergeisti-
gung.[237]

---

[235] Die Farben, nach denen Matelda die Blumen auswählt:
rot und gelb, haben sicher allegorische Bedeutung; sie
sind noch nicht entschlüsselt.

[236] Proserpina, im griech. Mythos Persephone: Tochter des
Zeus und der Fruchtbarkeitsgöttin Demeter; sie wird
von Hades in die Unterwelt entführt, darf aber die Hälf-
te des Jahres auf die Erde zurück (Fruchtbarkeit).

[237] Als Sinnbild der Fruchtbarkeit bedeutet Proserpina Kör-
perlichkeit, Zeugung. Venus wird auf dem Höhepunkt
der Sinnlichkeit gezeigt; sie ist aber auch die Göttin der
Schönheit …

Das Bächlein das Dante von Matelda trennt, *war nur drei Schritt breit*, aber es erscheint ihm so breit wie der Hellespont. Über das Bächlein hinweg wird Matelda vom anderen Ufer aus zu **Dantes Lehrmeisterin** im irdischen Paradies.

Dante fragt, wieso es hier Wasser und Wind gäbe; (Statius hatte erklärt, dass im Purgatorio die meteorologischen Gesetze nicht gelten.) Und er lernt: Der Läuterungsberg ragt über die irdische Atmosphäre empor; hier gibt es kein „Wetter" (98). Der Windhauch entsteht durch die Sphärenschwingung der Himmels-Ringe, die um die Erde (welche die Mitte des Kosmos bildet) kreisen. Es gibt keine vom Regen gespeisten Quellen; der Bach Lethe entspringt allein aus dem göttlichen Willen. Sein Wasser erhält eine metaphysische Bedeutung: nach der Sühne auf dem Läuterungsberg werden alle Sünden aus dem Gedächtnis gelöscht und im Wasser des Vergessens in die Hölle hinab gespült[238]. Dann ist der Mensch vom Sündenbewußtsein erlöst.

Dante erfindet einen zweiten Bach: Eunoe[239]; durch das Bad in dessen Wasser werden die guten Taten wieder in Erinnerung gebracht.

Diese **Stunde der Einweihung** war für Dante nur ein Durchgang. Sogleich folgen Visionen, die ihn überwältigen werden.

---

[238] Lethe ist das geheimnisvolle „Bächlein", durch dessen Rinne Dante und Vergil aus dem Inferno auf die andere Hemisphäre emporsteigen (Inf. XXXIV).

[239] aus griech: ευ- (gut), -νουσ (Geist, Erinnerung).

29. Gesang: Prozession: Siegeszug der Kirche

Das irdische Paradies wird in den letzten 5 Gesängen zum Schauplatz grandioser allegorischer Bildvisionen von der Herrlichkeit der christlichen Kirche und ihrer Entartung. Hier erlebt Dante Beatrices triumphales Erscheinen; sie prophezeit einen kaiserlichen Retter und bereitet Dante vor für den „Aufflug" durch die Himmels-Sphären.

Zunächst erlebt Dante den allegorischen **Festzug** zur Verherrlichung der **idealen Kirche**. Er ist voller Symbolik, die in vielen Details noch nicht entschlüsselt ist.

Matelda führt Dante den Bach entlang. Vergil und Statius folgen schweigend. Die Vorstellung von Nymphen in Licht und Schatten (4) und das tänzerische Schreiten Mateldas (9) erschaffen die Vorstellung eines mythischen Haines.

Plötzlich erschrickt Dante vor einem Lichtschein, der erst als Blitz, dann als Wetterleuchten, dann als bleibende Lichterscheinung die Landschaft erleuchtet (16). Unter dem Blätterwerk des Waldes *scheint die Luft von Feuer entflammt* (34). Nur stufenweise kann er wahrnehmen, welche gewaltige Szenerie sich nähert.

Die Lichterscheinung wandelt sich zu Formen, schließlich zu Einzelgestalten. Zuerst hört Dante Musik, dann eine Melodie, schließlich kann er Gesang wahrnehmen (22; 36).

Das Idealbild der Kirche

Was sich allmählich aus Licht, Farben, Tönen, Bewegung zu der Erscheinung einer geheimnisvollen Prozession formt, ist so überwältigend, dass Dante die Musen anruft, ihn auf Wunder vorzubereiten.

Es erscheint die allegorische Prozession der christlichen **Kirche**, die in diesem Gesang in einer **reiner Idealität** abgebildet wird.

An der Spitze des Festzuges scheinen sich goldene Bäume aus dem Dunkel des Waldes heraus zu bewegen. (Dantes sukzessive Annähern der Beobachtung steht sinnbildlich für schrittweises Erkennen der Wahrheit). Der Zug nähert sich und man erkennt **7 goldene Kandelaber**; aus jedem strahlt eine große Flamme[240].

Dante wendet sich zu Vergil und bemerkt dessen Staunen (55). Der Zug bewegt sich sehr langsam; Dante vergleicht es mit dem Schreiten einer Braut (Salomos Bild der Kirche als Braut Christi).

---

[240] Die Interpretation ist schwierig, weil die Siebenzahl sehr häufig ist. Es gibt 7 Kandelaber im mosaischen Kult; Darstellungen in der Apokalypse mit 7 Kandelabern unter Bäumen; 7 Kirchen, die auch als 7 Gaben Gottes bezeichnet werden (Weisheit, Einsicht, Verstand, Wissen, Mut, Güte, Gottesfurcht); im Mailänder Dom ist die Darstellung eines siebenarmigen Leuchters, der als „Baum der Jungfrau Maria" bezeichnet wird; 7 kluge und 7 törichte Jungfrauen; römische Triumphbögen mit jüdischen Beute-Kandelabern …

Im weißen Gewand schreiten **24 Greise** (83), die gewöhnlich als die 12 Patriarchen des Alten und die 12 Apostel des Neuen Testamentes gelten; aber hier symbolisieren sie die 24 Bücher des Alten Testaments.

Es ist eine kosmische Prozession. Die in die Farben des Regenbogens getauchte Landschaft wird mit dem Sternenhimmel verbunden: die Gestalten folgen einander, *so wie am Himmel Licht auf Licht sich folgt* (91).

Vier Tiere, in der Apokalypse Symbole der vier Apostel, sind Sinnbild der vier Evangelien; als Gestalten des NT sind sie mit roten Rosen bekränzt im Gegensatz zu den weißen Lilienkränzen des AT. Jedes Tier hat 6 Flügel, auf denen zahlreiche Augen sitzen (vielleicht Zeichen der schnellen Ausbreitung des Evangeliums).

Ein **Triumphwagen** ist das Zentrum der Prozession: der Wagen der Kirche, gezogen von einem **Greif**. Der mythologische Vogel (halb Adler halb Löwe) symbolisiert die zwei Naturen Christi: Gott und Mensch. Adler-Kopf und Flügel des Greifs sind golden, die Löwengestalt als Bild des Menschlichen ist weiß und rot wie Fleisch und Blut.

Zur Rechten des Wagens tanzen 3 Frauen; in ihren Tanzfiguren und Farben werden sie als die 3 geistlichen Tugenden Glaube, Liebe, Hoffnung erkennbar.

Zur Linken des Wagens tanzen 4 Frauen, welche die 4 weltlichen Kardinaltugenden versinnbildlichen: Weisheit, Tapferkeit, Besonnenheit, Gerechtigkeit.

Im Gefolge gehen noch zahlreiche allegorische Figuren; das Buch der Apokalypse, die Briefe der Apostel usw.

Der Eindruck des Triumphzuges auf Dante ist unbeschreiblich.
In dem Augenblick, als der Wagen genau vor ihm angekommen ist, wird dem ganzen Zug durch einen **Donnerschlag** Halt geboten.

Diese Fixierung des Ereignisses auf Dante beweist: die *Divina Commedia* ist eine ganz persönliche **Einweihung Dantes**; sein Läuterungsweg.

30. Gesang: Erscheinung Beatrices

Der Mittelpunkt der Prozession, der Siegeswagen Kirche, steht jetzt Dante direkt gegenüber am anderen Ufer.

Einer der 24 „wahren Männer", die die 24 Bücher des Alten Testaments symbolisieren, ruft dreimal: „Komm, du Braut vom Libanon!"[241]

Da geschieht ein Wunder: in einer Wolke von Blumen, die von Engel ausgestreut werden, wird hoch auf dem Triumphwagen „eine Frau" sichtbar, *in weißem Schleier, bekränzt mit einem Ölzweig, in grünem Mantel und feuerfarbenen Gewand darunter* (31).

Beatrice, deren Name noch nicht genannt wird, ist in die Farben der drei geistlichen Tugenden gehüllt, die neben dem Christuswagen tanzen: Glaube, Hoffnung, Liebe.

Dante ist tief erschüttert von dieser Erscheinung. Er wendet sich um und sucht die Hilfe Vergils. Aber **Vergil** ist mit der Ankunft Beatrices entschwunden. Seine menschliche Weisheit, die Vernunft, kann hier nichts mehr erfüllen. In dem Augenblick, wo Beatrice als geistige Führerin zu Dante tritt, ist Vergils Aufgabe erfüllt. Dreimal nennt Dante in seiner Trauer den verehrten Namen (49): *Vergil hat uns verlassen, Vergil, mein gütiger Vater, ach Vergil.*

---

[241] Salomos Hohelied (Lied der Lieder; Canticum canticorum); Buch des A.T.; israelitische Liebes- und Hochzeitslieder; in der jüdischen Theologie allegorisch auf die Liebe Gottes zu Israel gedeutet, in der christlichen Theologie des Mittelalters auf die Liebe Gottes zur Kirche als seiner Braut gedeutet.

Beatrice ruft Dante mit seinem Namen an. Es ist ein einzigartiger Moment: niemals sonst in den über 14.000 Versen der *Divina Commedia* wird Dantes Name genannt.

Dreimal spricht Beatrice das „piangere": *Wenn auch Vergil dich verlassen hat, / weine deshalb nicht, weine noch nicht, weinen wirst du über andre Wunden* (56: non pianger anco, non piangere ancora, / chè pianger ti convien per altra spada).

Das Schwert (spada), das Dante schwerere Wunden zufügen wird, sind die unerbittlich strengen Worte Beatrices. *Hoch aufgerichtet, einem König gleich, sprach sie: ... Schau mich recht an! Ich bin's, bin Beatrice* (Guardaci **ben! ben** son, **ben** son Beatrice).

Mit harten Worten führt sie Anklage gegen Dantes Lebensführung, denn Zerknirschung steht am Anfang der 3 dogmatischen Teile des Beichtritus: Reue, Bekenntnis, Buße.

31. Gesang: Generalbeichte und Entsühnung

Nach ihrer Bußpredigt fordert die immer noch verschleierte Beatrice Dantes Bekenntnis seiner Sündenschuld; die 2. Stufe des Beichtritus. Erst dann wird das Bad in Lethe die Erinnerung an sein vergangenes Leben auslöschen können.
Dante kann nur ein tonloses „Ja" hervorbringen (13), dann fällt er in **Ohnmacht** (38).

Als er wieder zu Bewusstsein kommt, steht Matelda vor ihm, um die Reinigung im Bach Lethe an ihm zu vollziehen und ihn ans andere Ufer zu Beatrice und dem Triumphzug zu bringen (94): Sie taucht seinen ganzen Körper in das Wasser ein und zieht ihn über den Bach, *über dem sie wie eine Spindel schwebte*[242].

Am anderen Ufer taucht sie Dante ganz unter, damit er das Wasser des Vergessens trinkt. Dann führt sie ihn zu den 4 weltlichen Kardinaltugenden, die ihn in ihren Reigen aufnehmen.

Der letzte Schritt der Lebensbeichte ist die Absolution. Diese göttliche Gnade erlebt Dante in einem wunderbaren Bild:
Beatrice wendet sich dem Greif zu, und durch ihren Schleier spiegelt sich in ihren *smaragdenen Augen* abwechselnd das Bild des Löwen und des Adlers. Sie wird zur Mittlerin zwischen Gott und Mensch.

---

[242] Zwei Bilder verschmelzen: die Taufe durch Eintauchen des ganzen Körpers, und das Wunder Christi, der über das Wasser schreitet.

Die Sinnbilder der drei geistlichen Tugenden Glaube, Hoffnung, Liebe bitten Beatrice ihren Schleier abzunehmen, und Dante erblickt nun Beatrices *zweite Schönheit*, die geistige Verklärung (139): *O Abglanz du des ewigen Himmelslichtes.*

„Das ewige Himmelslicht": Beatrice wird erhoben zum **Sinnbild der Philosophie**, zum Sinnbild der **Theologie**.

32. Gesang: Entartungen der irdischen Kirche

Die große allegorische Prozession der Kirche umfasst vier Gesänge:

o 29. Gesang: der Siegeszug der Kirche Christi
o 30. Gesang: Beatrices Erscheinung als Sinnbild himmlischer Weisheit und Gnade
o 31. Gesang: Dantes Lebensbeichte und Entsühnung
o 32. Gesang: die Dekadenz der irdischen Kirche, speziell des Papsttums, die im Schluss-Akt der Prozession durch apokalyptische Sinnbilder dargestellt wird.

Ein überwältigender, zugleich hintergründiger Bilderreichtum macht die Schlussphase des Purgatorio zu einer der geheimnisvollsten und schönsten Partien der *Divina Commedia*. Nirgends häufen sich verschlüsselte Sinnbilder und allegorische Vorgänge (von denen noch viele unentschlüsselt sind) in solchem Maß.

Die Verschlüsslungen dienen Dantes Schutz vor Verfolgung. Seine aggressive Auflehnung gegen den Herrschaftsanspuch der Päpste war gefährlich, und in seiner Überzeugung, dass die Philosophie nicht die Magd der Theologie sei, widersprach er sogar dem hl. Thomas von Aquin.

Dante ist geblendet von Beatrices unverschleiertem Strahlenantlitz, ihrem *heiligen Lächeln* (5), in dem die ewige Seligkeit zum Sinnbild wird. Der Blick *löschte gänzlich meine Sehkraft aus* (12); er muss die Augen *an kargem Licht erholen*, um wieder wahrnehmen zu können.

Jetzt bemerkt Dante, dass der **Ruhmeszug** wieder in Bewegung kommt und **wendet**: zuerst die goldenen Kandelaber, die ihn anführen, dann die ganze Schar, die dem Wagen vorangeht.

Als der Kopf des Zuges an Dante und dem Wagen vorbeizieht, dreht der Greif den Wagen an der Deichsel um seine eigene Achse, reglos *ohne dass ein Federchen an ihm erzittert* (27); er bewegt ihn mit geistiger Kraft allein. Der vordere Teil der Prozession, die um Dante, Statius und Matelda gekreist ist, folg jetzt dem Wagen.
Sie gingen durch den Wald, der ganz verödet war durch deren Schuld, die auf die Schlange hörte – das Paradies ist leer seit dem Sündenfall.

Nach der dreifachen Länge eines Pfeilschusses hält der Zug, und Beatrice steigt vom Wagen.

Sie sind angekommen am **Paradiesbaum** der Erkenntnis, der dürr und vollkommen entlaubt ist. Was sich an diesem Baum, dessen Geäst sich nach oben verbreitert, und dessen Höhe mit legendären Bäumen Indiens verglichen wird, ereignet, gehört zu den besonderen Rätseln des irdischen Paradieses (37).
    Alle Versammelten murmeln „Adam", der von den Früchten gegessen hat, und preisen den Greifen, *weil du nicht mit dem Schnabel von diesem süßen Holz herunterreißt.* Christus, dessen Doppelnatur im Greif symbolisiert ist, hat den Genuss vom Baum der Erkenntnis nicht nötig; das Wissen ruht in ihm.

Der Greif bindet den Wagen an dem Baum fest, und sofort erblüht dieser in voller Kraft; seine Blätter sprießen *heller als Rosen, dunkler noch als Veilchen*[243] (58).

Die Berührung, kosmisch mit dem Lauf des Sonnenwagens verbunden (54), erzeugt ein metaphysisches Frühlingserwachen. (Die Rosen und Veilchen haben schon in den zeitgenössischen Kommentaren zu vielerlei Deutungen geführt: Kardinaltugenden; der Amethyst als Symbolstein der Gerechtigkeit usw.).

Das Mysterium wird verstärkt durch die überirdische Musik, die in der Prozession erklingt (Sphärenmusik). *Es war so mächtig, dass ich's nicht ertrug* (63);

Dante wird ohnmächtig.

Das Erlebnis ist für den Dichter nicht in Worten zu beschreiben; er wünscht sich, ein Maler zu sein. Aber nicht um den Traum im Bild darzustellen, sondern den Zustand des süßen Entschlummerns, den Übergang vom Bewussten zum Unbewussten, den er mit dem Syrinx-Mythos[244] vergleicht: dem Einschläfern mit der Panflöte (65).

---

[243] Der Baum wurde auch als Symbol des weltlichen Imperiums gedeutet, das wiederbelebt wird durch die Berührung mit dem Wagen der Kirche; ebenso könnte er Sinnbild der ganzen Menschheit sein oder der allgemeinen Lebenskräfte. Der Baum ist eines der großen Rätsel der *Divina Commedia*.

[244] Der Riese Argos sollte im Auftrag der Zeus-Gattin Hera mit seinen hundert Argusaugen die Zeus-Geliebte Io

Matelda „weckt" den Ohnmächtigen und führt ihn zu Beatrice, die an der Wurzel des Paradiesbaumes sitzt. Aber es ist kein Erwachen, sondern der Übergang in eine neue Vision – innerhalb der Jenseitswanderung eine Vision in der Vision.

Dieser besondere Zustand wird erhöht durch das biblische Bild vom Berge Tabor, wo Christus den Aposteln Jakobus, Petrus und Johannes zusammen mit Moses und Elias verklärt erschienen ist; als sie erwachten, war Christus wieder alleine und irdisch (76).

Die Kirche in ihren Entartungen

Die Vision zeigt die Kirche in Bildern der Apokalypse des Johannes, die Dante teilweise umdeutet. Sie besteht aus 3 Akten (109-160):

- die Erscheinung der 3 apokalyptischen Tiere
- die Verwandlung des Wagens der Kirche in ein Ungeheuer
- die Dirne auf dem Wagen als Sinnbild der babylonischen Hure der Apokalypse.

o Der **Greif** (Christus) hat den Wagen (der Kirche) an den Baum gebunden und verlässt ihn jetzt; er zieht mit seinem Gefolge *hinauf* in den Himmel (88); Beatrice bleibt mit den Allegorien der Tugenden als Wächterin am Wagen zurück. Eindringlich wendet sie sich an Dante (104): *Was du gesehen hast, das schreibe nieder, wenn du nach drüben rückgekehrt bist* (e quel che vedi, ritornato di là, fa che tu scrive).

---

bewachen, wurde aber mit der Syrinx (Panflöte) eingeschläfert.

o Ein plötzlicher Blitz leitet die Vision ein.
Er schlägt in den Baum ein, verwüstet ihn und erschüttert den Wagen.
Der Blitz ist ein **Adler**, das Symbol des Kaisertums zur Zeit der Christenverfolgungen, als die Anfänge der irdischen Kirche tief erschüttert wurden.

o Ein **Fuchs** schleicht sich in den Wagen, kann aber von Beatrice vertrieben werden.
Seit Augustinus diente der Fuchs als Sinnbild der Ketzerei; so wird es auch in Kirchenfresken dargestellt. Beatrice, Symbol der christlichen Theologie, ist wachsam und verhindert das Eindringen der Häresie.

o Der **Adler** stürzt sich erneut auf den Wagen und bedeckt ihn mit seinen Federn:
Symbol der „Konstantinischen Schenkung" (um 330 n. Chr.), aus welcher der Papst seine weltliche Macht ableitete.
(Obwohl Dante noch nicht wissen konnte, dass dieses Dokument eine Fälschung ist, die erst um 800 in Rom auftauchte, geißelt er sie als den unseligen Ursprung der Verweltlichung der Kirche[245]).

o Die Erde tut sich auf und ein **Drache** steigt herauf.
Er wütet und sticht mit seinem gewaltigen Stachel in den Wagen. Sinnbild für das satanische Gift der Verweltlichung des Papsttums.

---

[245] Inf. XIX und Fußnote 79; und Par. XX, Konstantin.

o Gift und Federn lassen die päpstlichen Macht-
ansprüche wuchern, und der Wagen (Kirche)
verwandelt sich in Blitzesschnelle in ein **apo-
kalyptisches Untier.** Aus der Deichsel und an
den Ecken wachsen monströse Köpfe mit
Hörnern – 3 aus der Deichsel, eines aus jeder
Ecke, insgesamt 7; drei Köpfe haben je 2 Hör-
ner, die anderen vier eines. Die heilige Zahl
der 4 weltlichen Kardinaltugenden und 3 geis-
tigen Tugenden wurde durch Verweltlichung
pervertiert zu 7 fressgierigen Rachen: die 7
Todsünden. In der alten jüdischen Zahlen-
symbolik ist 3 die göttliche, 4 die weltliche, 7
die heilige, 10 die vollkommene Zahl. Diese
heiligen geistigen Werte wandeln sich ins
Teuflische durch Gier nach Macht und Besitz.

o Auf dem schrecklichen Ungeheuer thront eine
Dirne. Sie küsst einen Riesen, Symbol des
französischen Königtums, dem sich das Paps-
ttum prostituiert.

o Plötzlich beginnt der **Riese** die Dirne auszu-
peitschen. Er bindet das Ungeheuer los und
verschleppt den Wagen mitsamt der Dirne in
den Wald.
Es ist eine **Prophezeiung:** 9 Jahre nach dem
fiktiven Datum der *Divina Commedia*, verlegte
der französische Papst Clemens V. die Kurie
nach Avignon; es blieb bis 1376 die Residenz
der Päpste; praktisch wurde die Römische
Kirche vom französischen Königtum regiert.

33. Gesang: Die Prophezeiung des Retters

Die Vision ist zu Ende. Viele der Bilder und Vorgänge bleiben im Dunkel oder in der Vieldeutigkeit. Aber das Geheimnisvolle und Rätselhafte verleiht der Szene den Charakter des Visionären; es ist ein allegorisches Drama.

Dirne und Verschleppung des Wagens haben tiefe Trauer ausgelöst. Die 7 Tugenden stimmen den Psalm an, der die Zerstörung Jerusalems durch die Chaldäer beklagt. Das göttliche Wissen, die Religion, war in Gestalt Beatrices als Wacht am Wagen (der irdischen Kirche) zurückgelassen worden, als der Greif (Christus, der Religionsstifter) in den Himmel auffuhr. Die Religion (die Idee des Christentums im Sinnbild Beatrice) war hilflos, als ihre Stellvertreterin auf Erden (das Papsttum) sich im Streben nach Macht und Besitz (Adlerfedern, Drachengift, Konstantinische Schenkung) in der Welt prostituierte (Dirne), und schließlich vom französischen Königtum (Riese) nach Avignon „verschleppt" wurde. Die Vision symbolisiert die Römische Kirche der Dante-Zeit: Habgier und Herrschsucht von Papst Bonifatius VIII.[246] waren die Ursache der Auseinandersetzung mit den weltlichen Herrschern und führten schließlich zum Exil in Avignon, von wo der französische König über „Rom" regierte.

Beatrices Trauer über die Dekadenz der Kirche wird verglichen mit dem Schmerz Marias unter dem Kreuz (6).

---

[246] siehe u.a. Inf. XIX und Inf. XXVII.

Beatrice weissagt einen Retter.

Die Prophezeiung spiegelt Dantes leidenschaftliche Hoffnung auf einen weisen Kaiser des Heiligen Römischen Reiches, der unbehindert vom Papst Frieden und Einheit der Völker garantiert (34): *Der Wagen, den der Drache brach, war und ist nicht mehr.* Der nach Avignon „verschleppte" päpstliche Hof ist nicht der wirkliche Heilige Stuhl. Die Schuldigen, der französische König[247] und die Päpste[248], sollen bedenken, *dass Gottes Rache keine Suppe fürchtet* (non teme suppe).

Die Stelle macht mehrere Auslegungen möglich: Die ältesten Kommentare berichten übereinstimmend von einer Sitte in Florenz, dass Blutrache hinfällig wurde, wenn es dem Mörder oder einem Angehörigen gelang, auf dem Grab des Ermordeten 9 Tage hintereinander eine Suppe zu essen. (Um es zu verhindern, ließ die Familie das Grab bewachen). Die Suppe musste aus Wein und Brot bestehen. Das wiederum führt zu der Deutung von Brot und Wein des Abendmahls als Vergebung.

---

[247] *König Philipp IV. „der Schöne"* (1268-1314). Wegen seiner Versuche, den Klerus zu besteuern, geriet er in Konflikt mit Papst Bonifatius VIII. Das Papsttum unterlag, Philipp ließ Bonifatius verhaften und der Papst starb 1303 in Gefangenschaft. Danach ließ Philipp den ihm willfährigen Clemens V. zum Papst wählen, der 1309 die päpstliche Residenz nach Avignon verlegte und auf Befehl Philipps der Vernichtung des Templerordens zustimmte. (Purg. XX, 86 ff). – Im fiktiven Jahr 1300 der *Divina Commedia* sind es Weissagungen.

[248] Bonifatius VIII. wegen seines Weltmachtstrebens, Clemens V. wegen Verlegung der Papstresidenz.

Aus der Abendmahlsdeutung schließen manche Kommentare, Dante zitiere das Gerücht, wonach Kaiser Heinrich VII.[249], von dem er die Erneuerung des Imperiums von Karl d. Gr. erhoffte, an einer vergifteten Hostie gestorben sei. Dann würde die Stelle bedeuten, dass nach dem Tod des Kaisers ein neuer Retter kommen werde.

Beatrice prophezeit konkret (37):

Der Adler, der dem Wagen seine Federn ließ, wodurch er Untier und dann Beute wurde ... wird nicht allzeit ohne Erbe sein.

Beim ersten Angriff auf den Wagen war der Adler Sinnbild des Kaisertums zur Zeit der Christenverfolgungen. Beim zweiten Niederstürzen Symbol der „Konstantinischen Schenkung", wonach Konstantin der Große dem Papst weltliche Macht zugestand[250].

Der „Adler", das Kaisertum, wird einen **Erben** haben, der ein von der Kirche unabhängiges Reich der Freiheit und des Friedens gründen wird.

Dante sieht die Aufgabe der Staatsgewalt darin, die Menschen zu Freiheit und Disziplin zu erziehen, damit ein harmonisches Zusammenleben der Einzelmenschen und Einzelnationen möglich werde. Seine Utopie des Weltstaates ist nach 700 Jahren aktueller denn je.

---

[249] Zeittafel und Purg. VI: Dantes Klagerede auf Italien.

[250] Konstantinische Schenkung: Grundlage für den Anspruch der Päpste auf den Kirchenstaat. Die Urkunde entstand im 8. Jh. und wurde erst im 15. Jh. als Fälschung erkannt; für Dante galt sie noch als echt.

Der politische Traum vom **Retter Italiens**[251] ist orakelhaft verschlüsselt (40):
„Die Zeit ist nahe, wo der Gottgesandte (messo di dio)*, die Hure und den Riesen töten wird."* Der Retter *„ist ein Fünfhundertfünzehn* (cinquecento dieci e cinque)".

Diese Prophezeiung ist eine der umstrittensten Stellen in der *Divina Commedia*. Man kann vermuten, dass die Anregung zur Verschlüsselung aus der Apokalypse des Johannes[252] stammt, die in der Vision eine wichtige Rolle spielt. Auch der Kontext legt es nahe:

o Apokalypse XIII, 11-18:
Und ich sah ein zweites Tier aus der Erde heraufsteigen, und es hatte zwei Hörner wie ein Lamm und es redete wie ein Drache ...
Wer Verstand hat, berechne die Zahl des Tieres. Denn es ist die Zahl eines Menschen. Und seine Zahl ist sechshundertsechsundsechzig.

Schon die ersten Kommentare wenige Jahrzehnte nach Entstehung der Apokalypse konnten die Zahl nicht mehr deuten.

Juden und Griechen kannten damals keine Ziffern; sie drückten Zahlen durch den Wert eines Buchstabens aus: a=1, b=2 ... Man konnte also auch jedes Wort als Zahl darstellen.

---

[251] siehe auch: der „Veltro" – der „Jagdhund", (Inf. I, 101).

[252] Apokalypse des Johannes („Geheime Offenbarung"): das letzte Buch des N.T., um 96 n.Chr. entstanden; wegen Abweichungen in Sprache und Anschauungen vermutlich nicht vom Verfasser des Johannesevangeliums; schildert in schwer deutbaren Bildern den Zusammenbruch der Welt, dem nach Überwindung des Satans (Antichrist) die Vollendung des Gottesreiches folgt.

In der Antike entwickelte sich ein beliebtes Spiel, Buchstaben eines Wortes durch einen Zahlenwert auszudrücken, Summen zu bilden, und so in verhüllter Form zu sprechen und zu schreiben.[253] Auflösen konnte die Zahlenkombination nur der in das Geheimnis (die Chiffre) Eingeweihte.

Seit fast zweitausend Jahren wird nun versucht, die „666" der Apokalypse zu entschlüsseln. Man glaubte Kaiser Caligula (12-41 n. Chr.) und andere identifiziert zu haben. Heute favorisiert die Forschung die Hypothese, die Zahl sei mit hebräischen Buchstaben zu umschreiben; das führt zu Kaiser Nero (37-68 n. Chr.), der die erste Christenverfolgung in Rom durchführte. In der 30 Jahre nach Neros Tod entstandenen Apokalypse wäre der prophezeite kommende Schreckenskaiser der von den Christen erwartete und gefürchtete „Nero redivivus": ein neuer Nero. Eine beweisbare These ist nicht zu erwarten.

Für die *Divina Commedia* ist wichtiger, wie es im Mittelalter der Dante-Zeit verstanden wurde. Albertus Magnus[254] (1200-1280) erklärte die Zahl durch Umschreibung mit römischen Ziffern: DCLXVI (666). Diese stellte er um in DICLVC (DIC LUC) und las: „DICit esse LUCem"; das „Licht" als Chiffre für Luzifer, den „Antichrist".

---

[253] In Pompeji gibt es eine Wandinschrift: „Ich liebe die, deren Zahl 545 ist."

[254] Albertus Magnus: Naturforscher, Philosoph und Theologe, (um 1200 bis 1280); Dominikaner; lehrte an der Universität Paris; Bischof von Regensburg und Köln; Thomas von Aquin war sein Schüler.

Wenn Dantes „*Fünfhundertfünzehn*" römisch geschrieben wird, heißt es DXV. Man muss dann nur die beiden letzten Buchstaben umstellen und erhält DVX (DUX: Führer): Kommen wird ein kaiserlicher „Führer", der die Welt von der päpstlichen Herrschaft befreit. Im Inferno wird Gott selbst „sommo duce" (höchster Führer) genannt (Inf. X, 102).

Der von Beatrice prophezeite Retter ist mit hoher Sicherheit Heinrich VII. (Purg. VI und VII und Zeittafel), auf den Dante große Hoffnungen setzte, und an den er nach seinem Einzug in Italien (1310) drei „Kaiserbriefe" schrieb („An den Fürsten Italiens"). Dante nahm fälschlich 795 (statt 800) als Jahr der Kaiserkrönung von Karl dem Großen an; wenn man 515 hinzu zählt, ergibt es 1310: Heinrichs Italienfeldzug. Damit gewinnt Vers 36 (*dass Gottes Rache keine Suppe fürchtet*) den Sinn: auch nach dem Tod Heinrichs kann ein Retter das Heilige Römische Reich erneuern. Diese Prophezeiung verhüllt Beatrice mit dem Schleier der Zahlenmystik. Sie spricht selbst von „dunkler Rede" (46) und vergleicht ihre Weissagung mit antiken Orakeln.

Doch bald schon ... wird sich das dunkle Rätsel lösen.
Das heißt: der Retter ist nahe.

Beatrice erteilt Dante den Auftrag, nach der Rückkehr von seiner Jenseitsreise die Mahnungen und Verheißungen, die ihm vom Schicksal des Imperiums und dessen Bedeutung im göttlichen Heilsplan in seiner Vision gezeigt wurden, den Menschen zu verkünden und zu deuten (also: die *Divina Commedia* zu schreiben).

Beatrices Auftrag an Dante wird mit besonderer Bedeutung erfüllt durch ein Zitat aus Augustinus' *Gottesstaat* (De Civitate Dei): Dante soll die Prophezeiung künden (54): *„jenen, die noch leben das Leben, das ein Eilen ist zum Tode"* (ai vivi del viver ch'è un correre alla morte). *Und denke daran, dass du bei deinem Schreiben / auch nicht verschweigst, wie du den Baum gesehen, / und wie er zweimal hier geplündert.*

Der **Wunderbaum des Paradieses**, vor dem die Prozession vorwurfsvoll „Adam" rief, an den der Greif (Christus) den Wagen (die irdische Kirche) festband und an dessen Wurzel Beatrice (Sinnbild der Philosophie) niederkniete, erhält durch den Hinweis auf „zweimaliges Ausplündern" einen nochmals erweiterten Sinn: Die Verlegung des Heiligen Stuhl von Rom in die politische Abhängigkeit nach Avignon (historisch während der Abfassung der *Divina Commedia*) ist nach Adam und Eva der zweite Sündenfall der Menschheit. Die Größe der Sünde und die Buße dafür wird in universelle Zusammenhänge gerückt mit der fünftausend Jahre dauernden Buße Adams nach seinem Sündenfall[255] (61). Der Baum erscheint hier zusätzlich als Symbol aller von Gott den Menschen übergebenen Möglichkeiten und Fähigkeiten, deren „Plünderung" (der Missbrauch der göttlichen Gaben) zum Unheil führt.

---

[255] Das Mittelalter errechnete die Zeit vom Sündenfall bis zur Erlösung Adams aus dem Limbus bei Christi Abstieg in die Hölle (Inf. IV, 55) nach Eusebius mit 930+4302=5232 Jahren. (Siehe Paradiso XXVI, 118).

Zusätzlich zur biblischen (Sündenfall) und historischen (Verhältnis Kaiser und Kirche) Symbolik erhält der Paradiesbaum einen theologisch-mystischen Aspekt durch seine dem menschlichen Geist verschlossene Zugänglichkeit: im Gegensatz zum natürlichen Baum erweitert sich sein Astwerk nach oben; die „Krone", göttliche Weisheit, bleibt dem Menschen unerreichbar.

Der Unterschied zwischen **irdischer** Weisheit (Dante) und **theologischer** Weisheit (Beatrice) wird in 6 Terzinen (64-81) an 7 Vergleichen aus Realität und Mythos gezeigt:

o Ein Nebenfluss des Arno erzeugt eine Kalkschicht (wegen des hohen Calcium-Karbonat-Gehalt); ein kühner naturwissenschaftlicher Vergleich für die Trübung des Geistes durch das intellektuelle (irdische) Wissen.

o Die dunklen Früchte des Maulbeerbaumes wurden mythologisch mit dem spritzenden Blut beim Selbstmord des *Pyramus* erklärt (Ovid, *Metamorphosen* IV).

o Der menschliche Blick für die himmlischen Wahrheiten wird durch die Welt getrübt wie der durch Farbe verdunkelte Stein, der das helle, blendende, geistige Licht nicht reflektieren kann.

o Wie der Pilger aus dem Heiligen Land das Bild in der Erinnerung nach Hause trägt, soll der Dichter nach der Jenseitsreise die Bilder erinnern, die das Siegel Beatrice als ihr Abbild in das Wachs seines Wesens geprägt hat.

o Dante soll sich bewusst werden, dass sein Weg sich so weit von Gottes Weg entfernt hat, wie die Erde vom Himmel.

Aber: Dante wird an seine Visionen keine Erinnerung mehr haben; denn nachdem er alle Stufen der Mahnung durchlaufen hat, wird er in den Bach Lethe (Vergessen) untergetaucht, und weiß nichts mehr von seinen Verirrungen, auch nichts von seiner Reue.

Beatrice lächelt: Dante ist nun wirklich erlöst. Jetzt muss sie nicht mehr in Rätseln sprechen (100): *Wahrlich, von nun an sollen meine Worte / ganz nackt und offen sein, so viel es nötig ist, / sie deinen stumpfen Blicken zu enthüllen.*

Der Abschluss des Purgatorio geschieht auf dem Höhepunkt des 6. Tages: zur Mittagsstunde (103). *Und heißer noch, und ihren Lauf verzögernd / schritt auf den Mittagsbogen hin die Sonne / der je nach ihrem Stand ein andrer ist.*

Eine astronomisch tiefgründige Definition des Mittags versinnbildlicht die feierliche Stunde: die Sonne steht in dem Meridian, dessen Lage je nach der geographischen Lage variiert; sie wirkt dann in der Mittagsstunde heißer als sonst, und nach der Bewegung des Schattens auf der Sonnenuhr scheint sie sich langsamer zu bewegen als am übrigen Tag.

Der Zug mit Dante, Statius, Beatrice, Matelda und den 7 Frauen (Tugenden) gelangt zu einer Quelle, aus der zwei Bäche entspringen (109). In der Schöpfungsgeschichte sind es die vier Paradiesflüsse[256].

---

[256] Genesis: 1 Moses 2, 10-14

Dante wandelt die biblische Überlieferung ab und lässt in dieser Quelle die beiden Bäche Lethe und Eunoe[257] entspringen.

Beim ersten Anblick nennt er sie der Tradition gemäß Euphrat und Tigris. Aber Matelda erklärt ihm die Wirkung von Eunoe: Nachdem das Bad in Lethe die gesamte irdische Erinnerung ausgelöscht hat, wird durch die Kraft von Eunoe die Erinnerung an die guten Taten wieder geweckt.

Matelda fordert Statius auf, Dante zum Bad in Eunoe zu folgen (135).

Damit wird der Läuterungsweg verständlich: jede Seele bricht von dem Kreis des Purgatorio, nach dem sie keine Verirrungen mehr zu büßen hat, direkt auf zum irdischen Paradies; so ist Statius vom 5. Kreis aus gemeinsam mit Vergil und Dante zum 6. und 7. Kreis und ins irdische Paradies direkt aufgestiegen; hier erlebt die Seele das rituelle Vergessen in Lethe und Wiedererinnern an die guten Taten in Eunoe. Danach kann sie sich zum Himmel erheben.

In der letzten von 7 Leseranrufungen im Purgatorio (136) vergleicht der Dichter die Unmöglichkeit, das geistig Geschaute und Erlebte durch seine Dichtkunst zu vermitteln, mit der materiellen Begrenzung der Seiten seines Buches.

---

[257] Lethe: (griech. „das Vergessen"); im griech. Mythos Fluss oder Quelle in der Unterwelt, woraus die Seelen der Verstorbenen Vergessen trinken; von Dante ins Purgatorio verlegt, um die Erinnerung an die Sünden zu vergessen.

Eunoe: Wortbildung aus griech: εὐ- (gut), -νουσ (Geist, Erinnerung); Erfindung Dantes.

Dantes Seele ist nun erneuert – er empfindet dies wie eine natürliche Unschuld der Blätter, mit denen sich der Baum neu begrünt. Er steigt aus dem Bach:

> *Puro e disposito a salire alle stelle.*
> **„Rein und bereit zum Aufstieg in die Sterne."**

Alle 3 Teile der *Divina Commedia* enden mit dem Wort: *stelle.*

Ende des Purgatorio

3. Teil: PARADISO (Himmels-Sphären)

Inhaltsverzeichnis der 9 Himmelskreise

Dantes Bild vom Weltall

Vom Purgatorio in die Himmelssphären ereignet sich der Aufstieg in einem verdoppelten Lichterlebnis. Dies ist mit der Annäherung an die Feuersphäre zu erklären, die man sich im Mittelalter zwischen Erde und Mondhimmel vorstellte.

Dantes Vorstellung des Weltalls ist gegliedert:

o In der Mitte des Weltalls unbeweglich die Erde, in der zwei Elemente vorkommen: Erde und Wasser.

o Die Erde ist von dem dritten Element Luft umgeben; die Luft ist eine sphärische Schicht, die um die Erde kreist, weil sie von der Bewegung des *Primum mobile* mitgerissen wird. Das *Primum mobile* (das erste Bewegte) ist der „Kristallhimmel": äußerste Hülle der insgesamt 9 Himmel, dessen Bewegung die anderen Sphären in Bewegung hält. (Erklärung in Par. XXIX).

o Oberhalb der Luftschicht befindet sich die Sphäre des vierten Elements: Feuer. Hier sammelt sich alles Feuer der Erde mit Ausnahme des Blitzes.

o Oberhalb der Feuersphäre kreisen die neun Himmel als konzentrische Sphären, die mit wachsender Entfernung von der Erde immer größer werden. Sie bestehen aus dem fünften Element: Äther. Der Äther ist eine transparente, reine, unsichtbare und untastbare Materie.

Dantes Bild vom Jenseits

Dantes Wanderung durch die drei Reiche des Jenseits *Inferno*, *Purgatorio* und *Paradiso* ist eine Reise im seelischen Innenraum auf der Suche nach dem Selbst. Diese jenseitige Welt hat für Dante die Qualität der Wirklichkeit – das Geistige spiegelt sich in der realen Welt. Er begegnet den Seelen bedeutender Kaiser und Päpste, Politiker und Philosophen, Dichter und Musiker. Diese Begegnungen ereignen sich in einer „real" vorgestellten Umgebung:

Das *Inferno*, die Hölle, ist ein trichterförmiger Krater mit der Spitze im Erdmittelpunkt, der sich bei Luzifers Engel-Sturz in die Erde hineingebohrt hat. In 9 Höllenkreisen und mehreren Gräben (*Malebolge*), deren Durchmesser immer enger wird, werden unterschiedliche Sündenstrafen in konkreten Bußformen gesühnt.

Das *Purgatorio* (Läuterungsberg) ist eine Erhebung auf der gegenüberliegenden Erdhälfte, entstanden aus der verdrängten Erdmasse bei der Bildung des Höllentrichters. Diese Hemisphäre ist mit Meer bedeckt. Auf einer Insel erhebt sich das Purgatorio als höchster Berg der Erde. Auch hier gibt es konkrete Bußkreise: ein Vorpurgatorio und 7 Terrassen des Purgatorio mit dem Hochplateau des irdischen Paradieses.

Das *Paradiso* entwickelt ebenso reale Bildvorstellungen – allerdings sind sie dem Irdischen enthoben und besitzen kosmische Qualität. Die Reise durch die Himmels-Sphären geschieht im „Flug" – aber dieses „Fliegen" ist keine körperliche Bewegung, sondern geistiger Aufstieg von einer Himmels-Sphäre in die nächste höhere.

267

Die *Geographie* des Paradiso ist eine Mischung aus Astronomie, Mystik und Phantasie. Es galt das Ptolemäischen System[258], das erst von Kopernikus[259] und Kepler[260] abgelöst wurde. Dante das System der Planeten in 7 kreisende Himmels-Sphären: Mond-, Merkur-, Venus-, Sonnen, Mars-, Jupiter- und Saturn-Himmel; und erweitert sie um Fixstern- und Kristallhimmel. Die 9 Sphären werden von einer zehnten, unbewegten, umschlossen: dem *Empyreum*[261].

Das Bild wirkt vom „Feuerhimmel" aus noch gewaltiger: das kugel-förmige Empyreum umschließt die neun kreisenden Himmels-Sphären, durch die Dante und Beatrice von der Erde aus „fliegen"; sie bewegen sich scheinbar durch den Raum nach außen, gedanklich aber zu dem Ziel, das nicht Ende ist (obwohl es alle anderen Sphären umschließt), sondern innerster Kern, Gott. Sie fliegen zum **Äußersten** und gelangen zum **Innersten**; der Widerspruch dieser bildlichen Vorstellung mit dem geistigen Ereignis hat Raum und Zeit aufgelöst.

---

[258] Ptolemäus (um 100-160 n.Chr.), griech. Astronom; geozentrisches System (die Erde Mittelpunkt der Welt). Das „Ptolemäische System" galt noch durch das ganze Mittelalter bis zu Kopernikus. Dante erweitert es.

[259] Kopernikus (1473-1543), Astronom; die Sonne wird von Erde und Planeten umkreist; 1616 auf den Index gesetzt.

[260] Johannes Kepler (1571-1630), Astronom; „Mysterium cosmographicum" („Das Weltgeheimnis"). Hofastronom Rudolfs II. in Prag; die Planeten bewegen sich nicht auf Kreis-, sondern auf elliptischen Bahnen; Entwurf des astronomischen Fernrohrs; Horoskope für Wallenstein.

[261] Empyreum: griech. (εν πυρ) „im Feuer"; also: Feuerhimmel; Zentrum der Himmel-Sphären; Gott.

Als Dante die *Divina Commedia* dichtete, waren die antiken Ptolemäischen Vorstellungen des Kosmos bereits seit zwei Jahrhunderten durch die Astronomie der Araber ergänzt worden. Das ausgehende Mittelalter brachte eine umfangreiche astronomische Literatur hervor, die Dante intensiv verwertete. In der Auseinandersetzung zwischen den Vorstellungen der beiden größten antiken Philosophen Platon und Aristoteles stand er auf der Seite von Aristoteles, der die Erde unbewegt sah.

Die kosmische Sphären-Bewegung erklärt Dante damit, dass die 4 Elemente Naturgesetzen unterliegen und sich vertikal bewegen: Wasser und Erde nach unten, Feuer und Luft nach oben; die Gestirne werden von Gott bewegt und haben eine Kreisbewegung.

Abweichungen der Planetenbewegungen, ihr Verhältnis zu Sternbildern, die verschiedenen Umlaufzeiten, die Neigung der Sonnenbahn mit ihrer Auswirkung auf die Jahreszeiten, waren in der Astronomie bereits bekannt, und Dante besaß exzellente astronomische Kenntnisse. Das zeigt sich bei seinen astronomischen Zeitbestimmungen und in der geographischen Lokalisierung.

Aus Astronomie, theologischer Mystik und poetischer Phantasie formt er das harmonische Wunderwerk des Paradiso.

Nach dem immer gefährlicher werdenden Abstieg in die Hölle und dem mühsamen, dann wegen der wachsenden Nähe zur göttlichen Gnade leichter werdenden Aufstieg im Purgatorio, erhebt sich Dante mit Beatrice zum „Flug" von einer Himmels-Sphäre in die höhere.

Der „*Aufflug*", dessen Beschleunigung mit jeder Sphäre immer größer wird, ist in unterschiedlichen Himmelsrichtungen eine Zickzack artige Aufwärtsbewegung, die aber der Kreisbewegung der Sterne zu folgen scheint.

Die *Zeit* ist nach astronomischen Konstellationen scheinbar berechenbar, aber sie kann plötzlich in Zeit-losigkeit übergehen.

Raum und Zeit scheinen oft real, aber plötzlich entziehen sie sich der Vernunft.

Der Leser findet sich in einer geistigen Sphäre, von der er sich bildliche Vorstellungen schafft, die sich als logisch unhaltbar erweisen.

Verschiedene künstlerisch genial verschmolzene Aspekte wie Ethik und Mystik, weltliche und geistige Tugenden, Einfluss der Sterne und freier Wille, vita contemplativa und vita activa, astronomisch hochkomplizierte Koordinatenberechnungen und biblische Bilder wie Jacobs Himmelsleiter entführen den Leser in eine Art übersinnliche Wahrnehmung eines lebendig vorgestellten Geschehens.

Einen wesentlichen Anteil an dieser Verwirrung hat die Lichtsymbolik. Mit dem steigenden Licht der Sphären steigt auch die Lichtempfänglichkeit der Augen, was eine Steigerung der Erkenntnisfähigkeit symbolisiert.

1. Gesang: Verklärung und „Aufflug"

La gloria di colui che tutto muove, / per l'universo penetra (Die Glorie dessen, der alle Dinge bewegt, dringt durch das Weltall).
Mit majestätischer Erhabenheit richtet der entsühnte Dante in der 1. Terzine den Blick vom irdischen Paradies aufwärts zu den Himmeln. Antike Vorstellungen (Aristoteles: *Der unbewegte Beweger bewegt*) verschmelzen mit ptolemäischen (die in der Mitte des Universums ruhende Erde) und christlichen (Gott als Ursprung und Sinn der Schöpfung) zum poetischen Bild.
Die 2. Terzine beschreibt rückblickend: „Ich war in dem Himmel, der das meiste Licht von ihm empfängt (Empyreum), und ich sah Dinge, die keiner künden kann, der von dort herniedersteigt." Das Empyreum ist Sitz der Gottheit und ganz von ihrem Licht erfüllt.
In 8 weiteren Terzinen wird Apollon angerufen, dem Dichter Kraft zu verleihen für die große Aufgabe. Dante stellt sich den Dichter-Parnaß mit 2 Gipfeln vor: auf einem thronen die Musen, auf dem anderen Apollon. Zu Beginn des Inferno (II, 7) und des Purgatorio (I, 8) rief er die Musen an; zu Beginn des Paradiso deren Gott Apollon. Von ihm erhofft er sich die Dichterkrönung (25: *dein geliebtes Holz* – der Lorbeer). Stolzes Sendungsbewusstsein spricht aus dem Vergleich, dass Dichter und Kaiser eine Krone trügen.[262]

---

[262] Dichter-Lorbeer war seit der Antike aus der Mode gekommen und wurde in der Renaissance wieder Sitte. Als erster italienischer Humanist wurde Dantes Zeitgenosse Albertino Mussato in Padua zum Dichter gekrönt (1315).

Die Anrufung Apollons schließt (34): *Poca favilla gran fiamma seconda* (aus kleinem Funken wird ein großes Feuer). Dante ist von seiner poetischen Sendung überzeugt, dass spätere Generationen ihm die Dichterkrone zukommen lassen.

Der „Flug" durch die Himmels-Sphären beginnt *unter günstigsten Sternen* (40): es ist die **Frühlings-Tagundnachtgleiche.**

Das ist aus der tiefgründigen astronomischen Zeitangabe zu schließen, die hier beispielhaft für die zahlreichen anderen erklärt sein soll (37-42).

Es geht den Sterblichen an verschiedenen Orten / das Licht der Welt auf, doch an jener Stelle, / wo sich vier Kreise zu drei Kreuzen fügen, / ist es mit bester Bahn und besten Sternen / verbunden.

Die „Sterblichen" war eine seit Homer in der Antike übliche Umschreibung der Menschen. Ihnen geht die Sonne („das Licht der Welt") an verschiedenen „Orten" des Horizonts auf. Astronomisch gibt es „vier Kreise": Äquator, Ekliptik[263], Äquinoktialpunkt[264], Horizont.

---

[263] Ekliptik: Wegen der Erdbahn um die Sonne scheint es, dass die Sonne in 12 Monaten durch den Tierkreis wandert. Weil die Erdachse nicht senkrecht zu ihrer Bahn steht, ist die „Sonnenbahn" am Himmel unterschiedlich (Jahreszeiten). Das Gewölbe über dem Horizont wird astronomisch der Halbkugel angenähert, die gedanklich zur „Himmelskugel" ergänzt wird. Die Ekliptik schneidet den Himmelsäquator (Projektion des Erdäquators auf die Himmelsspäre) im Frühlings- und im Herbstpunkt (Äquinoktium).

[264] Äquinoktium: [lat. „Nachtgleiche"]; Tagundnachtgleiche am Frühlingsanfang (Widder) und Herbstanfang (Waage). Die Sonne kreuzt dann den Äquator; der Punkt am Himmelsäquator heißt Äquinoktialpunkt.

Wenn die Sonne am Horizont aufgeht, schneidet sich dessen Kreis mit den anderen drei Kreisen (Äquator, Ekliptik, Äquinoktialpunkt); falls sich bei diesem Sonnenaufgang drei Kreuze ergeben, ist Tagundnachtgleiche. Die Konstellation tritt im Frühling und Herbst auf.

Die Jenseitsreise findet an Ostern statt (Inf. I, 39 und Purg. VIII, 133-135). Außerdem verweist „die beste Bahn" auf das Erwachen der Natur aus der Erstarrung des Winters. Es herrscht also Frühlings-Tagundnachtgleiche

Die alten Kommentare deuteten die 4 Kreise als die Kardinaltugenden und die 3 Kreuze als die geistigen Tugenden. Aber es ist ein ganz bestimmter Tag; in der modernen Astronomie: „Das Gamma des Widders".

Auch die **Mittagsstunde** ist verschlüsselt. Die Verse 43-45 lauten wörtlich:
Es hatte drüben morgen und hier Abend / dieses Licht gemacht, und jene Himmelshälfte / war dort ganz weiß, die andere Hälfte schwarz.

Dantes „hier" ist sein Standort, wo er lebt und gelesen wird: in Italien. „Drüben" ist das Purgatorio; dort ist Morgen. „Hier" (in Italien) ist Abend. „Jene" Hemisphäre, der Läuterungsberg, ist in helles Licht getaucht; „die andere", Italien, ist dunkel.

Um die Tageszeit eines Fluges in geistige Sphären nicht vordergründig mit der Uhrzeit zu benennen, spricht Dante vom „Morgen" im irdischen Paradies. Aber dieser „Morgen" meint hellen Tag. Die genaue Zeit ergibt sich aus dem Stand der Sonne.

Zur Tageszeit muss beachtet werden, dass sich Dante in den drei Jenseitsbereichen immer nach derselben Richtung bewegt: beim Abstieg ins Inferno grundsätzlich nach links, beim Aufstieg zum irdischen Paradies grundsätzlich nach rechts, im Paradiso wiederum immer nach links.

Vor dem Aufflug vom irdischen Paradies in die Himmels-Sphären wendet sich Beatrice nach links, um in die Sonne zu schauen (46). Vorher war sie mit der Prozession nach Osten gegangen (Purg. XXXII, 16-18). Wäre es jetzt „Morgen", müsste sie sich nicht wenden, denn die Sonne würde ihr ins Gesicht scheinen. Außerdem war im Purgatorio die Mittagsstunde genannt worden (XXXIII, 103), und wenn es jetzt „Morgen" wäre, müsste eine Nacht dazwischen liegen, aber der 7. (Schöpfungs-)Tag ist der letzte der Jenseitsreise. Es ist also die **Mittagsstunde**.

Beatrice hat sich zur Sonne gewendet und blickt direkt in sie hinein „wie ein Adler" (48). Sie erhält damit eine majestätische Mystifikation als Führerin durch die Lichtsphären der Himmel[265].

Die Lichtsymbolik wird zum Charakteristikum des Paradiso: Dante blickt in Beatrices Augen und sieht in ihren Pupillen die Sonne gespiegelt: *wie aus dem ersten Strahl ein zweiter hervorbricht.*

---

[265] Dass Adler als einzige Lebewesen in die Sonne blicken können und bereits ihre Jungen daran gewöhnen, war seit Aristoteles eine verbreitete Meinung. Auch Dantes Lehrer Brunetto Latini beschrieb diese Besonderheit. Sie erhöhte den Adler zum königlichen Vogel.

Aus Beatrices Augen leuchtet die Sonne so stark, dass Dante es nicht mehr ertragen kann. Er empfindet rings um sich ein Feuersprühen, wie wenn glühendes Eisen aus der Esse gezogen wird. Plötzlich scheint es ihm, als stünden zwei Sonnen am Himmel; die Lichtfülle hat sich verdoppelt. In diesem überwältigenden Lichterlebnis vollzieht sich Dantes Verklärung, seine Umwandlung. Der antike Mythos vom Fischer, der in einen Meergott verwandelt wurde, schließt jeden Zweifel aus, was die nächsten Worte bedeuten: *Trasumanar significar per verba non si poria* (Verklärung kann man nicht mit Worten sagen.)

Dante hat hier die Grenze vom Sinnlichen zum Übersinnlichen überschritten; ohne dass er es rational erklären kann, hat sein Aufstieg mit Beatrice begonnen. Er weiß nicht, ob er sich vom Körper gelöst hat und nur seine Seele *vom Licht der Himmelsliebe aufwärts getragen* wird (73).

Im „Flug" erlebt Dante den Zusammenklang der Himmel-Sphären im Kosmos: Sphärenmusik[266].

Der Himmel scheint in Flammen zu stehen; er blickt in einen Lichtsee (81). Schneller als ein Blitz vom Himmel herunter zuckt, ist er jetzt vom Purgatorio aufgestiegen (91). Sein Flug wird sich von Sphäre zu Sphäre in unbeschreiblicher Geschwindigkeit immer mehr steigern.

---

[266] Die Lehre von der Sphärenmusik stammt von Platon und den Pythagoreern. Aristoteles verwarf sie.

Während des Aufstiegs erklärt Beatrice die Ordnung des Weltalls.

Dantes Frage, wie ein solcher Flug durch die leichte Luft und noch leichteres Feuer trotz der Schwerkraft möglich sei, deutet sie mit der scholastischen[58] Ordnung des Alls:

Alles Geschaffene hat seinen ihm bestimmten Platz und wird durch einen Naturtrieb zu seinem Ziel hingezogen. Das Wasser fließt abwärts ins Meer, das Feuer drängt nach oben zum Licht, die Schwerkraft hält die Erde zusammen. So zieht es den Menschen zum Empyreum, dem Ort seines Schöpfers. Weil ihm der freie Willen gegeben ist, kann er diesem Naturtrieb entgegen irren; wie der Blitz seiner Natur entgegen vom Himmel auf die Erde niederfährt, kann auch der Mensch seinem eingepflanzten Instinkt zuwiderhandeln und sich von seinem Ziel entfernen. Erst die im irdischen Paradies gereinigte Seele strebt zur himmlischen Heimat.

1. Sphäre: MONDHIMMEL

2. Gesang: Ankunft - Mondflecken

Der 2. Gesang zeigt Dante in der 1. Himmels-Sphäre: dem **Mondhimmel**. Diesem sind auch die nächsten 3 Gesänge gewidmet.

Mit einem Leseranruf setzt der Gesang ein: *O ihr, die ihr in euren kleinen Nachen, begierig zuzuhören, meinem Schiff gefolgt seid...* nicht alle werden der weiteren Fahrt (dem geistigen und dichterischen Höhenflug) folgen können. *Kehrt um!* Das Führerschiff fährt jetzt aufs offene Meer.

Es ist ein doppeldeutiger Hinweis: nicht jeder kann Dantes Läuterungsweg gehen; und nicht jeder ist dem Anspruch seiner Dichtung gewachsen; die gesteigerten Jenseitsreiche verlangen auch eine gesteigerte künstlerische Form des Werkes. Das Staunen, das dem Leser (wie dem Jenseitsreisenden) bevorsteht, wird zu einem durchgehenden Motiv des Paradiso. Dante vergleicht das Überwältigende der Erlebnisse mit einem antiken Mythos, bei dem er wie meist die Kenntnis der Geschichte beim Leser voraussetzt (16): die Argonautensage von Jason, der nach schweren Prüfungen das Goldene Vlies gewann.

Der Aufflug zu den Himmels-Sphären beginnt immer mit dem gleichen Bild: Beatrice schaut auf zur nächsten Sphäre, Dante blickt in ihre Augen und wird durch sie nach oben gezogen. Das Minnesänger-Motiv, wo der Blick des Troubadours sich in den Augen der besungenen Frau verklärt, ist ins Mystische erweitert.

277

Die wunderbare Geschwindigkeit des Auffluges wird mit einem Pfeilschuss verglichen, und weil der Vorgang umgekehrt dargestellt wird (23), schrumpft die Zeit des Pfeilfluges zu einem Moment: der Pfeil ist im Ziel und der Abschuss gerade noch erinnerbar.

In jedem Gesang werden philosophische oder naturwissenschaftliche Probleme erörtert. Hier sind es die **Mondflecken**, die zur Dante-Zeit einen heftigen Forscherstreit auslösten.

Das Thema ist ein Symbol für die Mond-Sphäre: hier sind die noch nicht ganz reinen Seelen dargestellt. Ihnen entspricht die naturwissenschaftliche Problematik der Mondflecken.

3. Gesang: Gelübde – Stufen der Seligkeit

Die Mondseelen sind schemenhafte blasse Gestalten (10).

Als erster Seele begegnet Dante Piccarda Donati, der Schwester seines Jugendfreundes Forese Donati (Purg. XXIII). Sie wurde aus dem Kloster entführt und gegen ihren Willen verheiratet. Bald nach der Hochzeit starb sie[267]. Sie ist bei den Seelen im Mondhimmel, deren Gelübde *nachlässig und nicht ganz erfüllt wurden* (55).

Die zweite Seele ist Kaiserin Konstanze von Hohenstaufen. Als letzte Erbin des Normannenreiches (Apulien und Sizilien) machte sie durch Heirat (1185) Heinrich VI. zum Herrn über Unteritalien. Sie war die Mutter des letzten bedeutenden Staufers Friedrich II.[59] Die historische Konstanze war nie in einem Kloster; aber die papsttreue, kaiserfeindliche Guelfenpartei hat eine negative Nonnen-Legende um sie gesponnen, um sie für ihre Propaganda-Zwecke zu vereinnahmen: sie verbreiteten die Legende, Konstanze sei unfreiwillig Nonne geworden, später vom Erzbischof von Palermo zum Verlassen des Klosters veranlasst und mit 52 Jahren mit Heinrich VI. verheiratet worden. Friedrich II. wurde dadurch als der Sohn einer alten Nonne zum „Antichrist" gestempelt. In Wirklichkeit heiratete Konstanze mit 31 Jahren.

Dante scheint die Propaganda-Legende zu glauben, schaltet aber alles Negative aus.

---

[267] Die Legende erzählt, sie sei bei der Hochzeit vom Aussatz befallen worden, wodurch ihr Keuschheitsgelübde erhalten wurde; aber das Klostergelübde blieb unerfüllt.

Gelübde waren ein problematisches Thema im Mittelalter. Es gab Fasten-, Armuts-, Kloster-, Spenden-, Kreuzzugs-Gelübde ... eine verschuldete oder unverschuldete Nichteinhaltung bedrückte die Gläubigen.

Das zweite große Thema der 4 Mondhimmel-Gesänge ist: **die Stufen der Seligkeit**:
Trotz der unterschiedlichen Gnadenverteilung ist die himmlische Seligkeit eine Einheit; keine Seele strebt nach einer höheren Sphäre, alle sind gleichermaßen erlöst.

4. Gesang: Stufen der Seligkeit

Die zwei Fragen des 3. Gesanges füllen auch noch den 4. und teilweise den 5. Gesang:

o Wie ist es zu erklären, dass in den Himmels-Sphären, in denen es keine Schuld mehr gibt, Abstufungen der Seligkeit bestehen?

o Warum ist der Mensch schuldig, wenn er mit Gewalt daran gehindert wurde, ein Gelübde zu erfüllen?

Ein ungeheuer moderner Versuch, mit Sinnbildern geistige Zusammenhänge darzustellen, ist **Beatrices Lehre vom Aufenthaltsort der Seelen**: aus dem naiven Bildlichen erwächst das abstrakte Geistige (28).

Alle Seelen befinden sich unterschiedslos bei Gott, im Empyreum. *Der Seraphim*[268] *... Moses ... jeder der beiden Johannes, ja selbst Maria haben ihren Sitz in keinem anderen Himmel*, als alle Seelen, die Dante in der untersten Sphäre, dem Mondhimmel antrifft.

Die Anwesenheit der Seelen in verschiedenen Sphären des Himmels war eine theologisch-astrologische Streitfrage der Zeit. Platon hatte im Dialog *Timaios* gelehrt, dass die Seelen von den Sternen kommen und zu ihnen zurückkehren.

Für Dante ist dies nur der Anlass, symbolische Bilder zu entwickeln; die Sterne als Sitz der Seelen erhalten allegorischen Charakter.

---

[268] Seraph, (hebr. „Schlange"; *Pl.* Seraphim): nach dem Propheten Jesaja ein himmlisches Wesen mit sechs Flügeln, Händen und einer menschlichen Stimme, das den Thron Jahwes umschwebt. Also im Empyreum.

Eine **Abstufung der Seligkeit** bedeutet, dass die Seligen differenziert nach Verdienst und Gnade die Herrlichkeit Gottes (36: *l'eterno spiro* – den ewigen Hauch) in größerem oder geringerem Maß wahrnehmen.

Darin liegt Dantes großartiger Gedanke, dass in der ewigen Seligkeit etwas von der spezifischen Artung erhalten bleibt; auch noch im Empyreum bleibt die Seele ein Individuum.

Das Einssein bei Gott könnten die Menschen nicht denken: ihr Denken ist materiell, dreidimensional; sie brauchen bildhafte Vorstellungen. Dantes Bilder sind „nur um anzudeuten" (38: ma per far segno), also um allegorisch zu beschreiben, was nicht in Worte gefasst werden kann.

Die Stelle ist programmatisch für die *Divina Commedia*: Dante versteht seine Sendung darin, den Menschen mit seiner schöpferischen Phantasie ‚sichtbar' zu machen, was unsichtbar und unbegreiflich ist. Er folgt Thomas von Aquin, der lehrte, dass die sinnenhafte Erkenntnis der geistigen vorausgeht.

Geradezu vorwurfsvoll klingt (40): *So muss man ja zu eurem Geiste sprechen, / denn er kann nur im Sinnbild das begreifen, / was später er mit dem Verstand begreift.* Gott hat der Bibel „Hände und Füße" gegeben, damit seine geistigen Botschaften verstanden werden können. (*Drum steigt zu eurer Fähigkeit herunter / die Heilige Schrift, und sie muss Händ und Füße / Gott selber leihen …*).

Die Heilige Schrift passt sich dem menschlichen Geist an, um ihre Inhalte den Menschen begreifbar zu machen. Als Beispiel gestalthafter Sichtbarkeit geistiger Wesenheit nennt er die Erzengel (45): den Verkündigungsengel Gabriel, den Drachentöter Michael, und Raphael, *der Tobias heilte.*

Wenn Dante Seelen im Mondhimmel begegnet, bedeutet es nicht, dass dort deren Sitz ist. [269]
Platons Lehre von den Einzelseelen auf bestimmten Sternen ist ein heidnischer Irrtum, und Dante distanziert sich von dem antiken Götterglauben, *der die Gestirne Jupiter, Mars und Merkur nennt.*

Thomas von Aquin hatte das brennende moralische Problem ausführlich behandelt, worin die persönliche Schuld bei der gewaltsam verhinderten **Erfüllung eines Gelübdes** besteht. Ein durch Gewalt verhindertes Gelübde spricht den Menschen nicht von jeglicher Schuld frei (76): *denn Wille, der nicht will, kann nicht ersticken … wenn er nachgibt, auch nur im kleinsten, so folgt er der Gewalt.* Durch nichts ist der freie Wille des Menschen zu brechen. Er kann jeder Gewalt trotzen.

---

[269] Dante begegnet in jeder Himmel-Sphäre Seelen. Das bedeutet aber nicht, dass sie sich real in diesen verschiedenen Kreisen befinden. Alle Seelen sind bei Gott; die Stufen der Seligkeit bestehen in der unterschiedlichen Nähe zu Gott. Die Seelen in den verschiedenen Sphären sind nur als bildliche Offenbarungen für Dante zu verstehen.

Beispielhaft für den Sieg des freien Willens über die Gewalt gilt der heilige Laurentius[270] (83), der als Märtyrer einen „un-bedingten" (109) Willen besaß.

Dagegen wichen die beiden Seelen des dritten Gesangs der Gewalt:

Piccarda Donati, die Schwester von Dantes Jugendfreund ist zwar erlöst, aber in einer Abstufung zu den Märtyrern.

Konstanze hatte (in der Legende) ‚unfreiwillig' der Welt entsagt und wurde ‚freiwillig' (unter dem Druck der Geistlichkeit) aus dem Kloster wieder in die Welt zurückgeführt. Sie verließ das Kloster ohne Gewalt, in einem Pflichtkonflikt zwischen Gelübde und weltlicher Aufgabe. In ihrem Schicksal liegt ein Paradox, welches das Problem noch vergrößert.

---

[270] Der hl. Laurentius erlitt 258 n.Chr. als Diakon in Rom den Märtyrertod. Er weigerte sich, Kaiser Valerianus den Kirchenschatz auszuliefern und schickte ihm statt dessen die Armen und Unglücklichen von Rom: sie seien der Schatz der Kirche. Dafür wurde er auf einem Rost verbrannt.

5. Gesang: Gelübde

Am Ende des 4. Gesangs erweiterte Dante die Problematik des Gelübdes mit einer neuen Frage an Beatrice: Kann man von einem Gelübde entbunden werden, bzw. kann es umgewandelt werden?

Grundlage jedes Gelübdes ist die Willensfreiheit als unerschütterliche Basis zur Verwirklichung des Individuums in der Gesellschaft (Purg. XVI: Lehre von Staat und Kirche).

In diesem Gedanken entwickelt Beatrice die Idee des Gelübdes (22): es ist ein Bund zwischen Mensch und Gott, in dem der Mensch auf sein höchstes Gut, Willensfreiheit, freiwillig verzichtet. Daher kann ein Gelübde auch nur von der Kirche aufgelöst oder umgewandelt werden, z.B. wenn es unnütz ist oder einem größeren Gut im Wege steht.

Beatrice unterscheidet: Wesen des Gelübdes und dessen Inhalt (43). Das Gelübde selbst kann nicht zurückgenommen werden; aber verwandelt werden kann dessen Inhalt, wenn er fahrlässig oder folgenschwer ist. Deshalb dürfen Gelübde *nie leichtfertig und in blindem Eifer gegeben werden, wie es Jephta tat*[271].

---

[271] Jephta hatte gelobt, nach einem Sieg über die Ammoniter das erste zu opfern, was ihm nach der Rückkehr begegnet, und daraufhin seine einzige Tochter töten müssen. Dante setzt wie immer die Kenntnis der (biblischen) Geschichte voraus. – Das gleiche Thema auch in Mozarts „Idomeneo".

Jephta musste seinen Fehler einsehen, statt in Erfüllung des Gelübdes noch Schlimmeres zu tun als den Bruch (67).

Der Dichter (in Gestalt Beatrices) richtet einen flammenden Appell an die Christenheit, nicht leichtfertig Gelübde abzulegen. Die Warnung (*glaubt nicht, dass euch ein jedes Wasser wasche*) war nicht trivial; denn die Kirche profitierte von Gelübden. Sie erhielt durch dadurch manche Güter, und Dante warnt die Gläubigen davor.

Auf Beatrices Mahnrede folgt ungewöhnlich plötzlich, und schneller als ein Pfeilschuss der Aufflug zur nächsten Himmels-Sphäre: in den **Merkurhimmel**: Wie ein Pfeil, der schon im Ziel ist, wenn noch die Sehne am Bogen zittert, *so zog es uns empor zum zweiten Reiche* (91).

2. Sphäre: MERKURHIMMEL

6. Gesang: Justinian: Idee des Imperiums

Der 6. und der 7. Gesang beinhalten zwei grundlegende Lehrvorträge:

o der 6. Gesang bietet die politische Lehre von der Idee des Imperiums in der Entwicklung des Kaisertums;

o der 7. Gesang bietet die christliche Lehre von der Doppelnatur Christi als Gott und Mensch.

Beide Gesänge bilden einen ähnlich zentralen Komplex wie die Lehre von Staat und Kirche und die Lehre von der Liebe (Purg. XVI-XVIII).

Der 6. Gesang mit der **Idee des Imperiums** steht als politischer Gesang symmetrisch zu den beiden anderen Jenseitsbereichen:

o Der 6. Gesang des Inferno beklagte das politische Schicksal von **Florenz**.

o Der 6. Gesang des Purgatorio enthält Dantes Klagerede über **Italien**.

o Der 6. Gesang des Paradiso beschreibt das Schicksal des **Imperiums**.

Dantes Reichsidee versteht das Römische Reich als Göttliche Vorsehung für die Existenz des Christentums. Kaiser und Reich sind für das Glück der Menschheit und den Weltfrieden ebenso wichtig wie Papst und Kirche.

Diese Idee des Imperiums wird im 6. Gesang herausragend präsentiert: es ist der einzige Gesang der ganzen *Divina Commedia*, der nur durch eine Gestalt dominiert wird, die eine durch kein Zwiegespräch unterbrochene lange Rede führt.

Die herausragende Persönlichkeit des 6. Gesangs wurde am Ende des 5. Gesanges geheimnisvoll eingeführt: eine Seele wendet sich in feierlicher Anrede an Dante, und der antwortet (V, 127): *Ich weiß nicht, wer du bist, du würdige Seele ...So sprach ich unvermittelt zu dem Lichte.* Zum ersten Mal wird in der *Divina Commedia* eine Seele nicht „Schatten" (*ombra*) genannt, sondern (130): „Licht" (*lumiera*). Es muss eine hochgestellte Persönlichkeit sein, deren Name noch verschwiegen wird.

Die *Divina Commedia* wurde die Enzyklopädie der Epoche genannt, weil sie alle Themen der Zeit behandelt: Politik, Theologie, Gemeinwesen, Stellung des Individuums ... Im 6. Gesang ist es die Geschichte des Römischen Reiches.

Die noch unbekannte, majestätische Person beginnt ihre Darstellung mit der entscheidenden politischen Wende des Imperiums: die Verlegung der kaiserlichen Residenz von Rom nach Byzanz durch Kaiser Konstantin den Großen.[272]

---

[272] Konstantin I. der Große (274-337 n.Chr.): Nach den Christenverfolgungen durch Diokletian förderte er die Entwicklung des Christentums zur Staatsreligion (Sonntagsheiligung, Kirchenbau, Gerichtshoheit der Bischöfe). Er berief 325 das Konzil von Nicea, als dessen Folge das Dogma der Trinität begründet wurde. 330 verlegte er die Kaiserresidenz nach Byzanz (Konstantinopel) als zweite Hauptstadt. Vor seinem Tod ließ er sich taufen. Obwohl er seinen ältesten Sohn und seine Gattin Fausta hinrichten ließ, feiert die christliche Überlieferung ihn als Vorbild des wahren Herrschers.

Der Flug des Kaiseradlers über die Erde dient als Allegorie der ruhmreichen Geschichte des **Römischen Reiches.**
Seit Konstantin den Adler umgewendet, des Himmels Lauf entgegen, dem er vorher gefolgt war, dem Urahn nach, der einst Lavinia nahm ...

Lavinia war die Gattin von Aeneas, der als mythischer Gründer Italiens gilt. Nach seiner Flucht aus dem brennenden Troja und jahrelangen Irrfahrten landete er im Süden Italiens. Er hatte den <u>Adler</u> (die Idee des Römischen Reiches) im „Himmelslauf" von Ost (Troja) nach West (Italien) gebracht. Konstantin brachte ihn *des Himmels Lauf entgegen* wieder zurück in die Nähe seiner trojanischen Heimat. *Hunderte von Jahren hielt sich der Vogel Gottes an Europas Rand auf ... hat er von Hand zu Hand die Welt regiert. Und so im Wechsel kam er auf die meine.*

Erst jetzt erklärt die geheimnisvolle Seele ihre Identität: *Kaiser war ich – und bin Justinian* (10: Cesare <u>fui</u> e <u>son</u> Giustiniano). Er <u>war</u> ein Kaiser; aber mit dem Tod schwinden alle Herrscherattribute – im Jenseits <u>bleibt</u> nur das Individuum.

Justinians **Rede über das Römische Reich** ist ein Denkmal mittelalterlicher Geschichtsdichtung. Der Grundgedanke geht auf Augustinus zurück: Gottes Vorsehung bestimmte das Römische Reich als Wegbereiter des Christentums.

In der großen Rede Justinians[273] personifiziert Dante mit dem Sinnbild des Kaiseradlers die historische Entwicklung des Römischen Reiches. Sein „Flug über die Erde" beschreibt die Großartigkeit der Reichsidee, die Würde des Kaisertums.

Die aufgereihten Siege des Adlers wirken wie Gottesurteile: von der sagenhaften Gründungsgeschichte über die Königszeit, die Siegeszüge Cäsars, das goldene Zeitalter des Augustus, Titus als Rächer von Christi Tod bei der Eroberung Jerusalems, schließlich prophetisch bis zu Karl dem Großen als Neuordner des Reiches, und den Missbrauch des Adlersymbols durch Guelfen und Ghibellinen.

Der mythische **Adlerflug** verschmilzt mit der historischen christlichen **Heilsgeschichte**.

---

[273] Justinian: byzantinischer Kaiser (483-565); eroberte große Teile des von Germanen besetzten Weströmischen Reiches zurück; konstituierte die Verflechtung von Staat und Kirche. Im Kampf gegen das Heidentum schloss er die von Platon 385 v.Chr. gegründete Philosophenschule „Akademie". Sein Ruhm basiert auf einer Gesetzessammlung, die heute noch seinen Namen trägt und in allen zivilisierten Staaten als grundlegend gilt. Historische Kenntnisse über Justinian waren im Mittelalter lückenhaft. Dante hat aus Unwissenheit oder absichtlich Verbrechen Justinians verschwiegen. Er macht aus ihm einen idealen Herrscher in vollkommener Übereinstimmung mit den geistigen Grundlagen der Kirche.

7. Gesang: Erbsünde und Erlösung

Im Merkurhimmel befinden sich die Seelen, die im Leben Gutes taten, aber nicht um des Guten selbst willen, sondern um Ruhm und Ehre zu erlangen. In diesem Sinne kann das *doppelte Licht*, in dem Justinian erstrahlt, seinen Verdiensten um die Ausbreitung des Christentums und seinem gesetzgeberischen Werk gelten.

Auf die politische Geschichte des Römischen Reiches folgt die Lehre von den zwei Naturen Christi (Gott und Mensch), mit den damit verbundenen Glaubensfragen über Erbsünde, Kreuzestod und Erlösung der Menschheit.

Dante gestaltet das komplexe und zu seiner Zeit höchst kontrovers diskutierte Thema zu einem Meisterwerk an Logik und Poesie.

Parallel zu Justinian ist jetzt Beatrice die einzige Sprecherin; doch sie monologisiert nicht wie Justinian: ihre längste und bedeutendste Lehr-Rede wird immer wieder durch Zwiesprache mit Dante unterbrochen.

Es werden **3 theologische Probleme** analysiert:
1. Die Lehre von der Doppelnatur Christi: Gott und Mensch.
2. Die Lehre von der Erbsünde und Erlösung.
3. Die Lehre von den Schöpfungswerken und der Auferstehung.

Die Lehre von der Doppelnatur Christi (1-51)

Justinians Rede über das Imperium hat bei Dante tiefe theologische Zweifel hinterlassen. Die Eroberung Jerusalems durch Kaiser Titus war „Rache für jene Rache an der alten Sünde" (VI, 92: *vendetta della vendetta del peccato antico*) – also Rache (Strafe) für die Rache (Strafe) für den Sündenfall. Das bedeutet: die *Kreuzigung* Christi war die *gerechte Buße* für den Sündenfall. Dieser Gedanke hatte Dante im 6. Gesang verwirrt, aber das Rätsel wurde offen gelassen. Zu Beginn des 7. Gesangs wird die Spannung gelöst: Beatrice erklärt die Zusammenhänge aus der Doppelnatur Christi, die auch dem Kreuzestod einen Doppelaspekt verleiht (10): er war ein Akt der Gerechtigkeit (Sühne für etwas), und zugleich ein Akt der Ungerechtigkeit (die wiederum gesühnt werden muss). Das Paradox (20), *wieso gerechte Strafe auch selber noch gerechter Strafe bedürfe*, wird nach Thomas von Aquin interpretiert: *Jener nicht geborene Mensch* (Adam wurde von Gott direkt erschaffen) wollte „sein wie Gott" und wurde zum Urheber der Erbsünde[274]. Unter dieser Sündenkrankheit litt die Menschheit, *bis es dem Wort gefiel, herabzusteigen* (28): Christus ist Mensch geworden, um sich für den Sündenfall am Kreuz zu opfern. Der Tod am Kreuze war also im Sinne Gottes eine „gerechte Sühne". (Warum Gott gerade auf <u>diese</u> Weise den Sündenfall der Menschen sühnte, erklärt Beatrice im zweiten Teil).

---

[274] Gewöhnlich wird Eva als schuldig betrachtet. Dante meint hier wahrscheinlich, dass Eva verführte, aber Adam verantwortlich ist.

Die Kreuzigung war also „gerecht" – aber nur, soweit sie die menschliche Natur Christi betraf; unter dem Aspekt der göttlichen Natur war die Kreuzigung die größte Sünde und ein Verbrechen, das gesühnt werden muss. *So hatte eine Tat verschiedene Folgen* (46):
Die *eine* Folge: der Kreuzestod war Gott und den Juden wohlgefällig (47): Gott als gerechte Sühne für den Sündenfall; den Juden, weil der 'Messias' ihre Traditionen stürzte und das Pharisäertum aufdeckte.

Die *andere* Folge: die Ermordung des Erlösers forderte Sühne: es war die Eroberung von Jerusalem durch Titus und die daraus resultierende Vertreibung der Juden; (das erklärt das Rätsel im vorhergehenden Gesang, Vers 92).

Der für die menschliche Logik unfassbare Widerspruch der zwei Aspekte von Christi Kreuzestod wird in der Kombination von zwei Bibelstellen dramatisiert: die Erde erbebte zwei Mal: beim Tode Christi und bei der Auferstehung[275] (der Himmel ist wieder offen). Durch den Opfertod wurden die Menschen wieder erlösbar.

Der 7. Gesang ist mit dem 6. Gesang dramaturgisch verknüpft:
Justinian hatte den „Flug des Adlers über die Erde" nicht mit der Gründung des Römischen Reiches begonnen, sondern mit Konstantin, auf dessen Initiative das erste Konzil von Nicea: und dieses Konzil befasste sich mit den zwei Naturen Christi.

---

[275] Matth. 27, 51 und 28, 2. (siehe auch Inf. XII, 41)

Der Streit um die Doppelnatur Christi im 2./3. Jahrhundert war ausgelöst worden von Bischof Arius († 336; *Arianismus; arianischer Streit*). Er erklärte, Christus sei nicht gottgleich und ewig, sondern nehme als Geschöpf Gottes eine Stellung zwischen Gott und Welt ein. Nach geltender Lehre waren Gottessohnschaft und Monotheismus nicht vereinbar. Auf dem Höhepunkt des Streites berief Konstantin 325 das erste Konzil von Nicea ein, das gegen Arius entschied. Der Streit hielt an, und auf dem Konzil von Konstantinopel (381) wurde ein Kompromiss gefunden: Der <u>Einen</u> Wesenheit Gottes wurden drei <u>gleichbeschaffene</u> zugeordnet (Vater, Sohn, Heiliger Geist); das Dogma der Dreifaltigkeit.

Die zweite dramaturgische Verknüpfung zwischen den beiden Gesängen ist Justinians Hinweis im 6. Gesang (Vers 16), er sei ursprünglich Monophysit[276] gewesen und von Papst Agapitus zum rechten Glauben von den zwei Naturen Christi bekehrt worden.[277]

Es ist eine Legende. Aber Dante glaubte sie, oder er nutzt sie wissentlich, um die wichtigen theologischen Themen des 7. Gesangs im vorhergehenden Gesang durch die Autorität zweier für die Ausbreitung es Christentums wichtiger Kaiser vorzubereiten.

---

[276] Mono-physit (griech: eine Natur): Ablehnung der zwei Naturen Christi.

[277] Papst Agapinus nutzte seinen Aufenthalt, in Konstantinopel, um den monophysitischen Patriarchen zu stürzen. Justinians Gattin und Mitregentin Theodora stand den Monophysiten nahe; Justinian aber nie.

Die Lehre von den zwei Naturen Christi wird zur logischen Grundlage der beiden theologischen Pfeiler dieses Gesanges:
o die Lehre von der Erbsünde und Erlösung
o die Lehre von den Schöpfungswerken und der Auferstehung.

Beatrices Darstellung der 2. und 3. Lehre stützt sich auf die berühmte religiöse Streitschrift des Anselm von Canterbury[278]: *Cur deus homo?* (Warum ist Gott Mensch [geworden]). Sie wurde die theoretische Grundlage dieser Thematik.

Die drei Themen Beatrices bedeuten eine Steigerung der Erkenntnisfähigkeit:
o Die Lehre von der **Doppelnatur Christi** ist logisch entwickelt worden aus der Sicht der Welt.
Sie ist mit dem <u>Verstand</u> zu begreifen.
o Die Lehre von **Erbsünde und Erlösung** wird Beatrice von Gott her betrachten.
Sie erfordert über den Verstand hinaus das Verstehen durch die <u>Gottesliebe</u>.
o Die Lehre über die **Schöpfungswerke** und über die **Auferstehung** schließlich wird die Offenbarung voraussetzen:
sie erfordert den <u>Glauben</u>.

---

[278] Anselm von Canterbury (1033-1109): Theologe und Philosoph; Erzbischof von Canterbury; gilt als Vater der Mystik und Scholastik (Grundsatz „Credo, ut intelligam": Ich glaube, um zu erkennen); er stellte den ontologischen Gottesbeweis auf, der von Descartes („cogito ergo sum": ich denke, also bin ich) 500 Jahre später weiterentwickelt wurde.

Erbsünde und Erlösung (52-120)

Nach Beatrices Deutung der Doppelnatur Christi ist Dantes *Geist in einen neuen Knoten verstrickt* (52): <u>Warum</u> hat Gott zur Erlösung der Menschheit gerade das Leiden und Sterben Christi gewählt. Nach der menschlichen Vernunft ist es in Anbetracht der Allmacht Gottes überflüssig oder unsinnig, als Mittel der Erlösung das Opfer seiner selbst zu wählen.

Beatrices Gedankengang führt in drei steigernden Terzinen (67, 70, 73) zu den Eigenschaften, mit denen der Mensch als Gottesgeschöpf begabt wurde: Unsterblichkeit (der Seele), Freiheit, Gottähnlichkeit. *Fehlt eine einzige, muss er von seinem Adel niederstürzen* (76) – er verliert seine Vormachtstellung unter den Geschöpfen.

Willensfreiheit, hat Dante immer als hohes Gut dargestellt[279]. Diese Freiheit verliert der Mensch im Zustand der Sünde; denn die Sünde macht ihn abhängig von Begierden, *schlägt ihn in Fesseln*, versklavt ihn. Seine *Würde*, seine Vorrangstellung, kann er dann nur wieder erlangen durch eine „gerechte", d.h. angemessene Sühne.

Die Ur-Sünde wurde von Adam und Eva begangen: sie aßen vom Baum der Erkenntnis (wollten sein wie Gott), und sie verloren das Paradies. (In einer einzigen Terzine, 85-87, ist die Erbsünde[280] beschrieben).

---

[279] <u>Willensfreiheit</u>: Purg. XVI (Lehre von Staat und Kirche). Par. V (Gelübde).

[280] <u>Erbsünde</u>: Der Begriff kann in Zeiten der Gentechnik falsch verstanden werden; besser könnte man ganz naiv sagen: Erbsünde ist das, was dazu führte, dass die Menschen nicht mehr im Paradies sind.

Für den „Sündenfall" konnte der Mensch aus
eigener Kraft keine angemessene Buße üben (97):
Sein zu wollen wie Gott, war so unvorstellbar
hoch, dass es keine adäquat niedrige Demüti-
gung gäbe, um diese Überhebung angemessen
zu büßen. *So musste Gott auf seinen eigenen Wegen*
die Menschen (wieder) *hin zum wahren Leben füh-*
ren (103): in der Menschwerdung und dem Op-
fertod Christi. *Von der letzten Nacht* (Jüngstes Ge-
richt) *bis zu dem ersten Tage* (Schöpfung) *war kein*
Ereignis herrlicher und schöner (112). Das Opfer
von Golgatha wird zum Höhepunkt der Zeiten –
zwischen dem ersten und letzten Tag der Welt.
Da Dante das Ende vor dem Anfang nennt (*Nè*
tra l'ultima notte e il primo die) fällt die ganze
Weltgeschichte zwischen Schöpfung und Jüng-
stem Gericht in einem Punkt zusammen, dessen
Mitte Gottes Selbstopfer für die Menschheit ist.
Dies ist nicht mehr mit dem menschlichen Ver-
stand zu begreifen, sondern nur noch aus der
Liebe Gottes.

Schöpfungswerke – Auferstehung (121-148)

Das dritte theologische Thema erfordert zum
Begreifen über die Vernunft und Gottesliebe hi-
naus noch die Offenbarung, den Glauben. Dantes
Problem besteht in dem scheinbaren Wider-
spruch, dass das von Gott Geschaffene ewig ist,
er aber in den Elementen, Pflanzen, Tieren das
Absterben erlebt (124). Beatrice unterscheidet in
ihrem Lehrvortrag zwischen von Gott *unmittelbar*
und *mittelbar* Geschaffenem:

Von Gott *direkt* geschaffen sind die Himmels-Sphären, Sterne, Engel und Menschen (*die ersten Eltern*: Adam und Eva); sie sind unsterblich.

Von allem anderen (Elemente, Pflanzen, Tiere) ist nur der *Stoff* von Gott geschaffen, nicht aber die *Form*; sie sind deshalb vergänglich. Die Unsterblichkeit des Menschen ist die Gewähr für seine Auferstehung am Jüngsten Tag.

⇒ Die *historische Beatrice*[281] ist ein ungelöstes Rätsel der *Divina Commedia*.
Im 7. Gesang des Paradiso scheint das Geheimnis gelüftet: hier unterscheidet Beatrice zweimal zwischen den erlösten Seelen und sich selbst (111+146). Die Liebe Gottes *schenkt euch die Möglichkeit zum Aufstieg ... daraus kannst du eure Auferstehung begreifen.* – Wäre Beatrice jemals ein Mensch aus Fleisch und Blut gewesen, müsste sie „uns" sagen statt „euch". Sie distanziert sich von allen erlösten Seelen. Dies ist nur so zu erklären, dass die Beatrice der *Divina Commedia* nie als Mensch inkarniert war, sondern ein reines Geistwesen ist. In Dantes Dichtung: das Sinnbild der Philosophie und der Theologie.

---

[281] siehe Kapitel „Beatrice".

3. Sphäre: VENUSHIMMEL

8. Gesang: Karl Martell: Die menschliche Natur

Den Übergang zur 3. Himmelssphäre hat Dante besonders kunstvoll gestaltet: er beschreibt den antiken Venus-Kult, der in dieser Göttin ausschließlich sinnliche Liebe verkörpert sah[282]: *Aus ihren schönen Strahlen käme die tolle Liebe* (2: „il folle amore": *die wahnsinnige Liebe*). Sie ist der Morgenstern und Abendstern (*sie tauscht die Blicke mit der Sonne früh und spät*).

Aus der heidnischen Venus wird durch Dantes Christianisierung ein Symbol für die Einheit von sinnlicher und spiritueller, von irdischer und himmlischer Liebe.

Dante hat den Aufflug in den Venushimmel nicht körperlich bemerkt. Nur an der gesteigerten Schönheit Beatrices erkennt er, dass er in eine höhere Sphäre aufgestiegen ist.

Seine erste Begegnung ist der jung verstorbene Fürst Karl Martell[283].

---

[282] *Venus:* röm. Göttin der Liebe; sie wurde der griech. Göttin Aphrodite gleichgesetzt.

[283] *Karl Martell* (1271-1295) aus dem Haus Anjou; heiratete eine Tochter des Kaisers Rudolf von Habsburg; wurde mit 21 Jahren König von Ungarn; er hatte Anspruch auf Sizilien und als Schwiegersohn Rudolf von Habsburgs Aussichten auf das deutsche Königtum. Er wurde nur 24 Jahre alt. (Nicht zu verwechseln mit dem gleichnamigen Sohn Pippin II., 688-741, dem Begründer der karolingischen Dynastie und der Großmachtstellung des Fränkischen Reichs.)

Auf den gerechten Gesetzgeber Justinian folgt
der Volksliebling Karl Martell.[284]
  Karl beschreibt sein erträumtes Weltreich einer
friedlichen glücklichen Herrschaft (58). Seine
Erinnerung an die *Sizilianische Vesper*[285] löst eine
Mahnrede aus gegen die entartete Herrschaft der
Anjou (73). Dantes Traum eines reinen Fürsten
wird erstickt von der Realität der Geschichte.

Aus dem Einzelschicksal Karl Martells erweitert
sich die Szene zu einem allgemeinen Thema:
Lehre von der menschlichen Naturveranlagung.
Es gibt ein unvorhersehbares Zusammenspiel
der Naturanlagen mit dem Einwirken göttlicher
Vorsehung (Schicksal) und den gesellschaftlichen
Umständen. Die Stellung des Individuums und
das Einwirken des Schicksals werden an vier
extremen Beispielen dargestellt: der griechische
Gesetzgeber Solon (um 600 v.Chr.), der persische
Heerführer Xerxes (um 450 v.Chr.), der Priester-
könig Melchisedek (Zeit Abrahams) und der my-
thische Erfinder Daidalos, der das Labyrinth für
den kretischen König Minos baute und mit sei-
nem Sohn Ikaros Flügel zum Fliegen erfand.
*Doch ihr verdreht zum Diener an der Kirche / den,
der geboren ward, das Schwert zu tragen, / und macht
zum König den, der predigen sollte..*

---

[284] Dante umgibt die Beziehung mit dem Zauber einer
   besonders edlen Jugenderinnerung und nimmt ein
   Ideal der Hochrennaissance vorweg: den politi-
   schen Traum vom Dichterfürsten.
[285] *Sizilianische Vesper*: Am Ostermontag 1282 zur Ves-
   per brach in Palermo ein Volksaufstand aus gegen
   die französische Herrschaft; die Anjou wurden
   vertrieben.

9. Gesang: Sinnliche und spirituelle Liebe

Dante begegnet drei Seelen, die den Sinn des Venushimmels deutlich werden lassen.

Die erste ist **Cunizza da Romano**. Den Zeitgenossen war sie bekannt als eine begehrte und lebensfrohe Frau. Ihr Bruder war der durch seine Grausamkeit berüchtigte Tyrann Ezzelino da Romano[286].

Die historische Cunizza wurde 1222 aus Staatsraison mit einem Guelfenführer verheiratet, aber nach erneutem Streit der Adelsfamilien im Auftrag ihres Vaters von dem Minnesänger Sordello (Purg. VI) wieder zurückgeholt. Sie scheint mit Sordello eine Liebesbeziehung gehabt zu haben. Nach dessen Weggang vom Hofe wurde sie von einem Geliebten entführt und kehrte nach mehrjährigem „Wanderleben" zurück. Sie soll erneut aus politischer Räson einen Adligen geheiratet haben, den ihr Bruder Ezzelino erschlagen ließ. Wahrscheinlich ging sie noch eine weitere Ehe ein mit einem Adligen aus Verona, scheint aber zuletzt auf der Stammburg der Romano gelebt zu haben. Nach dem Zusammenbruch der Macht der Romano verließ sie Treviso und fand Zuflucht bei der Adelsfamilie Cavalcanti in Florenz. Das Testament aus ihrem Todesjahr 1279 ist erhalten. Auch Dante verkehrte vor seiner Verbannung (1302) bei den Cavalcanti und kann dort als junger Mann der alten Frau begegnet sein.

---

[286] *Ezzelino da Romano* (1194-1259); Ghibellinenführer; Schwiegersohn Kaiser Friedrichs II.

Wegen ihres Lebenswandels war Cunizza da Romano unter den Zeitgenossen heftig umstritten, was noch in den alten Kommentaren spürbar ist, die dem Dichter vorwarfen, die „magna meretrice" (große Hure) in eine Himmels-Sphäre versetzt zu haben. Gerade an einer Magdalenagestalt konnte Dante die Grundidee zeigen: Cunizzas Wandlung von der skandalösen Frau zur frommen Greisin in Florenz ist beispielhaft für seinen Venushimmel, den er aus der heidnischen Sinnlichkeit (VIII, 1-6: „der alte Wahn") „christianisiert" zum Ort übersinnlicher Liebe.

Die nächste Seele, der Minnesänger **Folquet** von Marseille, bedeutet eine neue Steigerung: Folquet (der wegen der Affäre mit einer Herzogin den Hof in Marseille verlassen musste) wurde Mönch, dann Abt, Bischof von Toulouse und trieb zum Kreuzzug gegen die Albigenser[287], der mit deren Vernichtung endete. Seine glühenden Liebeslieder hatten sich verwandelt in glühenden Glaubenseifer.

Die alttestamentliche **Rahab** galt als „Hure von Jericho". Sie versteckte Kundschafter, die Josua (der Nachfolger von Moses) in die von ihm belagerte Stadt geschickt hatte, vor den Soldaten des Königs von Jericho, und trug damit entscheidend zum Sieg Josuas bei. Rahab ist das Beispiel einer den Menschen paradox erscheinenden Gnadenwahl Gottes: politisch beging sie Landesverrat, theologisch folgte sie der Erleuchtung.

---

[287] *Albigenser*: franz. für Katharer (Fußnote 47)

4. Sphäre: SONNENHIMMEL

10. Gesang: Die Weisheitslehre

Die Sonne ist in der *Divina Commedia* Sinnbild Gottes und dessen reinstes Abbild.

Der Größe des Augenblicks, in ihre Himmels-Sphäre einzutreten, entspricht eine ganz besondere Feierlichkeit. Dante fordert den Leser auf, die Idee der Schöpfung in ihrer Großartigkeit wahrzunehmen. Er ist überwältigt von der makellosen Ordnung, in der die *erste untrennbare Macht* (die Trinität) das Weltall erschaffen hat.

Der Sonnenhimmel zeigt das streng symmetrisch strukturierte Komponieren Dantes:

o Im 9. Gesang des <u>Inferno</u> vollzieht sich der Eintritt in die Teufelsstadt; es ist der Übergang von der oberen in die untere Hölle.

o Im 9. Gesang des <u>Purgatorio</u> erlebt Dante im Traum den Übergang vom Vorpurgatorio zum Purgatorio.

o Im 9. Gesang des <u>Paradiso</u> geschieht der Aufflug zum Sonnenhimmel:
nach dem unteren Bereich der Himmels-Sphären[288] gelangt Dante zur ersten Stufe des reinen Paradiso, des Reiches der himmlischen Vollkommenheit.

---

[288] In Mond-, Merkur- und Venushimmel sind die nicht ganz vollkommenen Seligen.

Der Sonnenhimmel umfasst den 10. bis 13. und
die Hälfte des 14. Gesanges:

- o 10. Gesang
  Aufflug zum Sonnenhimmel.
  Der erste Reigen der Weisheitslehrer (unter
  ihnen Thomas von Aquin).
  Thomas von Aquin beschreibt das Leben der
  12 Weisen.
- o 11. Gesang
  Lobrede des Dominikaners Thomas von
  Aquin auf den hl. Franz von Assisi[289].
  Kritik am Dominikanerorden.
- o 12. Gesang
  Der zweite Reigen von 12 Weisheitslehrern.
  Lobrede des Franziskaners Bonaventura auf
  den hl. Dominikus[290].
  Kritik am Franziskanerorden.
- o 13. Gesang
  Thomas von Aquin über die Weisheit Salo-
  mos. Warnung vor vorschnellen Urteilen.
- o 14. Gesang
  Rede Salomos über Auferstehung der Leiber.
  Aufflug in den Marshimmel.

---

[289] *Franz von Assisi* (1181-1226); Stifter vom „Orden der
Minderen Brüder" (Franziskaner); Verpflichtung
zu einem Leben in Armut und Buße im Dienst an
den Menschen und der Kirche; 1224 Stigmatisati-
on; bereits 1228 heilig gesprochen.

[290] *Dominikus*, (1170-1221); gründete in Toulouse eine
Genossenschaft von Priestern, die, in völliger Ar-
mut lebend, sich der Bekehrung der Albigenser[287]
widmen sollten; aus ihr entstand der Orden der
Dominikaner.

Der vollendete Kosmos wird astronomisch erklärt (7): Der Leser soll seinen Blick erheben zu jenem Punkt des Himmels, wo zwei entgegengesetzte Drehbewegungen aufeinanderstoßen: die tägliche Bewegung auf der Ebene des Himmelsäquators von Ost nach West, sowie die jährliche Bewegung der Planetenbahn. Der Zodiakus[291] (13: *der schräge Kreis, der die Planeten trägt*) und die Neigung der Ekliptik[292] gegenüber dem Äquator sind die Ursache der klimatischen Bedingungen auf der Erde. Dante preist dieses Zusammenspiel im Weltall und die Auswirkungen auf das Leben auf der Erde als wundervolle Planung Gottes.

Den „Aufflug" in den Sonnenhimmel hat Dante nicht wahrgenommen (34); er ereignete sich so schnell, *wie einer fühlt, dass ihm ein Einfall kommt, bevor er da ist.* Die neue Sphäre unterscheidet sich von den unteren Himmels-Sphären durch eine so große Lichtintensität, dass keine Farbnuancen mehr erkennbar sind; nur noch Nuancen der Helligkeit. *Die vielen Lichter* (64), die Dante *wie Glutsonnen* (76) in einem Reigen dreimal umkreisen, vergleicht er mit Edelsteinen. Und diese Vielzahl der „Lichter" formt sich zu dem **ersten Reigen der 12 Weisheitslehrer**.
Ein Licht tritt hervor: Thomas von Aquin preist die Lebensleistung dieser Weisheitslehrer.

---

[291] *Zodiakus*: Tierkreis; 16^0 breites Band am Himmel mit den 12 Tierkreissternbildern; in deren Mitte verläuft die Ekliptik; als Folge des jährlichen Erdumlaufs wandert die Sonne scheinbar durch diese Zone.

[292] *Ekliptik*, Himmelsäquator etc. siehe Par. I, 37-42 und dort Fußnote 263+264.

- o *Albertus Magnus* (98): aus Grafenfamilie; *1193,
  †1280 in Köln; (Dante war 15 Jahre alt); stu-
  dierte in Padua, trat in den Dominikanerorden
  ein; lehrte in Köln, Regensburg, Straßburg,
  Paris; Lehrer des Thomas von Aquin; später
  Ordensvorsteher und Bischof von Regens-
  burg; bemühte sich als erster um Ausgleich
  der Lehre des (Heiden) Aristoteles mit christ-
  lichem Gedankengut und um Systematisie-
  rung der christlichen Philosophie.
- o *Thomas von Aquin* (99): *1225, †1274; italien.
  Philosoph, Theologe und Kirchenlehrer; Sohn
  des Grafen von Aquino; gegen Willen der El-
  tern Eintritt in den Dominikanerorden; Schü-
  ler von Albertus Magnus; lehrte in Paris; er-
  kannte das intellektuelle Wissen neben dem
  Glauben an, ordnete es aber der auf Autoritä-
  ten basierenden Theologie unter; orientierte
  alle Wissenschaften auf die Metaphysik hin;
  starb auf der Reise zum Konzil von Lyon.
  Nach einem Gerücht ließ König Karl I. von
  Anjou ihn vergiften[203]. (Purg. XX, 69).
- o *Gratian* (103) verfasste Mitte des 12. Jhs. ein
  fundamentales kirchliches Standardwerk: die
  Synthese der Konzilsbeschlüsse, Dekretalen[293],
  biblischen und patristischen[294] Texte. Das
  „Decretum Gratiani" wurde die Grundlage
  des Kirchenrechtes.

---

[293] *Dekretalen*: Papstbriefe, die selbstständig neben den
Konzilsbeschlüssen kirchliches Recht setzen; heute be-
sonders feierliche Erlasse des Papstes, z.B. Heiligspre-
chungen.

[294] *Patristik*: theologische Disziplin, deren Gegenstand
Lehre und Schriften der frühchristlichen Theologen
(Kirchenväter und -schriftsteller) sind.

o *Jener Petrus* (106) ist Petrus Lombardus (1100-1160); der Sohn einer armen Witwe wurde Bischof in Paris und schrieb die erste große Darstellung ("*Sententiae*") der scholastischen Lehre[58]; sie wurde das Standardwerk für den scholastischen Unterricht.

o *Das fünfte Licht, das schönste unter uns* (109) wird nicht beim Namen genannt; seine Berühmtheit ist so groß, dass er aus den ruhmvollen Versen erkannt werden muss: *Salomo* war im Mittelalter besonders gegenwärtig, weil er als Verfasser des "Hoheliedes" galt[295].

o *Daneben* (115) steht Dionysius *Areopagita*; lt. Paulus war er der erste Bischof von Athen; seine Einteilung der Engelshierarchien ist eine wichtige Quelle für Dantes Paradiso (XXVIII).

o *Der 7. Weise* (118) ist umstritten; es gibt eine Reihe unterschiedlicher Vorschläge.

o *Das achte Licht* (121) ist seiner Berühmtheit wegen nicht beim Namen genannt, aber durch seine Grabstätte in Pavia identifiziert als *Boëthius*: Konsul, Märtyrer, Heiliger; während der langen Kerkerhaft schrieb er das berühmte Buch "Trost der Philosophie"; weitere Schriften über Theologie, Musik und Mathematik.

---

[295] *Hohelied* (auch *Hoheslied, Lied der Lieder, Canticum canticorum*), Buch des A.T.; Liebes- und Hochzeitslieder; allegorisch auf die Liebe Gottes zu Israel, in der Theologie des Mittelalters zur Kirche als Braut gedeutet.

o *Isidor, Beda, Ricardus* (131) waren einflussreiche Autoritäten des Mittelalters: *Isidor* ein großer Enzyklopädist; *Beda* ein berühmter Kirchenhistoriker; *Ricardus* einer der bedeutendsten Mystiker.

o *Der letzte* (133) ist *Siger von Brabant,* der große Gegenspieler des Thomas von Aquin. Er lehrte in Paris den Averroismus[296], musste vor die Inquisition in Rom, und wurde später ermordet. Es ist ein Zeichen von Dantes großer geistiger Toleranz, dass er den Sucher nach der Wahrheit trotz der Häresie im Paradies sieht.

---

[296] *Averroismus*: Lehre des Ibn Ruschd (latinisiert Averroes) vom Primat der Vernunft (also Atheismus). Er war ein arabischer Philosoph, Arzt und Richter (1126-1198); im Mittelalter wurde er nur „Der Kommentator" (des Aristoteles) genannt. Lehre: der unsterbliche Geist ist in allen Menschen nur ein gemeinsamer, sodass der einzelne Mensch weder eine individuelle Seele besitzt noch persönliche Unsterblichkeit.

11. Gesang: Lobrede auf den hl. Franziskus

Der 11. und 12. Gesang bringt in paralleler Komposition die Lobreden über zwei Heilige, die als Ordensgründer religiöse Zentralgestalten des Mittelalters wurden, sowie die Tadelsreden über die Entartung ihrer Orden:

o 11. Gesang:
   der Dominikaner Thomas von Aquin preist den Franziskaner **Franz von Assisi** und tadelt seinen eigenen Dominikanerorden.
o 12. Gesang:
   der Franziskaner Bonaventura preist den Dominikaner **Dominikus** und tadelt seinen eigenen Franziskanerorden.

Die Großartigkeit der beiden Gesänge beruht in ihrer künstlerischen Konzeption:
Die Lobpreisung der beiden Ordensgründer gerät zum **malerisch-musikalischen Doppelaltar**:

o **Malerisch** tritt Dante als Dichter in Wettstreit mit seinem Maler-Freund Giotto[173] und formt dessen gemalte Altarbilder und die Darstellungen um das Leben des Heiligen Franziskus in der Unterkirche von Assisi in Sprache für einen **poetischen Altar** des hl. Franziskus.

o **Musikalisch** in ihrer Verarbeitung von Motiven ist die Verherrlichung des hl. Dominikus: sie gerät zu einer **poetischen Symphonie**.

Über dem „Heiligenbild" des **Franz von Assisi**
wölbt sich als Lunette[297] die Idee der göttlichen
Vorsehung, die zum Heil der Kirche diesen Or-
densgründer berufen hat (28-36).
Darunter entfaltet sich das Leben des Heiligen.

Ein wundervolles poetisches Landschaftsgemäl-
de zeigt die Heimat des hl. Franziskus (43): die
Berge um Assisi, die Flüsse und die über der
nahen Provinzhauptstadt Perugia aufgehende
Sonne erstehen in geographischer Präzision vor
dem Auge.
Es folgen wie auf den mittelalterlichen Altarbil-
dern 9 Einzelszenen, gegliedert in dreimal drei
Bilder: von der allegorischen Hochzeit des hl.
Franziskus mit der Armut (58), über historische
und mythische Szenen, bis zu seinem Lebenshö-
hepunkt: der Gründung des Ordens und dessen
wunderbarer Ausbreitung.

Das Wirken des hl. Franziskus erstrahlt in einer
paradoxen Antithese: der Sohn eines reichen
Kaufmanns erscheint als Bräutigam der Armut,
aber zugleich königlich in seiner würdevollen
Demut und Strenge (89).
Es folgen die Bilder der Bestätigung des Ordens
in zwei Phasen durch zwei Päpste: Innozenz III.
(92) hatte den Orden zunächst nur mündlich
bestätigt, Honorius III. (98) vollzog als Werkzeug
des hl. Geistes die endgültige Beglaubigung
durch eine feierliche Bulle.

---

[297] Lunette: halbkreisförmiges, gerahmtes Bogenfeld,
über Türen, Fenstern, Altarbildern.

Das „Altarbild" erinnert auch an die Missionsreise in den Orient (100), und an die Wundmale (106), die Franziskus in seinen letzten beiden Lebensjahren trug.

Die letzte Gruppe von 3 Terzinen (109-117) beschreibt sein Sterben. Das Todesbild wird eingeleitet mit der göttlichen Fügung, die ihn auserwählte für die Ordensgründung. In der Schilderung der Todesstunde wird das historische Testament des heiligen Franziskus (*semper diligant et observant dominam meam Paupertatem*: „immer sollen sie liebe, achten und befolgen meine Herrin: die Armut") fast wörtlich zitiert: *Ai frati suoi, sì come a giuste rede, / raccamandò la sua donna più cara.* („Er hat den Brüdern, als den rechten Erben, die teuerste der Gattinnen empfohlen.")

Wie Christus am Kreuze Johannes seine Mutter anempfohlen hatte, so empfiehlt Franziskus seinen Jüngern im Bild der mystischen Liebe seine Gattin: die Armut. *Aus ihrer Hülle stieg die edle Seele / empor und kehrte heim zu ihrem Reiche; dem Leibe wünscht er keine andere Bahre* (115): als der Heilige den Tod nahen fühlte, ließ er sich in eine kleine Kirche unterhalb von Assisi tragen und nackt auf die nackte Erde legen.

Solche Details wie auch die zahllosen beliebten Legenden aus dessen Leben hat Dante beiseite gelassen, um nicht den romantischen Heiligen, sondern den strengen Ordensgründer zu zeigen. Sein Bild trägt monumentale Züge. Er wird als Seele zusammen mit Johannes dem Täufer erscheinen im höchsten Punkt des Paradiso, in der „Himmelsrose".

Den Epilog bildet die **Kritik** des Dominikaners
Thomas von Aquin an seinem eigenen Orden,
dem **Dominikanerorden** (118):
Nur wenige folgen noch den Idealen der Grün-
der dieses Bettelordens; der größere Teil wird
von den trügerischen irdischen Gütern ange-
lockt.

12. Gesang: Lobrede auf den hl. Dominikus

Der Sonnenhimmel ist den großen Weisheitslehrern gewidmet. Aus dem Lichtmeer der Seelen löst sich ein **zweiter Reigen von 12 Seligen**, die den ersten Reigen wie ein Kranz umschließen.

Die wunderbare Erscheinung der beiden Kreise als **Doppel-Regenbogen** hat Dante kunstvoll umschrieben (10): *Wie sich durch zarte Nebelfelder wölben / zwei Bogen, gleich verlaufend, gleicher Farbe* (due archi paralleli e concolori), *wenn Juno ihrer Dienerin befiehlt...*

Im antiken Mythos hinterlässt die Götterbotin Iris (die „Dienerin" der Jupiter-Gattin Juno) auf ihrem Weg einen Regenbogen[298]. Das eindrucksvolle Bild wird gesteigert durch den Vergleich mit dem Widerhall der Stimme im Echo, aber nicht naturwissenschaftlich, sondern mythologisch in der Personifizierung als *jene anmutige Umherschweifende*: die Nymphe Echo, die in der Mythologie durch die Wälder schweift und sich in nicht erwiderter *Liebe verzehrt wie der Hauch im Sonnenstrahl* (14) – der Nebeldampf (*Hauch*) wird aufgesogen von der Sonne wie die Nymphe von ihrer Sehnsucht.

---

[298] *Doppel-Regenbogen*: Dante erklärt das Phänomen wie Aristoteles mit der farbigen Lichtreflexion: der äußere Bogen entsteht durch Reflexion aus dem Inneren. Theoderich von Freiburg hatte die richtige physikalische Erklärung aus der Brechung in den einzelnen Tropfen und die entsprechende Erklärung des Doppel-Regenbogens gefunden; Dante kannte sie offenbar noch nicht.

Die überirdisch schöne Wirkung der beiden Rei-
gen als Doppel-Regenbogen wird nochmals ge-
steigert in der Erinnerung an den alttestamentli-
chen Regenbogen, der Noah als Zeichen des mit
Gott geschlossenen Neuen Bundes erschienen
war (16).

Als Parallele zu der Lobrede des Dominikaners
Thomas von Aquin auf den hl. Franziskus bringt
dieser Gesang die **Lobrede** des Franziskaners
Bonaventura[299], einer der Nachfolger der hl.
Franziskus, auf den **hl. Dominikus**, den Gründer
des Dominikanerordens.

Inhaltlich weisen beide Lobpreisungen viele
Ähnlichkeiten auf, aber in der künstlerischen
Form sind sie von unerschöpflicher Variation.
Der poetische Stil der Lobrede auf **Franziskus**
erzeugte die Imagination eines gemalten Kunst-
werkes: die Lebensstationen des Heiligen er-
scheinen als dramatisierte Altarbilder.
    Die Rede auf **Dominikus** ist „musikalisch" vol-
lendet in Aufbau und kompositorischer Verar-
beitung der verschiedenen Motive.
    Der Morgensonne von Assisi (XI, 46) ist die
Abendsonne in Calaroga[300], dem Geburtsort von
Dominikus, gegenübergestellt (52). Der allegori-
schen Hochzeit von Franziskus mit der Armut
(XI, 61) entspricht im gleichen Vers des Domini-
kus *Hochzeit mit dem heiligen Glauben* (XII, 61).

---

[299] *Bonaventura* (1221-1274); italien. Franziskaner; füh-
    render Hochscholastiker; Kardinal; 1482 heilig ge-
    sprochen, 1588 zum Kirchenlehrer erklärt.
[300] *Calaroga* (heute: Calaruega) liegt in Altkastilien.

Auch die Ausbreitung des Ordens und seine Anerkennung durch den Papst kehren wieder. Aber der große Mystiker Bonaventura verzichtet auf alle illustrativen Szenen, wie sie auf dem „Altarbild" des hl. Franziskus so farbig beschrieben sind. Er stilisiert die Dominikus-Vita zu einer absoluten Symphonik: *Kaum war er gezeugt, so war sein Geist von wirkender Gewalt, dass er im Leibe die Mutter zur Prophetin werden ließ* (58).

Die Bilder vermitteln keine Biographie; Motive und Themen sind verflochten zur körperlosen Figur: Dominikus ist *der Ackersmann, den Christus zur Hilfe in seinem Garten auserwählt hat* (70).

Dreimal (71, 73, 75) erscheint als Reim „Cristo" als Variation der Verbindung zu seinem „Gärtner", der *in jenem Weinberg umhergeht* (86).

Zum durchgehenden Leitmotiv wird das „kriegerische" Leben des „Streiters Gottes" (53). *Jener heilige Kämpfer, der gütig war den Seinen, hart den Feinden,* hat im Wappen seiner Heimat Kastilien die kämpferischen Löwen. *Er kämpfte gegen die Irrenden* (94). *Auf das Gestrüpp der Ketzer* (das Unkraut der Kirche) *warf er die ganze Wucht* (100). Der „Strom" (99) des Ordens *tränkt den katholischen Garten, dass seine Sträucher alle kräftig sprießen* (104).

Symmetrisch zur Kritik am Dominikanerorden nach der Lobrede auf den Heiligen der Franziskaner, folgt die **Kritik des Franziskanerordens** jetzt nach der Lobrede auf den Dominikaner. Lob und Anklage erhalten ihre Geltung dadurch, dass die beiden Redner den Heiligen des anderen Ordens preisen und ihren eigenen Orden kritisieren.

Dadurch werden historische Konflikte zwischen den beiden Orden objektiviert. Nach der abstrakten, in musikalischer Motivtechnik komponierten Rede über Dominikus, gebraucht Bonaventura zur Darstellung der aktuellen Situation im Orden eine enorme Bilderfülle.

Die Kirche ist nicht mehr der Triumphwagen aus dem irdischen Paradies (Purg. XXIX), sondern ein zweirädriger „Kriegswagen" (*biga*), der die Kirche zum Sieg ziehen soll. Dessen beide Räder sind die Ordensgründer Franziskus und Dominikus als Werkzeuge Gottes im „Bürgerkrieg" – „*civil briga*" (106) im Reim auf „*biga*" (108). Das Bild wird technisch weitergesponnen: die Nachfolgenden haben „die Spur der Räder verlassen" (112), denn die Gefolgschaft ist verwirrt und ohne richtige Führung, sodass die Vordersten mit den Letzten zusammenstoßen:

Chaos herrscht. (Wenn man in Vers 112 „quel dinanzi" und „quel di retro" nicht auf Menschen bezieht, sondern auf die Füße, dann heißt es: der vordere Fuß geht rückwärts; ein Krebsgang). Zwei Richtungen kämpfen um die Führung im Orden: die fanatischen „Spirituali" (Fundamentalisten) und die milden „Conventuali" (Kompromissbereiten). Die einen verschärfen die Ordensregeln, die anderen untergraben sie.

Die beiden großen Blöcke der heiligen Ordensgründer und der Kritik an ihren Nachkommen werden eingerahmt von der Lebensleistung der 24 Weisheitslehrer im Sonnenhimmel.

Thomas von Aquin hatte am Beginn seiner Rede den ersten Reigen vorgestellt.

Bonaventura stellt am Ende seiner Rede die zwölf Weisheitslehrer des zweiten Reigens vor:

o *Illuminatus und Augustinus* (130) sind zwei der ersten Jünger des hl. Franziskus. *Illuminatus* begleitete ihn auf seiner Missionsreise in den Orient, *Augustinus* nahm einen hohen Rang im Orden ein und starb der Legende nach in demselben Augenblick wie Franziskus.

o *Hugo von St. Victor* (133) war der mystische Lehrmeister von Bonaventura; seine philosophischen Werke galten als wichtigste der mittelalterlichen Schule; speziell: *De sacramentis christianae fidei* (Über die Sakramente des christlichen Glaubens).

o *Pietro Mangiadore e Pietro Ispano* (134): *Petrus Comestor*, berühmter Theologe, Kanzler der Universität Sorbonne in Paris, schrieb ein aus der Bibel kompiliertes Lehrbuch. *Petrus „Hispanus"* aus Lissabon, Papst unter dem Namen Johannes XXI[301], starb ein Jahr nach seiner Wahl durch den Einsturz seiner Bibliothek im Palast in Viterbo. Sein Hauptwerk in 12 Bänden ist noch heute ein klassisches, oft kommentiertes Handbuch der Logik.

o *Nathan ... Chrysostomus, Anselmus und Donatus* (136): Der Prophet *Nathan* steht parallel zu Salomo (X, 109) als einziger aus dem A.T. unter Christen; in einer klugen Parabel rügte er den Ehebruch von König David.

---

[301] Johannes XXI. ist der einzige Papst im Paradiso (5 sind im Inferno, 3 im Purgatorio); auch er ist nicht als Papst, sondern als Weisheitslehrer in den Himmel erhoben.

Chrysostomus („Goldmund" wegen seiner Eloquenz) war 398 Patriarch von Konstantinopel und ein berühmter Redner. *Anselm*, der Erzbischof von Canterbury[278], mit Thomas von Aquin der bedeutendste Scholastiker. *Donatus* war der wichtigste römische Grammatiker; Lehrer des hl. Hieronymus (4. Jh.).

o *Rhabanus* (139): Hrabanus Maurus (780-856), Universalgelehrter; Erzbischof von Mainz; einer der einflussreichsten Gelehrten im karolingischen Reich; viele Bibelkommentare.

o *Joachimvon Fiore* (140): vielumstrittener Zisterzienserabt im 12. Jh. Er wurde von Dante wegen seiner kühnen Interpretationen der Apokalypse sehr geschätzt.

o *Der hohe Paladin* (142): In der Dichtung des Mittelalters wurde jeder der zwölf legendären Helden, die Karl d. Gr. schützten, als „Paladin" bezeichnet. Wer hier gemeint ist, ist unklar: der Vorredner Thomas von Aquin? der Gegenstand der Lobrede, Dominikus? ...

Mit der Beschreibung des Lebenswerkes der 24 großen Weisheitslehrer ist das Zeremoniell des Sonnenhimmels abgeschlossen.

Der 13. Gesang wird der Idee der göttlichen Weisheit gelten.

13. Gesang: Weisheit Gottes

Der Sonnenhimmel ist die Himmels-Sphäre der Weisheit. Vierundzwanzig große Weisheitslehrer der Menschheit (10.-12. Gesang) führen zur höchsten Steigerung der Weisheitsidee; zu der göttlichen Weisheit, die das Weltall geschaffen hat und es mit ihrem Geist durchströmt.

Wieder ist Thomas von Aquin die Zentralgestalt: er erklärt Dante in einem Lehrgespräch die Gottesweisheit des Schöpfers, die Königsweisheit Salomos, und die Torheit der Menschen.

Der Erhabenheit des Themas entspricht die Einstimmung des Lesers mit einem schwierigen und tiefsinnigen **astronomischen Bild**; es ist das ausführlichste der ganzen *Divina Commedia*.

Das Erscheinen des ersten Reigens der Weisheitslehrer war mit dem diffusen Licht des Mondhofs verglichen worden (Par. X, 67); als sich ein zweiter Reigen aus der Seligenschar löste, erschienen beide wie ein Doppel-Regenbogen (Par. XII, 10). Jetzt kommen die beiden Reigen wieder in Bewegung und umkreisen sich konzentrisch, aber in gegenläufiger Richtung. Die Wirkung des Bildes auf Dante ist überwältigend; er erfindet ein imaginäres Sternbild, aus dessen zunächst unüberschaubarer Konstellation sich schließlich zwei aus 12 Lichtern bestehende Kreise abzeichnen.

Für zeitgenössische Leser war die nächtliche Anschauung des Himmels in einer völlig dunklen Umgebung vertraut. Sternbilder wirkten als kosmische Botschaften.

Der Leser soll sich 15 Sterne der ersten Größe vorstellen (4).

Von Ptolemäus[258] gab es eine Aufstellung der Sterne verschiedener Helligkeitsgrade. Diejenigen 15, die bei bedecktem Himmel noch sichtbar sind, befinden sich in verschiedenen Himmelsregionen: 3 am Nordhimmel, 8 am Südhimmel, 4 in den Tierkreiszeichen. Sie können gemeinsam kein Sternbild ergeben, und der Leser muss ein Phantasie-Sternbild erfinden. Hinzu kommen die Sterne *vom Wagen ... der beim Drehen der Deichsel nie verschwindet* (der Große Bär befindet sich immer an dem uns sichtbaren Teil des Himmels und verschwindet nie unter dem Horizont; er hat 7 Sterne). *Die Mündung jenes Horns, das dort endet, wo seine Achse anfängt* sind die 2 letzten Sterne des Kleinen Bären; er wird als Horn vorgestellt, dessen „Mündung" jenen beiden Sterne sind und dessen Spitze, der Polarstern, gleichzeitig die Spitze *seiner* (des Himmels) *Achse* ist.

Aus dem imaginären Sternbild von 24 Sternen (15+7+2) *bilden sich zwei Zeichen, so wie es Minos Tochter einst getan* (13): zwei Kreise[302]. *Und wie die beiden ihre Strahlen mischen, / und beide dann auf solche Weise kreisen, / dass einer vorwärts, einer rückwärts wandelt.*

---

[302] *Des Minos Tochter* ist Ariadne. Sie half Theseus bei der Tötung des Minotaurus (Ariadnefaden); er entführte sie nach Naxos und verließ sie dort. Sie wurde von Bacchus getröstet, der nach ihrem Tod den Strahlenkranz, den er ihr geschenkt hatte, als Sternbild an den Himmel versetzt; astronomisch: Corona borealis („Nördliche Krone"). Dante beschreibt also ein kreisförmiges Sternbild.

Beide Zwölferkreise bewegen sich konzentrisch (ihre Strahlen fallen zusammen, „mischen sich"), aber in gegenläufiger Richtung.

Dieses Bild einer Bewegung am Himmel aus allen großen und wichtigen Sternen des Firmaments sei immer noch erst ein schwaches Abbild – *ein Schatten des wahren Sternbilds und des Doppelreigens, der jenen Punkt umkreist, wo ich geschwebt* (19).

Um die Geschwindigkeit zu beschreiben, in der sich die Reigen bewegen, vergleicht Dante *jenen Himmel, der die andern führt* (23), den höchsten, am schnellsten kreisenden Kristallhimmel, mit dem heimischen Flüsschen Chiana (zu Dantes Zeit ein fast stehendes Gewässer).

Das Phantasie-Sternbild bildet also zwei Kreise mit je 12 Sternen und erzeugt die Vision von zwei gegenläufig kreisenden Spiralnebeln mit ungeheurer Leuchtkraft.

Aber es bleibt nicht nur bei dem herrlichen kosmischen Eindruck; die Sterne haben allegorische Bedeutung: die 15 hellsten Sterne entsprechen den 15 Weisheitslehrern der Vergangenheit, die 7 Sterne des Großen Bären sind die zeitgenössischen Weisheitslehrer und die beiden dem Pol zugewandten Sterne, der Rand des Füllhorns, symbolisieren die beiden Heiligen und Kirchenlehrer: Thomas von Aquin und Bonaventura.

Im Zentrum des Gesanges (31-87) steht die Idee der vollkommenen Weisheit Gottes, und der Würde dieses Themas entsprechen die hohe Sprache und die erlesenen Bilder.

Die Namen Adam, Christus und Salomo werden feierlich umschrieben (37): *Die Brust, aus der die Rippe / zu jenen schönen Wangen ward genommen, / für deren Gaumen alle Welt muss büßen, / und jene, von dem Speer durchbohrte ... / und jener Geist ... der in dem fünften Licht beschlossen* (X, 109 war Salomo umschrieben als: *das fünfte Licht, das schönste unter uns*).

Nach Art des scholastischen Lehrgesprächs steht am Anfang ein Zweifel Dantes: er versteht nicht, dass Thomas Salomo den weisesten aller Menschen nennt (Par. X, 112); denn Adam und Christus (als Mensch) wurden von Gott direkt und dadurch mit der höchstmöglichen Weisheit erschaffen.

Das folgende Lehrgespräch erfolgt in 2 Phasen:
1. Ausstrahlung göttlicher Weisheit.
2. Königsweisheit.

1: Ausstrahlung göttlicher Weisheit (31-87)

Thomas bestätigt, dass Adam und Christus als Menschen allein im Besitz vollkommener Erkenntnis gewesen seien, denn vollkommen sein könne nur das, was von Gott unmittelbar geschaffen ist. Der Anfang seiner Beweisführung bezieht sich auf Beatrices „Lehre von den Schöpfungswerken" (Par. VII, 133-144). Beides (52): *das was nicht stirbt und das was sterben kann* (das unmittelbar Erschaffene und deshalb Unsterbliche: Himmel, Engel, Christus als Mensch, die ersten Menschen Adam und Eva – sowie das nicht unmittelbar Erschaffene und deshalb Vergängliche: Elemente, Pflanzen, Tiere) *ist nur ein Abglanz von der Idee* der göttlichen Weisheit und Liebe.

Das mittelbar Erschaffene (nicht von Gott direkt, sondern auf dem Weg über die Natur), ist zwangsläufig unvollkommen und wird *von Akt zu Akt im Sinken schwächer, bis es zuletzt nur Zufallswesen zeugt* (62). Das in Wachs geprägte Siegel zeigt zwar immer das Urbild, aber nur *mehr oder minder* (67), weil das Material (Wachs) nicht immer gleich geeignet ist, die Himmelseinflüsse zu empfangen, oder weil diese sekundären Einflüsse nicht immer dieselbe Wirksamkeit und Intensität besitzen[303]. Daher kommt es, dass derselbe Baum bessere und schlechtere Früchte trägt, und dass Menschen mit verschiedenen Anlagen geboren werden (70).

Georg Hees[304] erklärt die Verse 73-75: „Wenn das Grundmaterial (das Wachs) bestmöglich disponiert wäre, um die Prägung zu empfangen, und wenn der Himmel den günstigsten Punkt seiner Kraftentfaltung erreicht hätte, um mit dieser seiner Kraft auf die Prägung einzuwirken, dann würde sich das Licht der göttlichen Schöpfungsidee in vollkommener Weise geltend machen; aber die Natur (die Gesamtheit der sekundären Ursachen, die bei der Erschaffung von Zufallswesen eine Rolle spielen) lässt das nicht zu; sie bringt das Licht des göttlichen Schöpfungsgedankens nur unvollkommen zur Geltung." Alles mittelbar Erschaffene ist einem Kunstwerk vergleichbar, dessen Schöpfer Begabung für seine Kunst mitbringt, aber letztlich unfähig bleibt, (*zittrige Hand*), seine künstlerische Idee auch in Vollkommenheit umzusetzen (76).

---

[303] Der Gedanke entspricht der Platonischen Ideenlehre.
[304] G. Hees: Dante: Divina Commedia, Paradiso, S. 319.

Nach der Darstellung, dass mittelbar (nicht von Gott direkt, sondern von der Natur) erschaffene Geschöpfe nicht vollkommen sein können, zeigt Thomas jetzt (79-87), dass alles, was von Gott selbst geschaffen ist, notwendigerweise vollkommen ist. *Wenn aber heiße Liebe klare Bilder* (il caldo amor la chiara vista) / *der höchsten Macht entwirft und ausgestaltet,* / *dann muss Vollkommenheit darin erscheinen.* Der einzige unmittelbare Menschenschöpfungsakt Gottes außer Adam ist die Empfängnis der Jungfrau Maria. Deshalb sind Adam und Jesus die einzigen vollkommenen Menschen.

2: Königsweisheit Salomos (88-111)

Aus der Idee der vollkommenen göttlichen Weisheit und der Differenzierung der Weisheit bei den Menschen folgert Thomas von Aquin auf eine besondere Königsweisheit Salomos. Dabei muss beachtet werden, *aus welchem Grund er bat, als ihm gesagt ward: „Verlange"* (92).[305]

---

[305] Der Hinweis bezieht sich auf Salomos Bitte an Gott (Buch der Könige, 3, 5 ff): „Es erschien aber der Herr dem Salomo nachts im Traum und sagte: ,Fordere was du willst, damit ich es dir gebe.' Salomo antwortete: ,Du hast deinen Knecht zum König gemacht ... Du mögest daher deinem Knecht ein verständnisvolles Herz geben, damit er dein Volk gerecht führen und zwischen gut und böse unterscheiden kann.' Diese Rede gefiel dem Herrn, und er sagte: ,Weil du diese Bitte ausgesprochen hast, so habe ich dir nach deinen Worten getan und habe dir ein weises und einsichtsvolles Herz gegeben, so dass deinesgleichen **nicht vor dir gewesen ist und nicht nach dir erstehen wird.**'"

Salomo hatte nicht ein irdisches Gut erbeten, sondern Weisheit, und diese erbat er nicht für sich, sondern um in seinem hohen Königsamt dem Volk zu genügen (96).

Um diese besondere Art von Weisheit zu erklären, zeigt Thomas an vier Beispielen den anders gearteten, eitlen Wissensdrang der Menschen.

Ein Beispiel ist aus der Theologie (97), eines aus der Logik (98-99), eines aus der Naturphilosophie (100), und eines aus der Geometrie (101).

o Theologie: Unsinnig ist die häufig diskutierte theologische Frage nach der Zahl der Engel. Salomo hatte sich Weisheit gerade nicht erbeten zu der Lösung metaphysischer, theologischer, dialektischer oder philosophischer Fragen, sondern er bat um die angewandte Weisheit eines Königs für sein Volk.

o Logik: Unsinnig ist die schon von Aristoteles aufgeworfene logisch-dialektische Frage, ob aus zwei Ursachen, einer notwendigen (unbedingten) und einer zufälligen (möglichen), eine notwendige (zwingende) Schlussfolgerung gezogen werden könne.

o Physik: Unsinnig ist der Streit um eine „Urbewegung", der keine andere Bewegung vorausging. Thomas formuliert sie lateinisch, was eine feine Ironie gegen die Gelehrten sein mag: *Si est dare primum motum esse* (ob man annehmen muss, dass es eine erste Bewegung gibt). Der Streit geht auf Aristoteles zurück: hat jede Bewegung im Weltall ihre Ursache in einer anderen Bewegung, ist also die Stufenfolge von Bewegten und Bewegern unendlich? oder gibt es den „unbewegten Beweger" (Aristoteles).

○ Geometrie: Unsinnig ist die Frage, ob man in einem Halbkreis ein Dreieck einbeschreiben kann, das nicht rechtwinklig ist. Der mathematische Beweis (Thales-Kreis) zeigt die Unmöglichkeit und macht „philosophische" Erörterungen entbehrlich.

Im Gegensatz zum Wissensanspruch der Menschen war Salomos von Gott erbetenes Wissen „Königsweisheit, ein besonderes Schauen" (104): *Regal prudenza è quel vedere impari* (wörtl. „königliche Besonnenheit"). Dies führt Thomas von Aquin einen Schritt weiter zur Unterscheidung der guten und schlechten Herrscher (108). Königsweisheit ist etwas anderes als das von den Menschen zu ihrer Selbstbefriedigung erstrebte Wissen – aber: *er hat sich nur bezogen auf Könige, die zahlreich sind, doch selten gut.*

Mit dieser Folgerung ist Dante wieder zeitaktuell geworden: seine Klage über das Fehlen eines weisen Herrschers durchzieht die ganze *Divina Commedia* und dominiert in einer großartigen Steigerung die Struktur der drei Jenseitsreiche:
○ der 6. Gesang des *Inferno* beschreibt das politischen Schicksal von Florenz;
○ der 6. Gesang des *Purgatorio* ist die Klagerede über Italien;
○ der 6. Gesang des *Paradiso* beklagt das Schicksal des Imperiums.
Dantes Hoffnung ist ein neuer Salomo.

326

14. Gesang: Auferstehung des Leibes

o Die erste Hälfte des Gesangs gilt dem Ab-
schluss des Sonnenhimmels mit einer letzten
liturgischen Frage: die Auferstehung des Lei-
bes beim Jüngsten Gericht.

o Die zweite Hälfte bringt den Aufstieg in die 5.
Himmels-Sphäre: den Marshimmel.

Der Gesang beginnt mit einem stimmungsvollen
naturwissenschaftlichen Vergleich: wie sich in
einem großen runden Behälter das Wasser zwi-
schen Mitte und Rand bewegt und Wasserwellen
erzeugt, so wird Dante, der von den beiden Rei-
gen der Weisheitslehrer umkreist ist, im Wechsel
des Gesprächs mit Beatrice und Thomas von
Aquin hin und her bewegt.

Das Bild der Wasserwellen hatte der Theologe,
Musiker, Mathematiker und Märtyrer Boëthius
(Par. X, 121) in seinem Buch „De musica" für die
Schallwellen gebraucht. Der Anklang von Musik
deutet schon auf den Sphären-Aufstieg in der
zweiten Hälfte des Gesangs, wo Musik eine be-
deutsame Rolle spielen wird.

Wasserwellen suggerieren ein Hin und Her zwi-
schen Sprechen und Hören, Hören und Schauen,
und versinnbildlichen in der „Neugier" des
Jenseitsreisenden auch die „Sehnsucht" nach
Wissen, in der sich die Sehnsucht nach der Got-
tesschau, der Erlösung abbildet. Diese Allegorie
der Wissensneugier als Heils-Sehnsucht war in
Inferno und Purgatorio im Lehrer-Schüler-
Verhältnis von Vergil und Dante immer gegen-
wärtig gewesen.

Im 6. Gesang des *Inferno* war die Frage nach der Steigerung der Qualen nach dem Jüngsten Gericht gestellt worden. Analog stellt sich jetzt im *Paradiso* die Frage nach einer Steigerung der Seligkeit bei der Wiedervereinigung der Seele mit dem Leib.

Die Erklärung gibt Salomo, der wie bei seiner Vorstellung im ersten Reigen (Par. X, 109) wieder nicht beim Namen genannt wird, aber als „das göttlichste Licht" (34: *luce più dia*) unter den 24 Weisheitslehrern identifiziert werden kann. Er gilt als Verfasser des Hohenliedes[295], dessen *Hochzeit* als Inkarnation Christi (Hochzeit von Seele und Leib bei der Menschwerdung) gedeutet wurde. Der Vergleich der „demutsvollen" Stimme Salomos mit dem Verkündigungsengel (36) deutet auf das Inkarnations-Thema.

Die Steigerung der Seligkeit bei der Wiedervereinigung der Seele mit dem Leib erhöht durch die erlangte Vollkommenheit auch die Verklärung. *Der Leib, den jetzt noch Erde überdeckt* (57), wird den bisherigen Glanz der Seligen überstrahlen, wie die glühende Kohle (Materie) das Leuchten ihrer Flamme noch übertrifft (52). Trotz der unvorstellbaren Helligkeit kann die Vereinigung von Leib und Seele wahrgenommen werden, weil die Schaukraft in gleichem Maße wächst.

Aufstieg zur 5. Sphäre: MARSHIMMEL

Die zweite Hälfte des Gesangs enthält den Abschied vom Sonnenhimmel und den Aufstieg zum **Marshimmel**.

Auch diesen „Aufflug" kann Dante wieder nicht sinnlich wahrnehmen. Erst nach seiner Ankunft in der höheren Sphäre begreift er ihn durch gesteigerte Lichterlebnisse.

Das Phänomen des Aufstiegs ereignet sich in mehreren Lichterscheinungen:
Zusätzlich zu den beiden Reigen bildet sich ein dritter Lichterkreis, der sich konzentrisch um die beiden anderen bewegt, jedoch in unbestimmter Größe und Weite (68).

Beatrice blickt nach oben und Dante schaut ihr in die Augen. (Dies ist immer die Ankündigung eines neuen Auffluges).

Dante nimmt eine Lichterscheinung wahr, die sich später als die Seligenschar des Marshimmels erklärt (94): zwei Licht-Streifen, *wie Galaxia* (die Milchstraße) *im Schmuck der kleinen und der großen Sterne zieht von einem Pol zum andern, ein Rätsel selbst den Weisen.* Diese Milchstraße wird verdoppelt *zu Quadranten eines Kreises* (102) und ergibt *das verehrungswürdige Zeichen* des **Kreuzes**.

Das Rätsel von der Entstehung der Milchstraße spiegelt die erhabene Heiligkeit dieses Kreuzes, das die unzähligen Seelen-Lichter am Marshimmel formen.

Der **Übergang** von einem Sphären-Bild in ein
anderes ereignet sich für Dante immer in einer
Verwandlung: nach dem Höhepunkt des aktuel-
len Himmels folgt die Auflösung dieser Sternen-
formation, es bildet sich ein neues kosmisches
Bild aus zahllosen Sternen, und stufenweise er-
kennt Dante das Himmelsbild der neuen Sphäre.

Das Bild der Reigentänze des Sonnenhimmels
löst sich auf in eine gestaltlose und gerade da-
durch überwältigende und endlos scheinende
Zahl von Sternen (Seelen) am Firmament.

Wie man am südlichen Sternenhimmel in der
Nacht ohne unnatürliche Lichtquellen, bei freiem
Himmel über dem Meer, so viele Sterne sieht,
dass man selbst bekante Sternbilder wie den Ori-
on oder Wagen nicht sofort in der Menge der
Lichtpunkte identifizieren kann, und diese sich
erst allmählich dem Betrachter erschließen, so
löst sich für Dante immer das Bild der Himmels-
Sphäre zunächst auf in unendlich viele Licht-
punkte, die erst allmählich seinem Auge (seiner
Erkenntnis) als neue Form begreifbar werden.

Das neue Bild des Marshimmels ist eine doppel-
te, sich kreuzende Milchstraße, die das ganze
Firmament nach den vier Himmelsrichtungen
überwölbt und ein kosmisches Kreuz bildet. In
diesem sieht Dante für einen Moment visionär
den Gekreuzigten aufleuchten.

Dann erklingt wunderbar schöne Musik aus der
unermesslichen Zahl der Lichtpunkte auf dem
Milchstraßen-Kreuz (118).

5. Sphäre: MARSHIMMEL.

15. Gesang: Cacciaguida: Lob von Alt-Florenz

Der Marshimmel ist der **Märtyrerhimmel**. Eine blitzartige Vision des Gekreuzigten, der für alle Menschen zum Märtyrer wurde, hat diesen Himmel eröffnet.

Dante konnte den Aufflug nicht als solchen wahrnehmen. Er war eingehüllt in die *holdselige* Sphärenmusik von *Geigen und Harfen mit vielen Saiten* (XIV, 118).

Als die Himmelsharmonien verstummen, erkennt er, dass die Musik der Seligenschar an diesem Milchstraßen-Kreuz ein einziges Himmels-"Instrument" ist, das Gott (*die Hand des Himmels*) erklingen lässt (4).

Dann löst sich aus dem strahlenden Sternenmeer *plötzlich ein einzelner Feuerfunke* (13).

Was zuerst wie Wetterleuchten (subito fuoco) erscheint, wird sogleich erkennbar als *astro della costellazion* (ein Stern aus einem Sternbild): eine **Sternschnuppe** fliegt in rasender Geschwindigkeit über das Milchstraßen-Kreuz, *vom Arm, der sich nach rechts hinstreckt, zum Fuß des Kreuzes.*

Die Milchstraße bildet einen diffusen Vorhang, hinter dem der leuchtende Stern in Gedankenschnelle über das Firmament fliegt, *gleich einer Flamme hinter Alabaster*[306].

---

[306] *Flamme hinter Alabaster* ist eines der häufigen Bilder aus dem täglichen Leben: Steinmetze pflegten noch heute die Reinheit des Alabasters mit einem dahinter bewegten Licht zu zeigen.

Das Leuchtphänomen ist jetzt am Fuß des Kreuzes angekommen, wo Dante steht. Die unbekannte Seele spricht ihn zunächst in lateinischer Sprache an (28-30), danach in Worten, *die ich ob ihrem Tiefsinn nicht verstand ... und mit Gedanken, die über unsere Denkkraft weit hinausgehen.*
Aus einer solchen Himmels-Ferne kommt die Erscheinung, dass die Verständigung erst allmählich möglich wird.

o Der 15. Gesang des Paradiso ist der erste von vier Cacciaguida-Gesängen[307], die Mittelstück und Kern des ganzen Paradiso bilden. In Dantes Begegnung mit seinem Urahn geht es um eine doppelte **Sendungsidee:**
Glaubenskämpfer und Kreuzzug-Märtyrer Cacciaguida repräsentiert als Sprecher des Märtyrerhimmels und Vorkämpfer einer gottgewollten Ordnung die religiöse Sendung.
Darüber hinaus ist seine Rede über die Zustände im Florenz in seiner Epoche (150 Jahre vor Dante) eine satirisch gefärbte Idylle der „guten alten Zeit"; als Kontrast zu den politischen und gesellschaftlichen Zuständen der Dante-Zeit ist sie aber der Hintergrund für die irdische Sendung Dantes als politischer und religiöser Dichter und Verkünder.

---

[307] *Cacciaguida*, Dantes Ur-Ur-Großvater, ist 1091 geboren (errechnet nach Par. XVI, 37 ff). Er hat also in der ersten Hälfte des 12. Jh. gelebt, 150 Jahre vor seinem Ur-Ur-Enkel Dante. Der Kaiser, der ihn zum Ritter geschlagen hat und auf dessen Kreuzzug er fiel, muss deshalb der Staufer Konrad III. sein. Dieser war 1128 nach Italien gezogen und hatte 1147 den zweiten Kreuzzug unternommen.

Cacciaguidas lange Rede erstreckt sich über vier Gesänge:

- o 15. Gesang: das Lob von Alt-Florenz
- o 16. Gesang: die Klage über den sittlichen und politischen Verfall der Vaterstadt
- o 17. Gesang: Verkündung der Mission Dantes als poetischer Verkünder
- o 18. Gesang: Vorstellung der Glaubenskämpfer im Märtyrerhimmel.

Der erste Teil (15. Gesang) ist nur scheinbar eine schwärmerische Erinnerung an das „gute alte Florenz"; er ist das dichterische Idealbild einer friedlichen mittelalterlichen Stadtrepublik, vor dem sich der Verfall des „neuen Florenz" und Italiens abhebt.

Die Schilderung von der Mäßigkeit der Bürger und der Innigkeit des Familienlebens trägt satirische Züge. Aber die Fakten bleiben:

Die Kettchen und Gürtel der Frauen waren damals noch nicht wichtiger als ihre Trägerinnen (101): Kettchen an den Knöcheln tragen italienische Dirnen als Erkennungszeichen);

Die Töchter erfüllten nicht schon bei ihrer Geburt die Väter mit Furcht wegen einer ruinösen Mitgift (104);

die Bürger fühlten sich noch sicher in ihrer Heimatstadt (118);

die Familien waren nicht wegen der vielen Handelsreisen nach Frankreich zerrissen (120);

es gab noch ein historisches Selbstbewusstsein (126): von Troja kam der Italien-Gründer Aeneas, Rom ist die Hauptstadt, Florenz wurde von Fiesole gegründet.

Erst kurz vor Ende des Gesangs nennt der Spre-
cher seinen Namen (135): er ist Dantes Ur-Ur-
Großvater **Cacciaguida**.

Dantes adliger Ahn wurde von Kaiser Konrad[307]
zum Ritter geschlagen (140). Auf dessen Kreuz-
zug fand er den Tod (146: *wurde ich befreit von
dieser trügerischen Erde*).

Dieser erste Teil der Rede (15. Gesang) schlägt
einen großen Bogen vom öffentlichen Leben in
Florenz über das eigene Schicksal zum Frieden
des Himmels.

16. Gesang: Cacciaguida: Klage über Florenz

Der 16. Gesang bildet mit dem 17. Gesang gemeinsam die **Mitte** des Paradiso. Beide beinhalten die wichtigste Motivation Dantes zu seinem Werk: seine politische **Sendungsidee**, die aus der Geschichte seiner Heimatstadt Florenz und seiner Verbannung erwächst.

Auf die moralische Schilderung von Alt-Florenz im 15. Gesang folgt im 16. Gesang der politische Teil: die historische Entwicklung der Stadt in den vergangenen zwei Jahrhunderten – von der Zeit Cacciaguidas bis zur Dante-Zeit.

Die mittelalterliche Geschichte einer Stadtrepublik ist die Geschichte ihrer Adelsfamilien und deren Machtkämpfe. Für den Gesprächspartner Dante ist die Geschichte jüngste Vergangenheit, für den Redner Cacciaguida eine Zukunftsvision. Der prophetische Charakter der Rede verleiht ihr Würde und Gültigkeit.

Ritterschlag und Märtyrertod seines Urahn erfüllen Dante mit Stolz. Aber Adel muss täglich neu erworben werden (7): er ist ein **Mantel**, den die **Zeit mit ihrer Schere umkreist** und jeden Tag **kürzer schneidet**, wenn ihm von den Nachkommen nicht **immer neue** Verdienste angefügt werden.

Dantes Gespräch mit einer Seele, die ihm aus weiten Fernen als astronomisches Phänomen der Sternschnuppe begegnet, und deren lateinische und mystische Worte und Gedanken er zunächst nicht verstand, wandelt sich jetzt zur persönlichsten Begegnung des ganzen Paradiso.

Die Annäherung von Ur-Ur-Ahn und Dante deutet sich in einer feinen Pointe an: Zuerst hatte Dante Cacciaguida mit dem unter allen Seligen üblichen brüderlichen „tu" angeredet; jetzt bittet er in einem Gefühl von Adelsstolz gegenüber dem Begründer des Familienadels (Ritterschlag durch Kaiser Konrad) darum, das ehrfurchtsvollere „voi" (Ihr) benutzen zu dürfen. Die abseits stehende Beatrice lächelt. *Dabei glich sie ... jener, die sich räusperte ...beim ersten Fehl Ginevras* (13). Dante setzt wie immer bei seinem gebildeten Leser die literarische Kenntnis voraus: im altfranzösischen Lancelot-Roman[308] versucht Ginevra Lancelot zu küssen, und ihre abseits stehende Anstandsdame bekundet durch Räuspern ihre Anwesenheit – in beiden Fällen ein höfliches Zeichen des nicht ernst gemeinten Tadels.

Das Gespräch mit Cacciaguida über die Florentiner Geschichte der vergangenen 150 Jahre gestaltet sich zu einer detaillierten Familiengeschichte des Florentiner Adels und seines verderblichen Einflusses auf die Stadt. Von den 70 damals im Adelsbuch geführten Familien zählt Dante in diesem Gesang die Hälfte auf.

Konkrete historische Vorgänge sind poetisch eingebettet in komplizierte Verschlüsslungen. Florenz ist der „Pferch von Sankt Giovanni" (25: Johannes war der Schutzpatron von Florenz).

---

[308] *Lancelot*: Ritter aus der Tafelrunde des Königs Artus; er bestand Abenteuer für Ginevra, die Gattin des Artus; Der „Lancelot-Roman" ist ein höfischer Versroman von Chrétien de Troyes (um 1180).

Cacciaguida chiffriert sein Geburtsjahr astronomisch-theologisch auf den Tag Mariae Verkündigung statt auf Christi Geburt:

Von jenem Tag, da der Engel 'Ave' sprach, bis zur Geburt (von Cacciaguida) *... kehrte wohl fünfhundertfünfzig mal und dreißig dies Feuer zu dem Löwen.*

„Dies Feuer" (Mars ist der rote Planet) durchlief 580-mal das Tierkreiszeichen Löwe; (Mars und Löwe werden den Elementen des Heißen und Trockenen zugeordnet). Nach einem im Mittelalter gültigen astronomischen Traktat des Alfraganus betrug der siderische Umlauf[309] des Mars 687 Tage; multipliziert mit 580 (Zahl der Durchläufe) ergibt 398.460; geteilt durch 365 (Erdentage im Jahr) ergibt das Jahr 1091 als Geburtsjahr Cacciaguidas. (Marsjahre fügen sich gut zu dem kriegerischen Charakter eines Kreuzzug-Märtyrers). Er lebte *an dem Ort, wo das letzte Sechstel beginnt für den, der euer jährliches Rennen mitmacht* (40). Am Johannistag fand in Florenz das traditionelle Pferderennen statt; das letzte Sechstel beginnt an der Porta San Pietro, dem Bezirk, wo die Häuser der Elisei standen, der einflussreichen Adelsfamilie von Cacciaguidas Frau (XV, 136: *Eliseo, mein Weib* ...). *Wer die Ahnen waren und woher sie kamen, ziemt zu verschweigen* (44) Bescheidenheit eines wahren Adels.

---

[309] *siderische Umlaufzeit*: die Zeit, die ein Himmelskörper benötigt, um einen anderen Himmelskörper einmal zu umkreisen; Umlaufzeit des Mars um die Sonne.

Cacciaguidas Beschreibung des alten Florenz kontrastiert in allen Bereichen mit dem Florenz, aus dem Dante verbannt wurde. Nach der Klage über Sittenverfall im Bürgertum beschreibt er die soziologischen Veränderungen. Das Wachstum der **Bevölkerung** von Florenz (46) in den eineinhalb Jahrhunderten gibt er in der Zahl der waffenfähigen Männer an, die sich verfünffacht hat.[310] Auch die **Fläche** der Stadt machte damals nur ein Fünftel aus *zwischen der Täuferkirche* (Baptisterium) *und dem Mars* (Ponte Vecchio mit dem Marsbild).

Die Bevölkerungs-Explosion kam durch hemmungslose Zuwanderung und Eingemeindung zustande, und dieser ungesunden Mischung der Einwohner gibt Cacciaguida (Dante) die Hauptschuld an der sozialen Fehlentwicklung. Früher *war die Bürgerschaft ... reinen Bluts bis auf den letzten Schuster*. Die unkontrollierte Zuwanderung brachte „Gestank" in die Stadt (55).

Machtsucht der Päpste und Interesselosigkeit der Kaiser ist schuld an der Schwächung des Kaisertums und an der Auflösung der Ordnung (58). Das Vakuum der politischen Führung hat die Spekulanten und Betrüger angezogen (62: cambia e merca – *Geldwechsler und Händler*). Dem noch mächtigen Florenz prophezeit Cacciaguida in einem Sprichwort (70): *Ein blinder Stier stürzt schneller als ein blindes Schaf.*

---

[310] Florenz hatte um 1300, als Dante die *Commedia* schrieb, lt. Chroniken 30.000 Einwohner. Eine Steigerung von 6.000 auf 30.000 kam im Mittelalter einer Bevölkerungs-Explosion gleich.

Die zweite Hälfte des Gesangs gilt **Aufstieg** und **Niedergang** der Florentiner Adelsgeschlechter (73-154), worin sich eineinhalb Jahrhunderte Geschichte spiegeln.

In einer formal und inhaltlich grandiosen Komposition wird die Hälfte der 70 großen Adelsfamilien, die die Geschichte von Florenz geprägt haben, lebendig: Verdienste und Frevel von 35 Geschlechtern sind in 20 Terzinen immer neu variiert, historische Ereignisse satirisch oder tragisch pointiert, Familien kunstvoll gruppiert und ihre Bedeutung in der Zahl Terzinen gesteigert. Ein architektonisches Meisterwerk dramatisierter Poesie:

o Zuerst 24 Familien in 7 Terzinen (88-108).

Die 24 Namen sind in 2 Zwölfergruppen unterteilt und diese durch die historischen Ereignisse dramatisiert. Es sind Geschlechter, die zur Zeit Cacciaguidas bedeutend waren, und zu Dantes Zeit den politischen Niedergang erlebten. Eine einzelne thematische Terzine über den Hochmut des Adels trennt diese erste Gruppe von der zweiten mit 11 Familien in 12 Terzinen (112-147).

Die Chronik baut die schicksalhafte Bedeutung dieser Familien für Florenz in minimalistischen Andeutungen zu einem architektonisch monumentalen Jahrhundertbild.

Eine Familie bleibt namenlos (115): *Die freche Sippe, die zum Drachen wird, wenn einer flieht.* Wahrscheinlich polemisiert Dantes hier gegen die Familie Adimari, die sich nach seiner Verbannung (*wenn einer flieht*) seinen Besitz angeeignet hatte.

Nach insgesamt 34 Familien holt Dante mit gro-
ßem dichterischen Atem aus zum gewaltigen
Schlussgesang in 5 Terzinen, um *das Haus, aus
dem einst euer Jammer entsprang*, zu geißeln (136):
Es ist die Familie Amidei, die am Anfang der
blutigen politischen Fehden steht. Die angesehe-
ne Familie hatte 1215 (fünf Jahrzehnte vor Dantes
Geburt) Graf Buondelmonte wegen eines gebro-
chenen Eheversprechens ermordet; daraus ent-
stand eine **Familienfehde**, die zur Spaltung der
Stadt in **Guelfen und Ghibellinen** führte[311].
Noch hier im Paradies verflucht Cacciaguida
diesen dämlichen/blöden Stein (145: quella pietra
scema), wo Buondelmonte erschlagen wurde
und wo das Unheil für Florenz begann; „der
Stein" ist der Rest einer (heidnischen) Mars-
Statue am Ponte Vecchio.

Es fällt auf, dass nach der ersten Gruppe von
zweimal 12 Familien die letzte nur 11 umfasst.
Die zwölfte wäre wohl die Familie Cacciaguidas
und Dantes gewesen (die Alighieri), die der
Dichter aus Bescheidenheit verschweigt, aber
durch die Gesamtzahl gegenwärtig sein lässt.

Der Gesang endet mit dem Symbol einer Lilie,
die blutbefleckt ist: nach Vertreibung der Ghibel-
linen änderten die Guelfen das Stadtwappen:
statt weißer Lilie auf rotem Feld wählten sie die
rote Lilie auf weißem Feld.

---

[311] Ursprung der Spaltung: siehe auch Inf. XXVIII, 103
(die Zwietrachtstifter im 8. Höllenkreis, 9. Graben).

17. Gesang: Prophezeiung: Dantes Schicksal

Der 17. Gesang ist der **zentrale** Gesang des Paradiso und zugleich der **persönlichste** der ganzen *Divina Commedia*.

Es geht um Dantes eigenes Schicksal: um seine Verbannung und die Sendungsidee des gestürzten Staatsmannes und religiösen Dichters. Dieses Schicksal entwickelt sich vor dem Hintergrund der politischen (15. Gesang) und historischen (16. Gesang) Situation von Florenz.

Der Dichter schrieb die *Divina Commedia* in der Verbannung (bis zu seinem Tod 1321). Durch das fiktive Datum der Jenseitsreise (1300) erhält die „Prophezeiung" über die folgenden Jahre und über Dantes politische und geistige Mission feierliche Würde und Gültigkeit.

Wie der mythische Phaethon, der seine sterbliche Mutter fragte, ob er wirklich der Sohn des Sonnengottes sei, so sehr wünscht Dante seine Zukunft zu kennen (3). Doch in der scheinbaren Ähnlichkeit liegt ein Paradox, das den heidnisch-christlichen Gegensatz spiegelt: Phaethon wird hochmütig und lässt sich von der Antwort verführen, den Sonnenwagen zu steuern; er verliert die Kontrolle, stürzt ab und setzt die Erde in Brand (wobei er eine Wunde in den Himmel reißt, aus der die Milchstraße entsteht). Dante dagegen gewinnt durch die Weissagung demütige religiöse Gewissheit, welche die Größe und Kühnheit seiner Sendung nicht gefährdet.

Cacciaguidas **Prophezeiung** von Dantes Schicksal ist die 7. und letzte, durch die alle bisherigen auf der Jenseitswanderung gegebenen Andeutungen und Vorhersagen die abschließende Erklärung finden. (Der historische Termin der Verbannung ist 1302).

- o 1. Prophezeiung (Inf. VI, 49): Ciacco prophezeit die Vertreibung der *Schwarzen* Ghibellinen und die folgende der „Weißen" Guelfen aus Florenz, von der Dante betroffen ist.
- o 2. Prophezeiung (Inf. XV, 55): Brunetto Latini prophezeit Dantes Verbannung und kündigt dessen Ruhm an.
- o 3. Prophezeiung (Inf. XXIV, 140): Fanni Fucci prophezeit die Niederlage der *Weißen* Guelfen von 1302 (Dantes Verbannung).
- o 4. Prophezeiung (Purg. VIII, 133): Currado Malaspina prophezeit Dantes Verbannung und die Gastfreundschaft in der Familie Malaspina (1306).
- o 5. Prophezeiung (Purg. XI, 139): Oderisi vergleicht Dantes (unausgesprochenes) Schicksal mit dem eines verbannten Zeitgenossen.
- o 6. Prophezeiung (Purg. XXIV, 43): Bonagiunta da Lucca prophezeit Dantes Verbannung indirekt durch Andeutung einer Liebesbeziehung mit der geheimnisvollen Gentucca.

Die 7. Prophezeiung gibt Cacciaguida (46-93), obwohl Beatrice (Inf. XV, 88) für diese endgültige Weissagung angekündigt worden war. Offenbar hat Dante den Werkplan geändert, nachdem er Beatrice als religiöse Gnadengestalt und Sinnbild von Philosophie und Theologie allen irdischen Ereignissen enthoben hat.

Vorsehung und freier Wille (26-45)

Cacciaguida antwortet Dante *nicht durch Zweideutigkeit, in die sich das Heidenvolk verstrickte* (31); seine Prophezeiung soll kein Orakel sein, sondern Enthüllung göttlicher Wahrheit.

Prophetengabe der Seligen setzt göttliche Vorsehung voraus, die mit der Willensfreiheit in Widerspruch zu stehen scheint. Cacciaguida löst den logischen Widerspruch mit dem Bild des Schiffes, das den Strom hinabgleitet, während es vom Auge beobachtet wird (37-42). Das schwierige Bild formuliert in zwei Terzinen ein theologisches Problem:

Die Ereignisse der materiellen Welt folgen aufeinander in einer frei veränderbaren Reihenfolge. Aber im Heilsplan gibt es keine notwendige Abfolge. Der freie Wille bleibt immer unberührt. Ebenso, wie die Bewegung des fahrenden Schiffes nicht durch das Auge des Beobachters verursacht wird, in dem sich das Bild der Schiffsbewegung befindet. Cacciaguida vergleicht die geistige Schau im Unterschied zur materiellen mit dem süßen Orgelton (44: *dolce armonia da organo*), der aus musikalischer Quelle Bildvorstellungen visualisiert.

Das Verbannungs-Schicksal (46-93)

Dante datiert seine Jenseitsreise auf das fiktive Jahr 1300. Also sind die zwielichtige Rolle von Papst Bonifatius VIII. während Dantes Gesandtschaft in Rom (1301), die Verbannung und das Zerwürfnis mit den anderen Verbannten (1302), sowie die Aufnahme am Hofe der Della Scala (1303), echte Vorhersagen.

Die Prophezeiung wird eingeleitet mit einem mythologischen Vergleich: *Wie Hippolytos durch die perfide Stiefmutter aus Athen vertrieben wurde, so wirst auch du aus Florenz fliehen müssen.* [312]
Mit dieser Betonung von Phädras Boshaftigkeit weicht Dante vom Mythos ab: Florenz spielt bei seiner Verbannung nicht die Rolle von Theseus (eines Machthabers), sondern der „perfiden" *Mutter-Stadt.* So ist auch die Inschrift auf seinem Grabmal in Ravenna zu verstehen: „Hier bin ich eingeschlossen, Dante, der aus dem Vaterland Vertriebene, den Florenz, die wenig liebevolle Mutter gebar." Mit der Variierung des Mythos erklärt Dante schon vor der eigentlichen Prophezeiung alle Anklagepunkte für „perfide" erlogen.

Die Parallele mit dem Mythos könnte noch tiefer gehen: Dante hatte im Rat von Florenz gegen die Einmischung des Papstes in die Angelegenheiten der Stadt polemisiert. 1301 war er als Gesandter in Rom, wurde dort vorübergehend festgehalten und während dieser Abwesenheit in Florenz des Staatsbetrugs angeklagt. Möglicherweise deutet er hier an, dass es vom Papst verlockende Angebote gab (Phädras Verführungsversuch), die er abwies und deshalb eine Intrige gegen ihn lanciert wurde. Solche hochpolitischen Details konnte er nur andeuten.

---

[312] Phädra (Tochter von König Minos auf Kreta, zweite Gattin des Athener Königs Theseus) verliebte sich leidenschaftlich in ihren Stiefsohn Hippolytos und versuchte ihn zu verführen. Als er sie zurückwies, verleumdete sie ihn bei Theseus, der Sohn habe sie bedrängt; Theseus glaubte ihr und verwies Hippolytos aus Athen.

Dies (die Verbannung) *wird dort schon eingeleitet, / und bald wird's dem gelingen, der darauf sinnet, / dort, wo man Christus täglich trägt zu Markte.* Wenn zunächst unklar ist, <u>wo</u> die Intrige „eingeleitet" wird, in Florenz oder in Rom, so wird es bereits im übernächsten Vers klar: *La dove Cristo tutto dì si merca* („dort, wo" der Papst in hemmungslosem Macht- und Besitzstreben „Christus täglich verschachert").

Schon ein Jahr vor Dantes Verbannung gab es geheime Absprachen zwischen dem Papst und den Ghibellinen in Florenz (eine Ghibellinen-Dynastie diente Bonifatius als Bankiers). Auf Veranlassung des Papstes marschierte Karl von Valois[313] nach Florenz und stürzte die Guelfen, was auch zu Dantes Verbannung führte[314]. *Schuld hat der Unterlegene* (52). Alles Recht der Welt nutzt nichts gegen die Macht.

Cacciaguida sagt Dante das harte Los des Vertriebenen voraus: *salziges Brot* (unter Tränen) wird er essen und harte Treppenstufen steigen, um Obdach zu erbetteln. Groß wird seine Enttäuschung sein über unsolidarische Exilgenossen. *Doch bald wird ihre, und nicht deine Schläfe bluten.* Die Verbannten versuchten 1304 erfolglos ihre Rückkehr nach Florenz. Da hatte sich Dante schon seit zwei Jahren von ihnen getrennt.

---

[313] *Karl von Valois*: siehe Purg. XX, 71.
Bonifatius VIII.: siehe Inf. XIX, 53.
[314] Dante wird nicht geglaubt haben, dass der Papst persönlich seine Verbannung bewirkt hat; aber sie war eine Folge der Intrigen, die der Papst angezettelt hatte, um die Regierung in Florenz zu stürzen.

Cangrande Della Scala (70-93)

Cacciaguidas Unheils-Prophezeiung von ungerechter Verbannung, Bosheit der Schicksalsgenossen und Vereinsamung im Exil mündet in tröstliche Gedanken über die Aufnahme in einem gastfreundlichen Hause.

Das Lob dieser Familie eröffnet über die persönliche Hoffnung Dantes hinaus eine weltgeschichtliche Perspektive: *Der höfliche Lombarde, der den heiligen Vogel auf der Leiter trägt,* ist der Herrscher von Verona aus dem Haus Della Scala (scala: Treppe, *Leiter*) mit dem Adler *(dem heiligen Vogel)* im Wappen[315].

Diese Lobeshymne auf das Haus Della Scala ist die zentrale Terzine (70-73) im zentralen Gesang des Paradiso.

Cacciaguidas Worte weiten sich zu einer Prophezeiung in der Prophezeiung, die über Dantes eigenes Schicksal hinausgeht (76):

Bei ihm (im Hause Della Scala) *wirst du auch den sehen, der von diesem starken Stern* (Mars ist der Kriegsgott) *bei seiner Geburt so stark geprägt wurde, dass seine Werke wunderbar sein werden.*

In 5 Terzinen singt Dante das Loblied auf seinen hochherzigen Gönner und Gastgeber, der ab 1312 bis zu seinem Tod 1329 Herrscher in Verona ist.

---

[315] *Scaliger*: ghibellinisches Adelsgeschlecht Norditaliens, besaß 1277-1387 die Stadtherrschaft von Verona. Einflussreicher Vertreter: *Cangrande I. Della Scala* (1291-1329); er zog Dichter (u.a. Dante) und Gelehrte an seinen Hof. Bekannt sind die spätgotischen Grabmäler (Scaliger-Gräber) in Verona.

Cangrande Della Scala war zur Zeit der Weissagung (fiktives Jahr der *Divina Commedia* ist 1300) neun Jahre alt, und zu der Zeit von Dantes Exil am Hof in Verona war er 16 Jahre alt.

Von diesem edlen Jüngling erhofft Dante die Erneuerung des Reiches; er soll der große Krieger und Fürst der Zukunft sein, der die Neuordnung des Reiches bewirkt. Seine strahlende Größe wird sich erweisen, *noch ehe der Gascogner den hohen Heinrich betrügt.*

„Der Gascogner"[316] ist Papst Clemens V., der die päpstliche Residenz 1309 nach Avignon verlegte. Zuvor hatte Clemens Kaiser Heinrich VII. zu seinem Italienzug ermutigt, aber 1312 wechselte er die Seiten und stachelte die Guelfen zum Widerstand gegen ihn auf[317].

Noch vorher (vor 1312) wird Cangrande seine segensreiche Macht ausüben.

Cangrande Della Scala war der erste, dem Dante das *Paradiso* sofort nach der Fertigstellung zuschickte; wahrscheinlich hat er es ihm gewidmet.

Die Prophezeiung mündet in ein Geheimnis (92): Cacciaguida *sagte noch Dinge, worüber die staunen werden, die sie erleben.* Denkt Dante an seinen Traum vom rettenden Kaisertum?

---

[316] *Gascogne*: Landschaft in Südwest-Frankreich; das westl. Pyrenäenvorland bis fast zur Garonne; benannt nach den Basken (Vascones), die sich Ende des 6. Jh. niederließen.

[317] *Clemens V.*: im gleichen Höllenkreis mit Bonifatius VIII. (Inf. XIV); siehe auch Purg. XXXII und Purg XXXIII mit Fußnote 247.

Dantes Sendungsidee

Die Prophezeiung gipfelt in einem leidenschaftlichen Bekenntnis zu **Dantes Sendung**. Sie beherrscht das ganze letzte Drittel dieses zentralen 17. Gesanges.

Nach dem Unglück seiner Verbannung und dem Trost der Aufnahme im Exil erscheint Dantes **Nachruhm** als gottgewolltes Mittel zur Erhöhung des Menschen.

Dante darf seine politischen Feinde nicht beneiden; sein Ruhm wird dauern, wenn die traurige Geschichte von Florenz in Vergessenheit gesunken ist. Diesen Gedanken verewigt der Dichter in einer hochpoetischen Wortschöpfung: *s'infutura la tua vita* (98: „dein Leben wird in die Zukunft reichen" – du bist unsterblich durch dein Werk).

Wie für die irdische und die himmlische Liebe im Venushimmel sieht Dante für den irdischen und den überdauernden Ruhm einen gemeinsamen Urgrund. Aber zugleich fürchtet er, dass die Verkündung seiner Jenseits-Erlebnisse das Leben im Exil gefährden könne. Cacciaguida deutet ihm die Jenseits-Begegnung mit berühmten Persönlichkeiten als den göttlichen Auftrag seiner Sendung: Der Mahnruf seiner Dichtung *wird dem Wind gleichen, der an den höchsten Gipfeln auch am stärksten rüttelt* (133). Für den Künstler bedeutet es **die Erziehung des Menschengeschlechts**.

18. Gesang: Märtyrer und gerechte Fürsten

Der 18. Gesang ist der letzte im Marshimmel und bringt den Übergang zum Jupiterhimmel.

Nach der Prophezeiung von Dantes Verbannung, dem harten Los des Vertriebenen und seiner politischen und geistigen Sendung, stellt Cacciaguida stellvertretend für die Märtyrer-Seelen des Marshimmels 9 Glaubenskämpfer vor (31-51), die bereits vor ihrem Tod so großen irdischen Ruhm erlangt haben, *dass jede Muse* (jeder Dichter) *davon singen könnte* (31).

Sobald Cacciaguida den Namen nennt, leuchtet in der unzählbaren Schar der Lichtpunkte auf dem Milchstraßen-Kreuz die Seele auf, *wie der Blitz in der Wolke zuckt* (36).

Die meisten Kommentare nehmen an, dass jede Seele wie Cacciaguida als Sternschnuppe am Milchstraßen-Kreuz niederfährt und vor Dante steht. Das kann, muss aber nicht sein. Nur bei der ersten (*Josua*) ist gesagt, dass das Licht „dem Kreuz entlang gleitet"; das zweite Licht (*Judas Macchabäus*) „bewegt sich kreisend, und die Freude war die Peitsche seines Kreisels"; beim dritten und vierten folgt Dantes Blick „wie des Falkners Auge dem Falken"; der achte (*Robert Guiscard*) zieht Dantes „Blick an jenem Kreuze auf sich". Es kann also auch sein, dass kein eintöniges Erscheinen der (stummen) Seelen vor Dante gemeint ist, sondern sie in verschiedenen Variationen im Lichtermeer des Firmaments aufleuchten.

- o **Josua** (37), Nachfolger von Moses, führte die Juden in das Gelobte Land; gilt als der große Kriegsheld des AT; die Kreuzfahrer sahen in ihm ihren Vorläufer. Seine Eroberung von Jericho wird im Venushimmel bei Rahab erwähnt (Par. IX, 115).

- o **Der ältere Macchabäer** (40): Judas Macchabäus, jüdischer Heerführer. Er leitete den Befreiungskampf der Juden gegen die tyrannische Herrschaft der syrischen Könige und fiel 161 v.Chr. im Kampf gegen die Seleukiden[318]. Für Dante ist er ein Vorkämpfer des rechten Glaubens, der dem Christentum voranging.

- o **Karl der Große** und **Roland** (44) zusammen in einem Vers.
  Karl der Große wurde an Weihnachten 799 in Rom zum Kaiser gekrönt. Er gilt als Erneuerer des Heiligen Römischen Reiches. Sein Kampf gegen die Saraszenen[319] erhob ihn zum Glaubenskämpfer für die Christenheit. Friedrich I. Barbarossa ließ ihn 1165 heilig sprechen.
  Roland war ein berühmter Paladin Karl des Großen und eine Hauptfigur der mittelalterlichen Heldenepen. Als historische Person ist er umstritten.

---

[318] *Seleukiden*: die von Seleukos I. begründete Herrscherdynastie in Syrien; regierte von 312 bis 64 v. Chr.; beim Tod von Seleukos I. umfasste ihr Reich fast ganz Vorderasien bis zum Indus.

[319] *Saraszenen*: im Mittelalter zunächst alle Araber, später alle Muslime der Mittelmeerwelt.

o **Wilhelm, Rainoart** und **Gottfried** zusammen in einem Vers (46).
Wilhelm von Oranje lebte Mitte des 8. Jh. Er soll einer der bedeutendsten Ratgeber Karl des Großen gewesen sein. Als altfranzösischer Sagenheld vereinigt er die Taten mehrerer historischer Gestalten in sich.
Rainoart, eine Hauptgestalt aus Heldenliedern, ist nicht historisch (was Dante noch nicht bekannt war).
Gottfried von Bouillon (1058-1100) war ein Führer des 1. Kreuzzugs und wurde nach der Einnahme von Jerusalem „Beschützer vom Heiligen Grabe". Er wird in Heldenliedern gefeiert.

o **Robert Guiscard** (48) (1016-1085) ist als der Befreier Siziliens von den Saraszenen im Marshimmel. In Rom befreite er den von Heinrich IV. eingeschlossenen Papst Gregor VII. und gewährte ihm Asyl.

o **Cacciaguida** (49) ist während seiner Rede unbemerkt in die Schar der Glaubenskämpfer im Sternenkreuz zurückgekehrt. Dante erkennt seine Stimme jetzt im Himmelschor.

Nur allmählich bemerkt Dante, dass sich *kreisend mit dem Himmel der Bogen geweitet hat* (61). Beim Abstieg zur Hölle und Aufstieg zum Purgatorio waren die Kreise immer enger geworden; der Aufflug dagegen führt durch immer weitere Himmels-Sphären. Erstmals hören wir, dass Dante seinen Weg als „Mitkreisen" erlebt – er ist selbst Bestandteil der kreisenden Sphären.

⇒ In den verschiedenen Himmels-Sphären erscheinen die Seligen nur als Sinnbilder zu Dantes Verständnis. Ihren <u>ewigen Sitz</u> haben sie alle im Empyreum. (Par. IV: Beatrices Lehre vom Aufenthaltsort der Seelen).

Im (ersten) **Mondhimmel** erscheinen die Seligen blass und bewegungslos, wie Spiegelungen auf Glas oder Wasser (Par. III, 10).

Die Seelen im (zweiten) **Merkurhimmel** erinnern an *Fische, die durch einen stillen klaren Bach ziehen* (Par. V, 101); auch sie sind nicht ganz vollkommen und werden mit einem Bild aus der Tierwelt verglichen.

Im (dritten) **Venushimmel** erlebt Dante sie als tanzende Funken, die ihn in stürmischer Freude begrüßen (Par. VIII, 16); aus ruhigem Schwimmen der Fische ist Sprühen geworden.

Mit dem (vierten) **Sonnenhimmel** beginnen die höheren Himmels-Sphären; die Weisheitslehrer treten in harmonischen Figuren auf (Par. X, 65): ein Reigen, ein Doppelregenbogen, zuletzt ein unüberschaubar weiter dritter Reigen, der die beiden anderen unbeschreiblich schnell umkreist.

Der (fünfte) **Marshimmel** steigert die Form ins Kosmische: zwei Milchstraßen, die sich an vier Punkten von Horizont zu Horizont wölben, bilden über das ganze Firmament hinweg ein Kreuz; die Seelen-Schar erscheint der Zahl der Milchstraßen-Sterne gleich.

Im folgenden (sechsten) **Jupiterhimmel** erfährt die Erscheinung der Seligen eine neue Steigerung: die Scharen bilden kein festes Bild mehr – sie verwandeln sich.

Wie Vogelschwärme ziehen sie über den Himmel, *im Kreise, in Streifen* (73). Sie folgen ihrem Gesang im Auf- und Niederfliegen und beginnen Buchstabenformen zu bilden: „ein D, ein I, ein L".

Dante folgt mit den Augen den Flugbildern und liest eine Schrift von *fünf mal sieben Vokalen und Konsonanten* (88): „Diligite justitiam qui judicatis terram" (aus Buch der Weisheit I, 1: *Liebet die Gerechtigkeit, ihr, die ihr die Erde regiert*).

Am Ende ihres Schriftzuges verweilen die Seelen beim letzten Buchstaben und bildeten ein großes „M"[320], *das sich vom silbernen Jupiter*(-himmel) *vergoldet abhob* (94).

Das Himmels-M ist als epigraphisches gotisches „M" vorzustellen, mit dem sich jetzt eine wunderbare Metamorphose ereignet (100): *Wie beim Zusammenstoße glühender Strünke / unzählige Funken auseinanderstieben /... So sah ich dort wohl Tausende von Lichtern / aufstehn und alle hoch und höher steigen / ... und als dann jedes seinen Ort gefunden, / da sah ich Hals und Haupt von einem Adler.*

Das strahlende Buchstabensymbol hat sich verwandelt in einen Adlerkopf, und alle anderen Seligen vervollständigen freudig das Bild.

---

[320] Die allegorische Bedeutung des „M" ist *monarchia*: im Kaisertum, der Monarchie, sah Dante die Idee der Gerechtigkeit am reinsten verwirklicht

Am Firmament entsteht die **heraldische Figur des Adlers** – das Symbol der Königsherrschaft, das aus den Seelen gerechter Fürsten gebildet wird. In den folgenden zwei Gesängen wird dieser Himmels-Adler der Sprecher sein.[321]

Der Kaiseradler löst Dantes Zorn aus über den Machtmissbrauch der Päpste, speziell über die Exkommunikation als politisches Druckmittel[322]. *Der Entzug des Brotes* (128: die Eucharistie) wurde von Johannes XXII.[323] gegen Geld oder politische Vorteile wieder rückgängig gemacht. Es war ein Mittel der Erpressung.

In bitterem Sarkasmus endet der Gesang: Dante legt dem Papst in direkter Rede die zynische Bemerkung in den Mund: *,Meine Sehnsucht gilt nur* dem, *der wegen Tanzsprüngen zum Märtyrer gemacht wurde'*[324] (das Bild Johannes des Täufers war auf die florentinischen Gulden geprägt). *Den Fischer und den Polo* (Spitzname für Paulus) *kenne ich nicht'* (non conosco il pescator nè Polo).

---

[321] *Adler-Heraldik*: Ausführliche Beschreibung der Metamorphose auf der folgenden Seite (19. Gesang).

[322] Man kann vermuten, dass Dante hier die Exkommunikation seines Mäzens Cangrande Della Scala durch Papst Johannes XXII. (1317) im Auge hat. Das wäre ein Hinweis auf die Abfassungszeit des Gesangs.

[323] *Johannes XXII.*: (1245-1334; Papst ab 1316); Franzose; residierte in Avignon; verurteilte Meister Eckhart.

[324] *Johannes der Täufer* soll nach dem Tanz der Salome durch Herodes enthauptet worden sein.

6. Sphäre: JUPITERHIMMEL

19. Gesang: Göttliche – irdische Gerechtigkeit

Vor mir erblickte ich nun das schöne Bild, das froh mit offenen Flügeln die Seelen bildeten.
Alle Seelen des Jupiterhimmels haben sich mit „geöffneten Flügeln" zur heraldischen Adler-Figur zusammengefügt. Hier erklärt sich der wundervolle Vers des vorhergehenden Gesangs (XVIII, 113), dessen übliche Übersetzung „sie fügen sich zum M" (poetisch: *aufblühen zum M*) das Wunder Metamorphose nicht wiedergibt. Dantes „d'ingliarsi all'emme" bedeutet: sie bilden eine **Lilie** (*giglio*) aus dem **M** (*emme*).

Die vollständige Verwandlung der Seelenschar zum Adler im 18. Gesang war vorzustellen:

o Die „Vogelschar" der Seelen schreibt den biblischen Satz an den Himmel (91).
o Am Ende der Schrift verweilen sie bei dem letzten Buchstaben „M" (94).
o Immer mehr Seelen sammeln sich „auf dem (Scheitelpunkt des) M" (97).
o Diese Seelen über dem „M" gruppieren sich zu „Kopf und Hals des Adlers" (107).
o Das „M" wird ausgestaltet zur Lilie, dem heraldischen Symbol in gotischen Familien- oder Stadtwappen (Florenz), wo zwei stilisierte Blätter zur Seite knicken wie „Flügel", und das dritte Blatt sich dazwischen aufrichtet zum „Adlerhals".
o Das „M" (Flügel/Lilie, „Kopf und Hals"), *das sich vom silbernen Jupiter vergoldet abhob* (94), verwandelt sich zum **römischen Kaiseradler.**

Das Wunder dieses rotgoldenen Adler-Mosaiks aus Rubinen ist nicht wie die einzelnen Seelen im Mars-Kreuz individuell vorzustellen – sie bilden eine Art Kollektivwesen als Adlerkopf: alle gerechten Seelen zusammen formen sich zur „Idee der Gerechtigkeit" (10): *Ich sah und hörte den Adler sprechen, und seine Stimme klang wie Ich und Mein, womit er Wir und Unser meinte.* Der Adler wird zum himmlischen Sprechchor.

1. Rede des Adlers

Die Rede behandelt die Unerforschlichkeit des göttlichen Ratschlusses und der Beschränktheit des menschlichen Erkenntnisvermögens (52): Der Mensch vermag mit Augen und Intellekt nicht einmal auf den Meeresgrund zu blicken, aber er maßt sich ein Urteil an, ob in Indien ein Ungetaufter erlösbar sei. **Wer bist denn du**, *der zu Gericht will sitzen! Aus tausend Meilen Ferne fällest du dein Urteil, und dein Blick reicht eine Spanne weit* (79). Das Adlerbild kreist über Dante, und wir erfahren, dass sein „Reden" Sphären-Gesang ist.

Irdische Gerechtigkeit ist das Thema der Anklage von 15 Fürsten, einem Querschnitt durch die europäische Geschichte um 1300 (dem Jahr der *Divina Commedia*). In 9 unheilvollen Terzinen werden sie angeklagt (115):
o die ersten 3 beginnen: **Lì si vedrà** (*Dort* [im Buch der Taten] *wird man* [sehen]…);
o dann 3 mal: **Vedrassi** (*Man wird* sehen);
o zuletzt 3 mal: **E – E – E** (*Und – Und – Und*).
Der Adler (die Idee der irdischen Gerechtigkeit) verdammt die fünfzehn Fürsten.

20. Gesang: Die guten Fürsten – Gnadenwahl

Nach Verfluchung schlechter Herrscher hält der
Adler inne und die Seelen, die seine Gestalt bil-
den, beginnen zu singen. Dante erlebt diesen
Übergang wie den Untergang der Sonne, wenn
das eine starke Licht verschwindet, und nachei-
nander immer mehr Sterne zu leuchten begin-
nen[325]. Es ist das erste von mehreren Bildern, in
denen sich Visuelles und Musik mischen.

Der Triumph der Gerechtigkeit hatte für den
ungerecht verklagten Exil-Politiker Dante eine so
überragende Bedeutung, dass er diesem Gesang
mit besonders erlesenen Wort- und Sinnbildern
einen majestätischen, würdevollen, pathetischen,
geradezu opernhaften Charakter gibt.

Bevor der Adler zu seiner 2. Rede ansetzt, er-
lebt man seine **Stimmbildung** (19): Dante ver-
nimmt den Gesang der Seelen wie das ungewisse
Murmeln eines Baches. Hieraus beginnt sich ein
Klang zu formen, wie sich aus der Saite der Lau-
te beim Zupfen ein Ton formt, oder durch das
Öffnen und Schließen der Löcher am Dudelsack
*der Wind durch das enge Rohr zieht. So ist das Rau-
schen in dem Adler aufgestiegen durch seinen Hals,
als ob er hohl wäre. Dort wurde es eine Stimme, und
die formte sich zu Worten.* Das zweidimensional
flach vorgestellte heraldische Zeichen am Him-
mel erhält durch die präzise Darstellung der
Stimmbildung eine plastische Ausformung (*als ob
er hohl wäre*), die Dante in Staunen versetzt.

---

[325] Im Mittelalter glaubte man, alle Sterne würden von der
Sonne angestrahlt (was nur für die Planeten gilt).

2. Rede des Adlers

In seiner 2. Rede fordert der Adler Dante auf, zu beobachten, *was bei den Adlern auf der Erde der Sonne standhält*[265]: sein Adlerauge (31).

Von allen Seelen, die seine Erscheinung formen, stehen die **6 gerechten Herrscher**, die sein **Auge** bilden, im höchsten Rang.

Der Adler spricht im Singular: er beschreibt nur <u>eine</u> Pupille und nur eine Augenbraue; er steht im Profil am Himmel. Die Metamorphose zur Lilie (Par. XIX, 113: „ingliarsi") ergab also keine zwei symmetrischen Flügel nach beiden Seiten, sondern nur einen. Dante gibt Bilder nur als Hilfen für die menschliche Vorstellung. Häufig deutet er eine Realität an, die momentan hilfreich ist zum Verständnis, und gleich darauf in Irrealität zusammenfällt (z.B. astronomisch-geographische Angaben im Purgatorio und im Paradiso oder Größenangaben wie Inf. XXIX).

Die 6 edlen Fürsten sind tiefgründig ausgewählt und in ihrer formal symmetrischen Anordnung können sinnbildliche Zusammenhänge gesucht werden: Es sind zwei Juden, zwei Heiden und zwei Christen. Anfang und Ende der Reihe bildet je ein Heide; diese konnten nur durch eine besondere göttliche Gnade in den Himmel aufgenommen werden. (Das leitet später zum Thema des 2. Teils über: die Gnadenwahl).

Nur die letzten beiden Herrscher werden mit Namen genannt; die ersten vier sind durch ihre Taten umschrieben.

o **König David** (37-42) ist der Gerechteste; er bildet die **Pupille** im Adlerauge; nach Psalm 89: „Ich will ihn zum höchsten unter den Königen der Erde machen". Im Purgatorio der Hochmütigen wurde er als Beispiel des demütigen und gerechten Herrschers gepriesen (Purg. X, 55-69). Mittelalterliche Darstellungen zeigen ihn als alten Herrscher; erst die Renaissance sah in ihm den jugendlichen Helden. In der Heilsgeschichte ist er der Ahnherr Jesu[326]. Davids Epoche (um 1000 v. Chr.) fällt etwa in die Zeit von Aeneas, dem mythischen Gründer Italiens und Urahn des Römischen Reiches, das im Mittelalter als Vorbereitung für das Reich Gottes auf Erden galt. Die Assoziation kann wie mehrfach in der *Commedia* als Huldigung an Vergil als Dichter der *Aeneis*, verstanden werden. König David entsprach als Verfasser vieler Psalmen auch Dantes Traum vom „Dichter-König".

o **Trajan** (43-48) ist der zweite gerechte Herrscher. Der römische Kaiser (53-117 n.Chr.) tröstete eine Witwe über den Tod ihres Sohnes durch ein gerechtes Urteil über dessen Mörder. Er soll deshalb sogar einen Feldzug verschoben haben, wofür er im Purgatorio den Hochmütigen als Vorbild beschrieben wird (Purg. X, 73). Trajan lebte nach Christus, er hätte also Christ werden können. Wie er trotzdem aus dem Limbus der Hölle in den Jupiterhimmel aufgenommen wurde, wird im 2. Teil des Gesangs dargestellt.

---

[326] Anfang Matthäus: *Dies ist das Buch der Menschwerdung Jesu Christi, der ist ein Sohn Davids, ...*

o **Hiskia** (49-54), König von Juda (727-698 v.
Chr.), der dritte nicht namentlich Genannte,
verkörpert das biblische Beispiel des frommen
Herrschers. Als er schwer erkrankte, kündigte
ihm der Prophet Jesaia den nahen Tod an. Auf
inständiges Bitten gewährte ihm Gott 15 Jahre
Aufschub und Hiskia konnte sein Volk in den
Assyrer-Kriegen retten. Am Lebensende er-
kannte er, dass Gottes Urteil sich nicht verän-
dert hat, wenn eine aus bußfertigem Herzen
kommende Bitte auf Erden erfüllt wird.

o **Konstantin der Große**[327] (55-60) überrascht im
Kreis der edelsten Fürsten, weil Dante die
„Konstantinische Schenkung" scharf verurteilt
als Ursache für die Machtgier und Korruption
des Papsttums[328]. *Er machte sich zum Griechen,
um dem Hirten Platz zu machen.* Nunmehr (im
Jupiterhimmel) *erkennt er, dass die böse Frucht
der gut* (gedachten) *Tat ihm keinen Schaden füg-
te, obschon die Welt daran zugrunde geht.* Kons-
tantin verlegte die Hauptstadt des Römischen
Reiches von Rom nach Byzanz, „um dem
Papst Rom zu überlassen" (*dem Hirten Platz zu
machen*). Durch das Mailänder Edikt räumte er
313 dem Christentum Gleichberechtigung mit
heidnischen Kulten ein und ermöglichte da-
mit dessen Entwicklung zur Staatsreligion.
Kurz vor seinem Tod ließ er sich taufen. Auf
die „Konstantinische Schenkung" gründete
das Papsttum seinen Herrschaftsanspruch.

---

[327] *Konstantin I. der Große*: siehe Par. VI
[328] *Konstantinische Schenkung*: Inf. XIX: Höllenkreis der
Simonisten, Fußnote 79; Purg. XXXII, 124: Prozession
„Entartung der Kirche", und andere Stellen.

Die Urkunde an Papst Sylvester I. gewährte dem Papsttum Herrschaft über Rom und alle westlichen Provinzen. Für Dante ist das Dokument die Ursache für das unheilvolle Macht- und Besitz-Streben der Kirche und den Zerfall des Imperiums.[329] Aber er unterscheidet zwischen der guten Absicht und der verheerenden Folge (*die Welt daran zugrunde geht*), und erhebt den Kaiser in einen hohen Rang der Seligkeit. Er stützt sich dabei auf Thomas von Aquin: *Eventus sequens non facit actum malum qui erat bonus, nec bonum qui erat malus* (Ein später eintretendes Ereignis macht eine Handlung, die gut war, nicht schlecht, und eine Handlung die schlecht war, nicht gut).

o **Wilhelm II. von Sizilien** (61-66), genannt „der Gute" (1166-1189), war in ganz Europa als vorbildlich friedlicher und gerechter Herrscher (*den sein Land beweint*) geliebt. Er förderte die Heirat seiner Tante Konstanze mit Heinrich VI.[330], deren Sohn Friedrich II.[59] als König Siziliens (1198) das Kaisertum in Italien wiederherstellte. *Der Friedrich, unter dem das Land jetzt stöhnt* ist dagegen Friedrich II. von Aragon, zur Dante-Zeit König von Sizilien. Er rangiert einen Gesang vorher unter den ungerechten Herrschern (Par. XIX, 131: *der des Feuers Insel* [Sizilien] *hütet*).

---

[329] Die von Dante noch für echt gehaltene „Konstantinische Schenkung" war Mitte des 8. Jh. in Rom aufgetaucht (400 Jahre nach Konstantin) und wurde erst im 15. Jh. von Nikolaus von Kues als Fälschung entlarvt.

[330] *Konstanze*: Par. III (Legende um Konstanze).

o **Ripheus** (67-72), mythischer Troja-Held, ist nur aus wenigen Versen in Vergils *Aeneis* bekannt. Er beschließt die 6 gerechten Herrscher und leitet (als Heide) über zum 2. Thema dieses Gesanges: die göttliche Gnadenwahl, die ihn in den Himmel aufgenommen hat

Das Wunder göttlicher Gnadenwahl (73-148)

Der 2. Teil des 20. Gesangs beschließt mit der **Gnadenwahl** ein Problem, das im vorherigen Gesang mit der Unerforschlichkeit des göttlichen Ratschlusses und mit der Beschränktheit des menschlichen Erkenntnisvermögens beantwortet worden war (XIX, 40-99): die Verdammnis der nichterlösten „guten Heiden" der Antike.

Dantes nach irdischer und göttlicher Gerechtigkeit dürstendes Wesen war zutiefst von dem theologischen Problem bewegt, ob die „guten" Menschen, die keine Christen sein konnten, von der Erlösung ausgeschlossen sind.

Von den 6 gerechten Herrschern überwölben 5 als Augenbraue das Adlerauge (König David). In ihrer Reihe werden der biblische Hiskia und die Christen Konstantin und Wilhelm von zwei Heiden eingerahmt: dem römischen Kaiser Trajan (53-117 n.Chr.) und dem trojanischen Helden Ripheus (um 1100 v. Chr.). Dies scheint der feierlichen Erklärung des Adlers im vorhergehenden Gesang zu widersprechen (XIX, 103): *Niemals stieg auf zu diesem Reich, wer nicht an Christus glaubte; nicht vor nicht nach dem Kreuzestod.*

3. Rede des Adlers

Der Widerspruch wird gelöst: Wenn Gott aus Machtvollkommenheit eine verlorene Seele erlöst, haben die 3 geistlichen Tugenden Glaube, Hoffnung, Liebe über seinen Willen „gesiegt" (97): *Er selber siegt, weil er besiegt werden will, und er siegt besiegt mit seiner Güte.* (Ma <u>vince</u> lei perchè vuole esser <u>vinta</u>, / e, <u>vinta</u>, <u>vince</u> con sua beninanza). Mit viermaligen „siegen" ist die Gnadenwahl in ein mystisches Paradox gehüllt: gegenseitige Überwältigung von Gott und Mensch.

Die Heiden Ripheus (1. Jt. v. Chr.) und Trajan (1. Jh. n. Chr.) sind Beispiele für beide Aussagen (XIX, 103): *nicht vor, nicht nach dem Kreuzestod.*

Trajan, ausgestattet mit den Kardinaltugenden (Besonnenheit, Weisheit, Tapferkeit, Gerechtigkeit), kam in den Limbus. Keine Reue und kein guter Wille konnten ihn retten. Die Legende erklärt seine Aufnahme in den Himmel mit der Fürbitte Papst Gregor des Großen[331], durch die er noch einmal zum Leben erweckt wurde und bei seinem zweiten Tod (116) bekehrt als Christ starb. Die Legende wurde im Mittelalter geglaubt; auch Thomas von Aquin hat sich in diesem Sinne über die Erlösung Trajans geäußert.

---

[331] *Gregor I.*, der Große (540-604); einer der großen Kirchenväter; führte eine Liturgiereform durch (gregorianischer Gesang). Durch zentrale Vermögensverwaltung bereitete er die weltliche Macht des mittelalterlichen Papsttums und den Kirchenstaat vor. (Den „gregorianische Kalender" führte 1582 Gregor XIII. ein).

Ripheus wurde ohne Wiedererweckung unmittelbar durch Gottes Gnade mit Hilfe der drei geistlichen Tugenden des Himmels würdig (118-129). Seine reine Liebe zur Gerechtigkeit schuf ihm die unergründliche Gnade Gottes „von Gnade zu Gnade" (*di grazia in grazia*). Obwohl er vor Christi Kreuzestod lebte, ist er als „Gläubiger" gestorben; Gott hatte ihm die geistlichen Tugenden direkt eingeflößt – *mehr als tausend Jahre bevor man taufte* (Thomas von Aquin lehrte, dass der Glaube die Taufe ersetzen kann).

Die **Gnadenwahl** ist dem menschlichen Intellekt unzugänglich; sie muss zurückgeführt werden auf die **göttliche Vorbestimmung** (130):
O Gnadenwahl (predestinazion: Vorbestimmung) wie unerreichbar fern ist doch die tiefste Wurzel deines Wesens all jenen Blicken, die nicht die Ursache erkennen können.

Ein musikalisches Bild deutet die tiefe innere Bewegung der beiden Seelen während des Adler-Gesangs: so wie durch den Klang der Zither-Saite *der Gesang Schönheit gewinnt*, so scheinen die beiden *Flämmchen* auf der Augenbraue vor Glückseligkeit zu *blinzeln*.

7. Sphäre: SATURNHIMMEL

21. Gesang: Petrus Damianus –Klosterleben

Dantes Blick in die Augen Beatrices ist immer der Moment des Auffluges in eine höhere Sphäre. Aber diesmal ist er verwundert, dass Beatrice nicht lächelt. Sie bedeutet ihm, dass sie gerade in eine Himmels-Sphäre aufgestiegen sind, in der ihre Schönheit und ihr glückseliges Lächeln verborgen werden müssen, damit Dante nicht daran verbrennt. Sie erklärt es zunächst mythologisch mit *Semele, die zu Asche wurde*[332]; danach mit dem Beispiel des Laubes, das vom Blitz versengt wird. *Wir sind zum siebten Glanz emporgehoben* (13).

Erstmals hat Dante nicht nur den Vorgang des „Auffluges" nicht wahrgenommen, sondern gar nicht bemerkt, dass er sich in einem neuen Himmel befindet.

---

[332] *Semele*: Dante setzt die Kenntnis des Mythos voraus: Semele, die Tochter des Königs Kadmos von Theben, wurde von Zeus (Jupiter) geliebt und schwanger. Die eifersüchtige Hera (Juno) verlockte sie, den Geliebten zu bitten, er möge ihr in seiner göttlichen Gestalt erscheinen. Semele ließ sich dazu verführen, und der höchste Gott war durch ein Versprechen gebunden, ihr jeden Wunsch zu erfüllen. Semele verbrannte unter dem Blitzstrahl des Zeus (oder der Erkenntnis des Göttlichen). –
Der Gedanke steht auch am Anfang von „Faust II": der neu erschaffene Faust wendet sich von der Sonne ab; sein Auge würde verbrennen; so kann der Menschengeist das Göttliche nicht begreifen; er würde verbrennen. Der abgewandte Faust erlebt die Existenz der Sonne im Regenbogen: *Am farbigen Abglanz haben wir das Leben* (Faust II, 4.725).

Der 7. und höchste Planet ist der Saturn. Er wird umschrieben als *der gute Führer, der keine Bosheit unter sich geduldet hat* (25).

Gemeint ist das Goldene Zeitalter, das nach antikem Mythos von Saturn regiert wurde. Seine Sphäre wird „Kristall" genannt als Andeutung auf die kühle klare Natur des Saturnhimmels, mit dem der **oberste Teil des Himmels** beginnt. Mit diesem kristallenen Licht beginnen die Sphären der reinen Kontemplation[333] als Vorstufe zur Vollkommenheit des Empyreums.[334]

Möglicherweise bedeutet der erste Gesang des Saturnhimmels einen persönlichen Einschnitt in Dantes Biographie. Boccaccio (1313-1375), der erste Inhaber des Dante-Lehrstuhls an der Universität Florenz und erste bedeutende Dante-Forscher, berichtet, dass Dante die letzten 13 Gesänge, die erst nach seinem Tode wieder aufgefunden wurden, in seinen letzten Lebensjahren in Ravenna gedichtet habe. Nach der majestätischen Schlussrede des Adlers beginnt im Saturnhimmel eine neue Welt: die meditative, beschauliche Sphäre.

---

[333] *Kontemplation*: konzentriert-beschauliches Nachdenken (Meditation). In der Antike die geistige Schau der Welt; in der Mystik verschiedener Religionen das Sichversenken und meditative Nachdenken über die religiöse Wahrheit, die Schau Gottes oder des Göttlichen; in der christlichen Mystik das innere Gebet als Weg der Gotteserkenntnis und -schau.

[334] Empyreum: griech..: „im Feuer"; der „Feuerhimmel" ist das Zentrum der Göttlichkeit

Beatrice lenkt Dantes Blick nach oben, und er wird überwältigt von einer ungeheuer großen **goldenen Leiter**, die sich ins Unendliche nach oben zu erheben scheint (31).

Auf den Sprossen sah ich so viele Lichter niedersteigen, dass ich glauben mochte, dass aller Himmelsglanz dort ausgebreitet ist.

Vorbild dieser Erscheinung ist die Himmelsleiter, die Jakob[335] im Traume sah (**Jakobsleiter**: Genesis, 28, 12).

Das Bild dieser Himmelsleiter im Saturnhimmel ist sehr viel größer vorzustellen als die „Jakobsleiter". Es ist eine breite Treppe, die vom Saturnhimmel aus schräg ins Unendliche aufsteigt. Dante sieht Scharen von funkelnden Seelen-Lichtern auf und nieder schweben.[336]

Die Jakobsleiter ist **Sinnbild der Kontemplation**. (Der Sprecher des Gesangs, Petrus Damianus, sagte in seiner Schrift *Dominus vobiscum*: „Du bist jene Leiter des Jakob, die du die Menschen zum Himmel führst, und die Engel ... heruntersendest. Du bist der goldene Weg.")

---

[335] *Jakob*: zweiter Sohn Isaaks und dritter der Stammväter Israels; er erkauft sich von seinem Bruder Esau das Erstgeburtsrecht und erschleicht sich den väterlichen Erstgeburtssegen; erhält nach dem nächtlichen Kampf am Jabbok den Namen Israel; seine Söhne gelten als die Ahnherren der zwölf Stämme Israels.

[336] Das Bild erscheint bei Goethe in Fausts Makrokosmos-Schau: „Wie Himmelskräfte auf und nieder steigen / Und sich die goldenen Eimer reichen!" (*Faust I*, 449).

Aus der Seelenschar nähert sich ein Licht, das sich noch nicht zu erkennen gibt.

Dante fragt Beatrice, warum es im Saturnhimmel so still sei, und die Sphärenmusik der anderen Kreise, „die süße Harmonie des Paradieses", nicht mehr zu hören ist, und sie erklärt ihm (61): *Dein Ohr ist sterblich, so wie deine Augen. ... Aus gleichem Grund schweigt der Gesang wie Beatrices Lachen.*

Das Wahrnehmungsvermögen Dantes ist das eines Sterblichen, und bei ihm nimmt die Schaukraft nicht von Sphäre zu Sphäre zu.

Die Sphärenmusik hat aber im Saturnhimmel einen Ausdruck gefunden, den seine Sinne nicht mehr ertragen könnten.

Dante fühlt eine wundervolle innere Ruhe und Beschaulichkeit, die von der Himmelsleiter als Symbol des kontemplativen Aufstiegs ausstrahlt.

Die **Jakobsleiter** ist das Symbol des Benediktinerordens, der (wie im Sonnenhimmel die Franziskaner- und Dominikaner-Orden) in den beiden Saturngesängen durch Heilige seines Ordens (die Dante hier persönlich begegnen) charakterisiert wird:
St. Petrus Damianus im 21. Gesang
St. Benedikt im 22. Gesang.[337]

---

[337] *Hl. Benedikt* forderte von seinen Ordensbrüdern: „Wir müssen mit unserer nach oben strebenden Tatkraft *jene Leiter aufrichten*, die dem Jakob im Traum erschien und auf der sich ihm die hinab- und hinaufsteigenden Engel zeigten".

St. Petrus Damianus beherrscht den ganzen Gesang. Er lebte 1007-1078 und war ein enger Berater und Vertrauter von Papst Gregor VII.[338]

Dante wählt ihn als Hauptfigur in diesem Gesang, weil Damianus das Ideal einer Synthese von Vita activa und Vita contemplativa darstellt (tätiges und meditatives Leben).

Er lebte als Asket in einem Kloster, griff später als päpstlicher Berater und Kardinal stark in die politische Entwicklung ein, und kehrte wieder als Asket zu seinem Orden zurück. Seine starke Wirkung in der Welt verdankt Damianus seiner asketischen Kontemplation.

Bevor Damianus seinen Namen nennt, beschreibt er sein Kloster im Apennin, dessen Abt er war. *Nicht weit von deiner Heimat* (Florenz) *entfernt* (107: non molto distanti alla tua patria). Aus diesem Vers hat sich eine Überlieferung gebildet, nach der Dante selbst dort gelebt und an diesem Gesang des Paradiso gedichtet habe.

Als Gedenkort blieb das Kloster bei Gubbio[339] durch alle politischen Wirren der Jahrhunderte unangetastet. Es wird dort sogar „sein Zimmer" gezeigt. Historische Beweise gibt es keine.

---

[338] *Gregor VII.* (1030-1085); Benediktiner; erstrebte im Investiturstreit, der zur Bannung Heinrichs IV. und dessen Bußgang nach Canossa führte, die Oberhoheit der päpstlichen über die weltliche Gewalt. Seine Regierung bildet den Höhepunkt im Kampf zwischen Königtum und Papsttum im Mittelalter.

[339] *Gubbio*; Stadt in Umbrien, Provinz Perugia, Apennin; heute 30.000 Einwohner; Bischofssitz; reich an Bauten des Mittelalters und der Renaissance (Dom aus dem 13./14. Jh.), Palazzi.

Dominierendes Thema ist die theologische Abgrenzung von **Vorsehung** (*provvidenza*: der göttliche Heilsplan als Ganzes) und **Vorbestimmung** (*predestinazione*: das gottgewollte Los des Individuums), womit die Problematik der Gnadenwahl vervollständigt und abgeschlossen wird.

Am Ende des Gesangs fragt Dante nach dem Namen, und Damianus beschreibt sein Klosterleben, die Zeit als Kardinal, und seine Rückkehr ins Kloster *der Lieben Frau am adriatischen Strand* (123).[340] Er endet mit einer bösen sarkastischen Anklage (127): *Kephas*[341] *... ging einst barfuß und war mager ... Die heutigen Priester* (Li moderni pastori) *wollen, dass rechts und links sie einer führt und stützt, so dick und fett sind sie, und einer hinten soll die Schleppe tragen. Ihre Mäntel bedecken ihre Pferde, so gehen zwei Bestien unter einem Fell. O göttliche Geduld, die solches zulässt.* (Die prachtvollen Mäntel der Prälaten waren so ausladend, dass sie den Pferderücken bedeckten. Der Reiter verschmolz mit dem Tier).

In die kontemplative Stille des Saturnhimmels hinein dröhnt plötzlich ein gewaltiger **Schrei** von zahllosen Stimmen (140), so stark, dass Dante *vom Donner ganz betäubt* ist – alle Seelen haben ihre donnernde Zustimmung gerufen.[342]

---

[340] *S. Maria in Porto bei Ravenna* wurde 1944 bei einem Luftangriff vollkommen zerstört.

[341] *Kephas*: griech. „Fels" nannte Christus den *Petrus*.

[342] Im nächsten Gesang gibt es einen Hinweis (XXII, 13), auf welches historische Ereignis angespielt. ist.

22. Gesang: Zynismus der Papstbullen

Auf den **Donnerruf** der Seelen am Ende des 21. Gesangs folgt eine große **Stille**.

Beatrice erklärt, dass Dante wie im Singen der Seelenscharen auch in deren lauten Schrei den Inhalt nicht begreifen kann. Er war von ihrem Ruf erschüttert, *aber hättest du sein Flehen verstanden, dann hätte er dir auch die Rache angekündigt, die du noch sehen wirst, bevor du stirbst* (13).

„Vendetta" (Rache) bedeutet in der *Divina Commedia* göttliche Strafe. Aus dem Kontext kann man das konkret beziehen auf die (im fiktiven Jahr 1300 der *Divina Commedia* noch zukünftige) 1309 erfolgte Verlegung des päpstlichen Hofes nach Avignon, wo der Papst dann vom französischen Königshaus gesteuert wurde.

Aber der Donnerruf der Saturnseelen ist eine so hochdramatische Inszenierung, dass er noch eine andere Intention nahelegt, die der Dichter nicht unverschlüsselt wagen konnte: 1312 löst Papst Clemens V. mit der **Bulle *Vox in excelsio*** („Die Stimme in der Höhe") den **Templerorden** auf. Man muss nicht spekulieren, ob Dante Templer war; aber gegen die Zerschlagung des Ordens hat er mehrfach polemisiert[343].

---

[343] *Templerorden*: Philipp den Schöne löste den Orden auf, um seinen reichen Besitz zu vereinnahmen. Dante bezeichnet das als „Raubzug" (Purg. XX, 93). Auch Beatrices Prophezeiung eines Retters mit der sprichwörtlichen Drohung, *dass Gottes Rache* (vendetta di Dio) *keine Suppe fürchtet* (Purg. XXXIII, 36) wendet sich scharf gegen die Vernichter des Ordens.

Der Donnerruf, die „Stimme in der Höhe", könnte das Urteil des Himmels sein über „Vox in excelsio": über Papst Clemens V. und den französischen König Philipp den Schönen. Denn Beatrices Prophezeiung bedeutet: der Donnerruf hat „die Rache (Gottes) angekündigt, die du noch sehen wirst, bevor du stirbst" (15).

Dante hat 7 Jahre vor seinem Tod (1314) das „Strafgericht" erlebt: der Großmeister des Templerordens, Jakob von Molay, starb am 11. März 1314 auf dem Scheiterhaufen. Er soll den nahen Tod von Papst und König auf den Tag vorausgesagt haben: Clemens V. starb 40 Tage nach Molay (am 20. April), Philipp der Schöne 40 Wochen nach Molay (am 29. November). Der schnelle Tod der beiden (40 Tage, 40 Wochen), die den Templerorden zerschlagen haben, führte zur Legendenbildung, die auch den von Zahlenmystik beeindruckten Dante bewegte.

Dass diese Deutung vom Donnerruf der Saturnseelen nicht überspitzt ist, zeigt die Parallele im Purgatorio mit einer anderen **Bulle** des gleichen Papstes. Im Tal der säumigen Fürsten (Purg. VIII, 39) kommt eine **Schlange** heran und Dante „erstarrt vor Schrecken" (42). Es ist die Paradiesschlange, „die Eva die bittere Speise reichte." (89). Die Schlange wird sogleich vom Wächterengel verjagt. Aber sie bedeutet mehr als eine Episode, denn Dante verleiht der Szene liturgischen Charakter mit Textanklängen an den 90. Psalm („Kein Übel wird dir begegnen ... seine Engel wird er für dich entbieten ... über Vipern und Ottern wirst du schreiten). Es muss also eine tiefgründige Bedeutung geben.

Die Schlange im **Purgatorio** (VIII, 39) scheint rätselhaft: was soll die Paradiesschlange bei Büßerseelen bewirken, die der Fähigkeit, neue Sünden zu begehen, entrückt sind? Der Versuchungscharakter ist aber eindeutig (101): „Sie kam geschlichen, wandte hie und da den Kopf, und leckte sich den Rücken, so als wollte sie sich glätten."

Zu Beginn der Szene hatte Dante in einem Leseranruf gefordert (19): „Schärfe die Augen für die Wahrheit; der Schleier ist nur zart, du kannst ihn leicht durchdringen." Das Schlangenbild ist also verschlüsselt und hat eine verborgene Bedeutung; diese kann auf den **Templerorden** hinweisen: Clemens V. hatte zum Jahresende 1308 eine **Bulle** erlassen, mit der alle Fürsten Europas aufgefordert wurden, die Mitglieder des Templerordens den Bischöfen zu unterstellen oder sie zu exkommunizieren. Sie beginnt mit den Worten: *„Callidi serpentis"* („Die listige Schlange"). Es ist die gleiche Ironie wie bei *„Vox in excelsio"*: die Bulle richtet sich gegen den Autor selbst; nicht der Orden – der Papst ist die Schlange, welche die Fürsten Europas versucht.

Beatrice lenkt Dantes Blick wieder auf die Himmelsleiter (19) und er bemerkt, dass die Seligen alle eine einheitliche Gestalt haben: als leuchtende Kugeln sind sie reine Lichtphänomene.

Der größte und der allerhellste von diesen Edelsteinen (28) nähert sich; es ist der **heilige Benedikt**. Er sagt seinen Namen nicht, wird aber durch die Nennung seiner Klostergründung leicht erkannt.

Die Seele beschreibt ihr Kloster (37): *Der Berg, auf dessen Hang Cassino liegt*[344] ... das Mutterkloster des Benediktinerordens zwischen Rom und Neapel.

- ○ **Benedikt von Nursia**, heute Norcia (Provinz Perugia, im Apennin zwischen Florenz und Rom), lebte um 480-545. Er stammte aus vornehmer Familie und ging als sehr junger Mann zum Theologie-Studium nach Rom. Die Korruption am päpstlichen Hof schockierte ihn so sehr, dass er bald Rom verließ und in der Nähe von Subiaco[345] in eine Höhle zog, um ein Einsiedlerleben zu führen[346]. Sein Essen ließ ihm ein Mönch vom Felsen herunter. Ein nahegelegenes Kloster wählte ihn zum Abt, aber wegen der strengen Disziplin, die er im Kloster einführte, wollten ihn die Mönche vergiften. Er zog sich wieder in seine Höhle zurück. Sein Ruf und seine Anhängerschaft wuchsen, und er gründete noch mehrere Klöster. Durch seine „Regula" (Ordensregeln) wurde er zum Begründer des abendländischen Mönchtums.

Benedikt schildert die Gründung des Benediktiner-Stammklosters Montecassino, dem größten der westlichen Welt und seine Tätigkeit: Durch Predigten bekehrte er *ringsumher die betörte Welt vom Götzenkult* (44).

---

[344] Benediktinerkloster *Montecassino*: seit 1866 italienisches Nationaldenkmal; 1944 Zerstörung durch alliierte Bombenangriffe; Wiederaufbau 1945-59.

[345] *Subiaco*: Benediktinerklöster in der Provinz Rom.

[346] Die Höhle heißt heute „il Sacro Speco" (heilige Höhle).

Auf dem Hügel von Montecassino erhob sich ursprünglich ein antikes Apollon-Heilgtum, das Benedikt in ein Kloster umwandelte (38).

Papst Gregor der Große[331] beschreibt in seiner Benedikt-Bioraphie die Christianisierung dieser Gegend durch Benedikt:
„(Auf dem Berg) war ein sehr alter Tempel, in welchem nach Sitte der alten Heiden das dumme Volk der Bauern den Apollo verehrte ... Als der Mann Gottes dorthin kam, vernichtete er das Götzenbild, stürzte den Altar um, brannte die Haine nieder und baute in eben diesem Tempel des Apollo eine Kapelle."

Dante möchte Benedikt, der als leuchtende Kugel vor ihm erschienen ist, gerne in seiner körperlichen Gestalt sehen; aber das ist erst im Empyreum möglich, in *jener letzten Sphäre ... die nicht räumlich ist* (67): der Sitz der Seligen in der Anschauung Gottes ist im unendlichen Raum oder ebenso gut raumlos. Dorthin führt die Himmelsleiter (70).

Benedikt schildert seine Ordensidee der Armut und Kontemplation und ist empört über den Missbrauch der kirchlichen Gelder (84), *die den Armen gehören, und nicht Verwandten oder Schlimmerem.*

Dann tritt er zur Seelenschar zurück, *und wie ein Sturmwind wirbelte sie nach oben* (99).

Aufflug zur 8. Sphäre: Fixsternhimmel

Der „Aufflug" vom Saturnhimmel zum höheren Fixsternhimmel ist ein ganz besonders feierlicher Moment: ein unmerklicher Wink Beatrices führt dazu, dass Dante von der Seligenschar erfasst wird und mit ihnen die Himmelsleiter hinauf schwebt (102): *Ihre Kraft besiegte meine Schwere* (sua virtù la mia natura vinse).

Der Aufstieg weitet sich zum kosmischen Ereignis: als Dante sich im Fixsternhimmel findet, steht er unter dem Sternbild der Zwillinge (111: *das auf den Stier folgt*), in dem er geboren ist.

Er ist jetzt *dem allerhöchsten Heil so nah* (124), dass er zurückschauen kann, *wie viele Welten* (einen wie großen Teil des Universums) er mit Beatrice durchlaufen hat (133): *Da blickte ich zurück auf alle sieben Sphären, und sah unsere Erde* (questo globo); *ihr kümmerliches Aussehen ließ mich lächeln*[347].

Die Feierlichkeit der Schau wird noch gesteigert durch die Mythologisierung der Planeten als olympische Götterfamilie (der Saturn als Jupiters Vater, Mars als dessen Sohn...).
Und alle sieben zeigten ihre Größe und ihre Geschwindigkeiten und ihren Abstand (148).

Eine vollständige Planetenschau.

---

[347] Anklang an Ciceros *Somnium scipionis* (Traum des Scipio), zu Dantes Zeit einziger bekannter Teil von *De re publica* (Staat): Scipio wird im Traum ins Weltall versetzt und blickt auf die Erde herab.

8. Sphäre: FIXSTERNHIMMEL

23. Gesang: Triumphzug Christi und Mariae

Dante befindet sich im obersten Bereich des Himmels, dem **Vorraum** des *Empyreum* (griech. εν πυρ: „im Feuer"; Zentrum der Göttlichkeit).

Die Schilderung des Fixsternhimmels umfasst fünf Gesänge. Diese Gesänge sind dem Irdischen vollkommen entrückt, aber trotz der hohen liturgischen Themen atmen sie geistige Heiterkeit.
Der erste der 5 Gesänge zeigt
o im ersten Teil den **Triumphzug Christi,**
o im zweiten Teil den **Triumphzug Mariae.**

Beide Triumphzüge umfassen genau je eine Hälfte des Gesanges: 23 Terzinen – das ist auch die Nummer des Gesangs im Paradiso.

Herabkunft und Wiederaufstieg von Christus und Maria sind eingetaucht in gesteigerte Lichtmetaphysik.

Schon mehrfach hatten Beatrice und einzelne Seelen den tiefen Sinn dieser Visionen gedeutet: alle Seelen-Lichter kommen aus dem *Empyreum;* dort haben sie ihren <u>dauernden</u> Sitz ist. In den <u>verschiedenen</u> Himmels-Sphären erscheinen sie nur, um die theologischen Themen darzustellen. Nur in „realistischen Visionen" der Seelen in den Himmels-Sphären kann Dante seine Sendung begreifen und seine Jenseitsschau den Menschen in Bildern vermitteln kann.

Nach den Kollektivbildern von Regenbogen-
Reigen, Milchstraßen-Kreuz, Kaiser-Adler und
Himmelsleiter bilden die beiden Triumphzüge
von Christus und Maria im Fixsternhimmel eine
Steigerung durch ihre unbestimmte Weite. Am
Marskreuz war das Antlitz Christi nur kurz auf-
geleuchtet, aber im Fixsternhimmel ist Christus
eine überwältigende Lichterscheinung. Zwar
sind beide Triumphzüge frei von dogmatischer
Problematik; aber sie kontrastieren stark in der
Unnahbarkeit des Christus und der Innigkeit der
Maria.

Der Gesang beginnt mit dem vielleicht schönsten
Bild der ganzen *Divina Commedia*: Beatrice erwar-
tet die Erscheinung des Christus wie der Vogel,
der den Tagesanbruch kaum erwarten kann, um
seinen Jungen Nahrung zu holen. Der in fünf
Terzinen komponierte Vergleich schafft Distanz
zu dem Rückblick auf die unteren Sphären und
vermittelt gleichzeitig die erhöhende Empfin-
dung des Aufblicks und der Erwartung: *So wie
der Vogel in dem trauten Laubwerk / wenn er im
Neste seiner lieben Kleinen / die Nacht verbracht, die
alles uns verhüllt, / dann die ersehnten Bilder* (des
Tages) *neu zu schauen / und um die Nahrung aufzu-
finden, sie damit zu nähren, / - wobei die schweren
Mühen Freude sind, - / dem Tag vorauseilt auf dem
offnen Zweige, / voll heißer Liebe auf die Sonne war-
tend, / und eifrig spät, ob nicht der Morgen tagt, / –
so sah ich meine Herrin aufgerichtet / und aufmerk-
sam der Stelle zugewandt …*

378

Dante erlebt zunächst eine unbestimmte, alles erleuchtende Helle und dann erst das Hervorleuchten von **Christus** aus dem Lichtermeer, so wie Mond und Sonne alle Sterne überstrahlen.

Die Verse selbst leuchten in ihrer Häufung heller Vokale (28): *migliaia di lucerne* – (Tausende von Lichtern). *Hier ist die Weisheit und hier ist die Macht, / die zwischen Erde und Himmel alles schuf* (37).

Die Erscheinung wirkt wie einen Blitz, den Dantes Augen nicht ertragen können. Er ist unfähig, das Erlebte zu beschreiben. Auch wenn alle Musen ihm beistünden, könnten seine Verse nicht ausdrücken, was er sah.
So muss dies heilige Gedicht ... hier etwas überspringen, wie jemand, der vor einer Schranke steht (61).
Die Gewalt der Erscheinung bleibt ungesagt.

Parallel zum ersten Triumphzug steht der Triumphzug der **Maria** (70). Christus ist die Sonne, Maria ist der Garten, in dem sie selbst als mystische Rose erscheint.

Anders als Christi Erscheinung in ihrer Absolutheit und Unbegreiflichkeit ist das Geschehen um Maria erfüllt mit stimmungsvollen mystischen Bildern der Marienverehrung. Farben mischen sich mit Musik.

Sie wird begleitet von den Aposteln, die als Lilien bezeichnet werden; ihr Duft bedeutet ihre Rede (74). Die mystischen Bilder kulminieren in der Erscheinung des Erzengels Gabriel, der als eine Fackel über dem Haupt der Maria erscheint.

Gabriel als Fackel umkreist Maria und verleiht ihr durch das Leuchten eine Strahlenkrone (94).

Der kosmische Raum weitet sich durch den Himmelsmantel der Maria, der den ganzen Fixsternhimmel überwölbt (112), so hoch, dass Dante nicht mehr verfolgen kann, wie *die gekrönte Flamme sich, ihrem Sohne folgend, aufwärts hob.* ...
So, wie der Säugling die Arme nach der Mutter streckt, *so reckte sich nach oben mit der Flamme jedes Licht* (die Seelen), um Maria ihre sehnsüchtige Liebe zu erweisen (121).

24. Gesang: 1. Prüfung: Petrus: Der Glaube

Die Apostel aus dem Gefolge der Maria sind bei Dante zurückgeblieben. In 3 Gesängen wird seine Prüfung über die 3 geistlichen Tugenden als Lehrgespräch erfolgen.

Aus der Lichterschar löst sich **Apostel Petrus** (19) und Beatrice bittet ihn, Dante im **Glauben** zu prüfen, *durch den du selbst einst auf dem Meer gewandelt* (39). Beatrice nimmt Bezug auf eine Bibelstelle, die beispielhaft ist für den festen absoluten Glauben, den Petrus in Dante prüfen soll.[348] Allerdings bezieht sie sich offensichtlich nur auf den ersten Teil jener Episode; denn im weiteren Verlauf des biblischen Berichtes erwies sich Petrus als sehr „kleingläubig";[349] selbst der heilige Apostel zweifelte einmal an Christus.

Die **Prüfung** der 1. geistlichen Tugend **Glaube** erfolgt in 3 Stufen:
o Wesen des Glaubens 46-81)
o Quelle des Glaubens (82-114)
o Glaubensbekenntnis (115-154)

---

[348] *Matth. 14, 26-29*: Als die Jünger im Boot Christus über das Wasser schreiten sehen, halten sie ihn für ein Produkt ihrer Einbildung. Petrus sagt: „Herr, bist du es, so heiß mich zu dir kommen auf dem Wasser". Auf Jesu Aufforderung steigt Petrus aus dem Boot und geht über das Wasser zu ihm.

[349] *Matth. 14, 30-31*: Petrus erschrickt vor einem aufkommenden Wind: „Er hub an zu sinken, schrie und sprach: 'Herr hilf mir.' Jesus reckte aber alsbald die Hand aus, und ergriff ihn und sprach zu ihm: 'O du Kleingläubier, warum zweifelst du?',,

o Das **Wesen** des Glaubens definiert Dante mit einem wörtlichen Paulus-Zitat aus einem Hebräerbrief[350] (Hebr. 11, 1): „Glaube ist das zuversichtliche Vertrauen auf das Gehoffte; das Nichtzweifeln an Dingen, die man mit Augen nicht sieht" (64).

o Die **Quelle** des Glaubens sind die in der Bibel beschriebenen Wunder. Auf Augustinus geht das Argument zurück, die allen historischen Erwartungen widersprechende Ausbreitung des Christentums sei nur als Wunder zu erklären.

o Das **Glaubensbekenntnis** wird poetisch umgestaltet in eine Trinitätsformel. Zahlreiche farbige Bilder aus dem Leben und der Natur veranschaulichen das Prüfungsgespräch.

---

[350] *Hebräerbrief*: eine vor 95 n.Chr. entstandene Schrift des N.T., Verfasser und sind Adressat unbekannt; im 2. Jh. fälschlich Paulus zugeschrieben. Eine Gemeinde wird im Glauben bestärkt. Die zitierte Stelle ist in der Interpretation umstritten, weil im Original einige Schlüsselworte mehrdeutig sind.

25. Gesang: 2. Prüfung: Jacobus: Hoffnung

Die Überleitung vom **Glauben** zur zweiten geistlichen Tugend, der **Hoffnung**, bildet den persönlichen Sehnsuchtsruf Dantes nach Heimkehr aus der Verbannung und nach seiner Krönung mit dem Dichterlorbeer (4):

Die Grausamkeit, die mich vertrieben aus jenem schönen Stall, wo ich als Lämmchen schlief, vor Wölfen sicher ... Dann kehre ich zurück ... als Dichter, und am Brunnen, wo ich getauft ward, werde ich den Kranz empfangen.

Der **Apostel Jacobus** prüft in der **Hoffnung**.

Die irdischen Sehnsüchte werden verwandelt in himmlische Verklärung:

im *Venushimmel* ist es die *Liebe*

im *Marshimmel* ist es der *Ruhm*

im *Jupiterhimmel* ist es die *Gerechtigkeit*

im *Fixsternhimmel* ist es die irdische Hoffnung auf Rückkehr in die Heimat, die sich umwandelt in *Hoffnung* als zweite geistliche Tugend.

o Das **Wesen** der Hoffnung erscheint in einem Zitat des Thomas von Aquin (67):
„Hoffnung ist die sichere Erwartung ... auf die Gnade Gottes".

o Die **Quelle** der Hoffnung im Psalm (72):
„(David) goss mehr als alle Hoffnung in mein Herz."

Ein drittes Licht tritt zu den beiden Prüfern: der **Apostel Johannes.**
Er wird Dante in der **Liebe** prüfen (100).

Dante fühlt sich von dem Licht des Apostels vollkommen geblendet, aber Johannes sagt (122): *Warum lässt du dich von etwas blenden, was nicht wirklich ist? Mein irdischer Leib ist Erde* (in terra è terra il mio corpo).

Dante hatte geglaubt, Johannes stehe leiblich vor ihm: Ebenso hatten auch die Jünger Jesus missverstanden, Johannes werde nicht sterben[351].

---

[351] *Joh. 21, 22*: Jesus sagt zu Petrus: „Wenn ich will, dass er bleibe, bis ich komme, was gehet es dich an. ... Aber Jesus hatte zu ihm nicht gesagt, dass er nicht stirbt, sondern: Wenn ich will, dass er bleibt ..."
Daraus folgerte man später: da Johannes doch gestorben ist, sei er leiblich in den Himmel aufgenommen. Auch Thomas von Aquin hielt es nicht für unmöglich. An dieser Stelle der *Divina Commedia* widerlegt der Evangelist persönlich die Legende.

26. Gesang: 3. Prüfung: Johannes: Liebe

Dante bleibt von der Erscheinung des Apostels
Johannes geblendet.
Die Prüfung der dritten geistlichen Tugend, der
Liebe, geschieht im Zustand mystischer Verzückung.
Die Rede von Johannes ist ein „Hauchen".

o Das **Wesen** der Liebe muss nicht mehr definiert werden (7): sie ist nur noch zu vollenden
im Hinstreben zu Gott als himmlische Liebe.

o Die **Quellen** der Liebe findet der Prüfling bei
Aristoteles, Moses und Johannes (38-45):
ein Beispiel aus der Antike, eines aus dem Alten, eines aus dem Neuen Testament.

o Die **Wirkung** der Liebe (46-69) folgt auf die
theologisch-theoretischen Prämissen (Wissenschaft, Offenbarung) als emotionaler, persönliche Aspekt:
Dante beschreibt die unterschiedlichen Motivationen der Liebe (51: „wie sehr dich die
Zähne der Liebe beißen") mit Metaphern der
Minnedichtung: „Stricke" (49: Fesseln) und
„Bisse" (55: Stacheln des Gewissens).
In der Übertragung von Metaphern der irdischen Liebe auf die himmlische entfaltet sich
die starke Einheitsidee im Denken Dantes in
einer Verschmelzung von irdischer und geistiger Liebe besteht ihre Umwandlung.

An dieser Stelle gibt Beatrice Dante seine Seh-
kraft wieder (70). Ihr leuchtender Blick *trieb die*
Schatten aus meinen Augen.

Diese Entblendung erfolgt in einem psycholo-
gisch präzisen Vergleich: im Moment des „Erwa-
chens" wendet Dante sich ab, um sich das opti-
sche Geschehen zuerst innerlich bewusst zu ma-
chen, (über seine Umgebung und die Situation
klar zu werden), denn das Erwachen war „un-
bewusst und plötzlich".
Der Verstand lässt das Bewusstsein langsam er-
wachen, und erst jetzt „fegen die vielen Stäub-
chen von den Augen". *So sah ich jetzt viel besser*
als zuvor; das Staunen übermannte mich (79).

Dantes „Erwachen", eine gesteigerte Schaukraft,
mündet in die Begegnung mit „der ältesten See-
le" (100).

Gespräch mit Adam

Adam liest in Dantes Seele die Fragen, die ihn
bewegen (109):
1. Fragen nach dem Zeitpunkt der Schöpfung
2. Fragen nach der Dauer des Aufenthaltes im
   irdischen Paradies (Eden).
3. Fragen nach dem Grund der Austreibung aus
   dem irdischen Paradies (Eden).
4. Fragen nach der Entstehung der Sprache.

Adam beantwortet zuerst die <u>dritte</u> Frage (115). Sie betrifft ein fundamentales theologisches Problem: die Erbsünde.

Adams Sünde, (Eva wird nicht erwähnt), bestand nicht im Genus vom Baum der Erkenntnis, (dem Wunsch, Wissen von den letzten Dingen zu erlangen), sondern in der <u>Überschreitung</u> des Verbotes, vom Baum zu essen.

Damit haben die ersten Menschen eine von Gott gesetzte Grenze überschritten; hochmütig wollten sie sein wie Gott.

Danach beantwortet Adam die <u>erste</u> Frage (118): den Zeitpunkt der Schöpfung.

Auf Erden lebte er 930 Jahre (Genesis 5, 5). Nach seinem Tod verbrachte er 4.302 Jahre im Limbus der Vorhölle, bis Christus ihn bei seinem Abstieg in die Hölle mit den Propheten des Alten Bundes in den Himmel herauf führte (Inf. IV, 55). Von der Schöpfung bis Christi Tod vergingen also 5.232 Jahre[352].

In der <u>vierten</u> Frage (124) korrigiert Dante seine eigene Sprachentstehungs-Theorie, dass die hebräische Sprache als von Gott geschaffen unvergänglich sei: die Sprache ist ein Werk der Natur, der menschlichen Beliebigkeit, und deshalb veränderlich und vergänglich.

---

[352] Der „Vater der Kirchengeschichte", Kirchenhistoriker und Bischof *Eusebius* von Caesarea (um 300), hatte 5200 Jahre genannt. Daran orientiert sich Dante.

Als letztes wird die <u>zweite</u> Frage (139) beantwortet: Die Dauer des Aufenthaltes im Paradies war im Mittelalter heiß diskutiert, und die Antwort, die Dante (dem „Zeitzeugen") Adam in den Mund legt, ist eine Sensation: die Vertreibung erfolgte am Tage der Erschaffung der Welt.

Adam und Eva waren nur sieben Stunden im Paradies. Dann wirkte der freie Wille und sie wollten sein wie Gott.

Der höchste Berg, der aufsteigt aus den Wogen, (der Läuterungsberg; auf dessen Spitze das irdische Paradies), / *sah mich mit reinem Leben* (von der Erschaffung bis zum Genuss vom Baum der Erkenntnis) *und mit sündigem Leben* (von da bis zur Vertreibung) / *vom Morgen bis zur Stunde, welche folget / der sechsten, da der Sonne Stand sich ändert* – vom Morgen bis zum Mittag.

27. Gesang: Schmährede des Apostels Petrus

Der 27. Gesang beginnt mit der gewaltigsten **Anklage** der *Divina Commedia*.
Es ist eine Schmährede, die alle Anklagen Dantes über das entartete Papsttum zusammenfasst. Sprecher ist der Apostel **Petrus**, der erste Inhaber des Heiligen Stuhls.

Durch den glühenden Zorn von Petrus verfärbt sich die Farbe seines Lichtes, *wie wenn* (der helle) *Jupiter und* (der rote) *Mars, wären sie zwei Vögel, die Federn tauschten* (13). Dreimal steigert er sich in den Gedanken hinein, was aus dem Papsttum geworden ist, das er selbst begründet hat (22):
*Der **meine Stelle** auf Erden usurpiert hat,*
***meine Stelle**,*
***meine Stelle**, die im Angesicht des Gottessohnes unbesetzt war*
(ch'usurpa in terra **il luogo mio**, / **il luogo mio**, **il luogo mio**, che vaca / nella presenza die Figliuol di Dio).

Mit Sicherheit meint Dante einen bestimmten Papst, einen „Usurpator", der den Papst-Thron widerrechtlich besitzt.
Die meisten Kommentare vermuten Papst Bonifatius VIII., Dantes Erzfeind, den er in den Höllenkreis der Simonisten verbannt hat[353]. Dafür würde sprechen, dass Petrus hier im Präsens spricht.

---

[353] *Bonifatius VIII.*: Inf. XIX, 81; und Montefeltro-Episode (Inf. XXVII).

Bonifatius VIII. amtierte 1300, zum fiktiven Zeitpunkt der *Divina Commedia* (er starb 1303).

Es spricht aber dagegen, dass Dante die Gefangennahme von Bonifatius durch Philipp den Schönen einem Angriff auf Christus gleichsetzte (Purg. XX, 85-90), ihn also als rechtmäßigen „Stellvertreter", nicht als Usurpator betrachtete.

Deshalb sollte man eher vermuten, dass Papst Clemens V. gemeint ist, der 1314 starb, und während der Abfassung des Paradiso als Papst herrschte[354].

Clemens hatte 1309 die päpstliche Residenz nach Avignon verlegt und war aus diesem Grund in Dantes Augen kein rechtmäßiger Papst. Außerdem hasste er ihn wegen der Auflösung des Templerordens.

Zu diesem Punkt führt eine weitere Beobachtung: Im Buch der Propheten heißt es bei Jeremias (7, 4): „Verlasset euch nicht auf die Lügen, wenn sie sagen: Hier ist der *Tempel* des Herrn, der *Tempel* des Herrn, der *Tempel* des Herrn."
Das dreimalige „*templum* domini, *templum* domini, *templum* domini" assoziiert den Gedanken an die Templer; also an den Orden, der sich seinen Namen nach dem Domizil auf dem *Tempel*-Berg gegeben hat.

---

[354] *Clemens V.*: siehe Par. XVII (Avignon); Par. XX: die Papstbullen „Vox in excelsio" und „Callidi Serpentis".

Der Zahlenmystiker Dante kann die **drei**-malige Wiederholung von *„meine Stelle"* und *„templum domini"* als Prophezeiung auf den **dritten** Papst nach der Jenseitswanderung (fiktiv 1300) verstanden haben: Clemens V.

Solche Stellen lassen ahnen, wie viel es in der *Divina Commedia* noch zu entdecken und was es zu entschlüsseln gibt, was Dante zu Lebzeiten nicht offen aussprechen durfte oder wollte.

Petri Zorn über den Usurpator, der „Blut und Unrat" verbreitet und Luzifer gefällt (25), erfüllt die Seelenschar mit **Zornesröte**, sodass der ganze Himmel übergossen ist mit dem Glühen der Morgen- oder Abendröte.

Das Erblassen Beatrices gleicht „der Verdunkelung des Himmels bei Christi Tod" (34). Das **Feuerrot** des Himmels geht über in **Totenblässe**, dann in eine **Sonnenfinsternis**. So stark ist die Erregung über die Zustände der irdischen Kirche.

Akustisch vollzieht sich der Farb-Wandel der Seelen-Lichter von der Flamme zur Finsternis im **Zorneston** der Stimme des **Apostels**.

Mit donnernden Worten verurteilt er die Parteinahme der Päpste in der Auseinandersetzung der Guelfen und Ghibellinen: *Die Christenheit sitzt geteilt zur rechten und zur linken des Heiligen Stuhls* (46). Durch das Bibelwort des Jüngsten Gerichts[355] wird die päpstliche Machtpolitik zur apokalyptischen Persiflage.

---

[355] *Matthäus 25, 31-33*: „Wenn aber des Menschen Sohn kommen wird ... dann wird er sitzen auf dem Stuhl seiner Herrlichkeit ... und er wird die Schafe zu seiner Rechten stellen und die Böcke zur Linken."

Die Päpste sind *reißend wilde Wölfe im Hirtenkleid*
(55). (Seit den ersten Versen der *Commedia* gilt
der Wolf als Sinnbild von Neid, Geiz,
gier[356]). Die Klagerede gipfelt in Petri Auftrag an
Dante, nach seiner Rückkehr auf die Erde (64):
Öffne deinen Mund; verberge nicht, was auch ich
nicht verberge. Es ist die letzte und höchste Bestä-
tigung seiner Sendungsidee.

---

[356] Die 3 Tiere im Wald der Verirrung (Inf. I, 49):
Auch Purg XX, 10 gilt der Wolf als das Sinnbild der
Habsucht: (): *Verflucht seist du, du alte Wölfin. ...*
Wann wird er kommen, der sie vertreiben wird?

9. Sphäre: KRISTALLHIMMEL

Aufflug

Mit Petri Strafrede ist der Apostelzyklus zum Abschluss gekommen.

Im zweiten. Teil des 27. Gesangs erfolgt Dantes Aufflug **vom Fixstern- zum Kristallhimmel**. Er verlässt die geschaffene Welt und steigt auf in die reine Sphäre der Engel. Dort finden keine Begegnungen und Gespräche mehr statt – es ist reine Gedankendichtung.

Gespräche werden abgelöst durch ein phantastisches Bild: Emporschweben der Seelen-Scharen wie ein Schneegestöber, das in den nach oben sich weitenden Raum entschwindet.

Über drei Terzinen hin entwickelt sich diese Vision aus natürlichen, astronomischen, mystischen Bildern (67-75):
So wie gefrorne Dünste niederrieseln / durch unser Lüfte, wenn das Horn der Ziege / am Himmel mit der Sonne sich berührt, / so sah ich droben sich den Äther schmücken, / im festlichen Triumphzug vieler Flocken, / die eben noch mit uns hier unten weilten. / Mein Auge folgte den Erscheinungen.
Also: *So wie* auf der Erde die Schneeflocken (gefrorener Wasserdampf) nach unten fallen (durch Schwerkraft), wenn der Steinbock (Ziegenbock des Himmels) sich in Konjunktion mit der Sonne befindet (im Winter, zwischen 21. Dezember und 20. Januar), so erlebt Dante diesen Aufstieg.

Er sah, indem er vom Fixsternhimmel aus zum Empyreum empor blickte („der Äther droben") die aufsteigenden Seelen der Apostel und der Seligen, die gerade noch seiner Prüfung durch die Apostel beigewohnt hatten.

Dante hat die reale Erfahrung umgedreht: die Seelenschwärme „schneien" von unten nach oben; es ist ein Schneegestöber, dass sich ins Unermessliche ausbreitet in die Tiefen und Weiten des Empyreums. Diesem Wunder blickt er so lange nach, bis es sich seinen Augen entzieht.

Beatrice wendet Dantes nach oben gerichteten Blick nach unten, auf die Bewegung des Kreisens (76). Er hatte auch vor dem Aufflug zum Fixsternhimmel zurück geblickt auf die 7 Planeten-Kreise und bis zur Erde hinab (Par. XXII, 127).

Inzwischen ist er mit dem Fixsternhimmel weiter gekreist und blickt nicht mehr auf Jerusalem, sondern er sieht den Ausschnitt des Erdballs, der sich ausbreitet zwischen Cadiz an der Südspitze von Spanien, westlich der Straße von Gibraltar im Atlantik, *wo Odysseus das Meer so toll befahren* hatte (Inf. XXVI, 90-142), und Phönikien[357], von wo Zeus Europa raubte[358].

---

[357] *Phönikien*: Historische Landschaft an der syrisch-libanesisch-israelischen Mittelmeerküste. Seefahrervolk seit dem 2. Jt. v.Chr. Gründung zahlreicher Handelskolonien, u.a. Karthago.

[358] *Europa* war die Tochter des Königs von Phönikien. Zeus verwandelte sich in einen Stier und entführte sie auf seinem Rücken nach Kreta. Dort zeugte er mit ihr 3 Söhne, u.a. Minos (Fußnote 36).

Da riss die Kraft ... mit einem Ruck mich los vom Neste Ledas[359], und trug mit Windeseile mich empor.
Dante ist aufgestiegen in den **Kristallhimmel**.

Der Kristallhimmel ist die oberste und am schnellsten kreisende Sphäre. Sie ist nicht mehr gestaltet wie die anderen Himmel; es ist der Ort des Durchblicks zum Empyreum, dem Sitz aller Seligen und der Gottheit.

Beatrice beschreibt *la natura del mondo* (106: die Natur des Kosmos): Die *Natur* wird durch die Beifügung des Kosmischen zum Inbegriff des *Weltalls*, das vom Empyreum umfangen wird.

Das **Empyreum** kann gedacht werden als Schale, die die gesamte Welt, also die 9 konzentrisch ineinander kreisenden Himmels-Sphären, um-schließt. Es selbst befindet sich in vollkommener Ruhe, aber es ist die Ursache aller Bewegung.

Der gesamte kreisende Kosmos ist eingebettet in den Geist Gottes und wird bewegt durch die Liebe Gottes (109).

Für den Verstand ist das Wesen dieses 10. Him-mels, des Empyreums, nicht mehr vorstellbar; es verliert sich ins Unendliche und kann nur noch von Gott selber gedacht werden.

---

[359] *Nest der Leda*: Zeus hatte Leda als Schwan begattet. Sie gebar Helena und die Dioskuren Kastor und Pollux: diese sind Sterne im Sternbild der Zwillinge.

o Das Empyreum ist <u>zeitlos.</u>
  Erst durch die oberste der kreisenden Sphäre,
  den Kristallhimmel, entsteht Zeit.

o Und es ist <u>raumlos</u>.
  Aber gleichzeitig ist es auch unendlich groß
  und umschließt das Weltall.
  Es ist Mittelpunkt alles Seienden.
  Dantes Aufstieg mit Beatrice durch die Him-
  mels-Sphären bewegte sich also von der Erde
  aus betrachtet rational von unten nach oben,
  von innen nach außen – aber geistig führt er
  aus der materiellen Welt stufenweise in das
  Zentrum: zu Gott.

Der Gesang endet mit einer Klage Beatrices über
die Menschheit (121). Aber sie ist von Hoffnung
erfüllt: *Das Schicksal wird die Flotte umwenden auf
den rechten Kurs.*

28. Gesang: Engelkreise und Hierarchien

Der 28. und 29. Gesang umfasst die **Engellehre**.

Die Hierarchien der Engel

Engel gehören im engeren Sinne nicht zur katholischen Glaubenslehre und sind heute kein theologisches Problem mehr, aber im Mittelalter beschäftigten sie Philosophen und Theologen.

Die Hierarchien gehen zurück auf Dionysius Areopagita[360], der im ersten Kreis der Weisheitslehrer erscheint (Par. X, 115).

Dante hatte in seinem *Convivio* (Gastmahl) eine Reihenfolge der Engelshierarchien aufgestellt. In der *Divina Commedia* korrigiert er sie gemäß der Darstellung des Dionysius Areopagita, den er für einen Jünger des Apostels Paulus und deshalb für die sicherste Quelle hielt.

Da es im Kristallhimmel keine dramatischen Situationen (Begegnungen und Gespräche) gibt, sondern das Geschehen sich ausschließlich als geistige Reflexion ereignet, erlebt Dante die Engelskreise zunächst nicht in eigener direkter Anschauung, sondern als Vision, die sich in Beatrices Augen spiegelt. Es ist eine Vision in der Vision der Jenseitsreise.

---

[360] *Dionysius Areopagita*: Mitglied des Athener Areopag; von Paulus bekehrt (Apg. 17, 34); soll als erster Bischof von Athen den Märtyrertod erlitten haben. Unter seinem Namen (also mit seiner Autorität ausgestattet) verfasste ein unbekannter Philosoph im 5./6. Jh. n.Chr. Schriften, die im Mittelalter nach der Heiligen Schrift zu den bedeutendsten gehörten (Pseudodionysius Areopagita).

Im **Kristallhimmel**, leuchten Dante die Engel-
kreise aus dem **Empyreum** entgegen.
Das mystische Bild der um Gott kreisenden En-
gelscharen ist dem menschlichen Auge nicht
ertragbar. Nur durch die Spiegelung des Bildes
in den Augen Beatrices kann es der Verstand
erfassen. GOTT wird als ein unbeschreiblich
strahlender Punkt vorgestellt, der in seiner Kon-
zentration aller Energien unendlich ist (16). „Das
Auge muss sich schließen vor des Lichtes Schärfe".[361]

Man hat immer wieder versucht, den Aufbau des
Paradiso graphisch darzustellen:
Die 9 Himmels-Sphären werden von einer zehn-
ten als einer sie umschließenden Schale umge-
ben, dem Empyreum, Sitz Gottes und aller Seli-
gen. Da Gott als Leuchtpunkt (später als Blitz)
vorgestellt ist, wird er dann außerhalb des Em-
pyreums gedacht.
Der physikalische Widerspruch einer alles
Seiende umfassenden und unendlich großen
Schale, die gleichzeitig ein Kern-Punkt *GOTT* ist,
kann sich nur in dem Verständnis von Unend-
lichkeit lösen: das Empyreum umfängt eine
unmeßbare Weite und ist gleichzeitig auch als
Punkt unendlich („unmessbar").
Da die Erscheinung von Raum und gleichzeiti-
ger Unendlichkeit die Fassungskraft des Men-
schengeistes übersteigen, kann auch das Kleine
ebenso unendlich klein gedacht werden wie das
Große unendlich groß.

---

[361] Im *Convivio* sagt Dante (II, 13, 27): „Der Punkt ist
unmessbar (immensurabile) wegen seiner Unteil-
barkeit" – also unendlich.

Gott ist unendlich groß (die den Kosmos um-
schließende Sphäre) und er ist gleichzeitig (als
der Gedanke Gottes) ein gedachter Punkt, ohne
Ausdehnung und ohne Materie.

In einer genialen Synthese seiner Lichtmeta-
physik fasst Dante die mathematische Definition
des Punktes von Euklid[362] (*punctum est cuius pars
nulla est* – „ein Punkt ist das, dessen Teil nichts
ist") mit der Aristotelischen Definition des Ur-
prinzips der Welt („der unbewegte Beweger
bewegt") poetisch-philosophisch zusammen.

Den konzentrisch umeinander kreisenden neun
Himmels-Sphären wird in der zehnten, dem
Empyreum, ein anderes System himmlischer
Kräfte gegenübergestellt: innerhalb des Empy-
reums, das alle Kreise umschließt, kreisen wiede-
rum 9 Engelshierarchien um das Zentrum Gott.
Sie werden von innen nach außen beschrieben.

Der Gott am nächsten kreisende „Feuerkranz"
(erst im letzten Drittel des Gesangs erklärt Beat-
rice die einzelnen Hierarchien) umkreist „den
Punkt" (25) schneller als die schnellste Sphäre,
der Kristallhimmel.

Um diesen innersten Kreis bewegen sich kon-
zentrisch die anderen Hierarchien. Die „Realität"
dieses transzendenten Lichtkreis-Systems wird
suggeriert durch eine scheinbar konkrete Grö-
ßenangabe: der 7. Engelkreis hat die Größe eines
irdischen Regenbogens (dessen Umfang errech-
net werden kann).

---

[362] *Euklid*: griech. Mathematiker um 300 v.Chr. in Alexand-
ria. Sein Werk *Die Elemente* gilt als einflussreichstes
Mathematikbuch aller Zeiten; 13 Bücher sind erhalten.

Die kreisenden Bewegungen des Paradiso erhalten ihre Dynamik durch entgegengesetzte Geschwindigkeiten: mit wachsender Erdenferne und somit Gottesnähe kreisen die Sphären immer schneller; aber über der schnellsten, dem Kristallhimmel, kreisen die 9 Engelhierarchien mit umgekehrter Geschwindigkeit: von innen nach außen (wachsender Gottferne) immer langsamer (25-36).

Beatrice erklärt das geometrische Paradox damit, dass Urbild („exemplum": übersinnliche Welt) und Abbild („exemplar": sinnliche Welt) sich im Kosmos nicht gleichartig verhalten (55):

Das Gesetz des **natürlichen** Kosmos bedingt nach dem Ptolemäischen Weltbild[363] ein Zunehmen der Kreisgeschwindigkeiten mit wachsender Entfernung von der Erde (sonst würden sich die Planeten nicht „bewegen").

Dagegen ist das Gesetz des **übernatürlichen** Kosmos metaphysisch begründet: die Bewegung hat ihren Ursprung in der Liebe Gottes (Beatrices „Natur des Kosmos", Par. XXVII, 111); deshalb nimmt die Bewegung mit wachsender Gottesferne ab (was auch für die Sphären wieder stimmt).

Durch seine Einweihung in die Engelhierarchien ist Dantes Schaukraft gewachsen. Er kann seine Augen jetzt zu den im Empyreum kreisenden Engelscharen erheben. Das aufblitzende Lichtgebilde der Hierarchien erscheint ihm wie *ein Funkensprühen in allen Kreisen, wie Eisen sprüht, wenn es zu flüssiger Glut erhitzt wird* (89).

---

[363] Ptolemäisches Weltbild: die Erde ist Mittelpunkt des Weltalls; um sie kreisen die Planeten

Die Zahl der Engel

Im Mittelalter war die Zahl der Engel eine heftig diskutierte theologische Frage.

Dante hatte im Sonnenhimmel der Weisheitslehrer König Salomo als Ideal der größten menschlichen Weisheit gepriesen, weil er von Gott nicht Weisheit in theologischen Fragen erbeten hatte, sondern praktische Weisheit des Königs als höchster Richter (Par. XIII, 88-111), und ironisch wurde die Frage nach der Engelzahl als Beispiel einer unsinnigen theologischen Forschung angeführt (Par. XIII, 97).

Jetzt blickt Dante selbst auf zum Empyreum mit den kreisenden Engelscharen und hat einen Eindruck von ihrer Zahl (92): *Ihre Zahl war größer als das Schachbrett sich vertausendfältigt* (scacchi s'immilia). Mit der Wortschöpfung „s'immilia" (sich vertausendfachen), welche die Bedeutung von „mille" als die symbolisch größte Zahl (unendlich) ins Unermessliche steigert, spielt Dante an auf die alte indische Legende von Reiskörnern auf dem Schachbrett[364]: es ist theologisch unsinnig, die Zahl der Engel denken zu wollen.

Erst nach der Gesamtschau der Engelscharen erklärt Beatrice im Schlussteil des Gesangs die Reihenfolge der **Hierarchien** (97-139). In Abweichung seiner früheren Darstellung (*Convivio*) folgt Dante jetzt Dionysius Areopagita. Alle Engelnamen gehen auf die Bibel zurück.

---

[364] Wenn auf dem 1. Feld 1 Korn liegt und die Zahl mit jedem Feld verdoppelt wird bis zum letzten 64. Feld, ergibt es über 18 Quadrillionen (18 mit 12 Nullen).

o Erste Dreiheit (98-105):
 1. Kreis: **Seraphim**
 Plural von hebräisch *saraph*: Schlange;
 der Prophet Jesaja beschreibt sie als himmli-
 sche Wesen mit 6 Flügeln und menschlicher
 Stimme.
 2. Kreis: **Cherubim**
 Plural von Cherub; hebräisch „Lichtengel";
 in der Umgebung Gottes.
 3. Kreis: **Throne**
 sie bilden den Thron Gottes.

o Zweite Dreiheit (115-123):
 4. Kreis: **Herrschaften.**
 5. Kreis: **Kräfte.**
 6. Kreis: **Gewalten.**

o Dritte Dreiheit (124-126)
 zwei „Jubelreigen" (*tripudi*)
 ein „Spielreigen" (*ludi*):
 7. Kreis: **Fürstentümer.**
 8. Kreis: **Erzengel.**
 9. Kreis: **Engel.**

Am Schluss des Gesangs schiebt Dante seinen
früheren „Irrtum" im Aufbau der Hierarchien
humorvoll auf Gregor des Großen[331] (von dem er
sie übernommen hatte) und erzählt: Nach der
Ankunft im Himmel musste Gregor *über seinen
Irrtum lächeln*. Dionysius Areopagita dagegen
beschrieb die Engelscharen ebenso (richtig) *wie ich*
(Dante).

29. Gesang: Erschaffung und Wesen der Engel

Der 29. Gesang ist wie der vorhergehende reine Gedankendichtung ohne szenische Ereignisse. Er setzt die **Engel-Lehre** fort:

o **Erschaffung** der Engel, ihr **Wesen** (1-48),
o **gute** und **böse** (abgefallene) Engel (49-81),
o die zwar begrenzte, aber für den Verstand nicht erfassbare **Zahl** (127-145).

Vor den letzten Teil eingeschoben (82-126) ist eine Anklage Beatrices über die geistigen Verirrungen der Menschen. Die satirische Derbheit ihrer Rede bildet einen starken realistischen Kontrast zu der metaphysischen Engelwelt.

Am Anfang des Gesangs wird in kunstreicher astronomischer Darstellung die kurze Zeit beschrieben, die Beatrice zwischen dem Ende des vorhergehenden Gesangs (Engel-Hierarchien) und Beginn des neuen (Erschaffung der Engel) geschwiegen hat. Solche komplizierten Umschreibungen wählt Dante immer dann, wenn die Bedeutung einer Szene hervorgehoben werden soll.

Die Darstellung zu Beginn des 29. Gesangs sei beispielhaft erklärt (1-9): *Solang wie beide Kinder der Latona / im Widderzeichen und der Waage stehend / am Horizonte in der gleichen Zone, / vom Augenblick, da der Zenit[365] sie ausgleicht / bis eines vor dem andern in dem Kreise, / die Hemisphäre wechselnd sich gelöst hat, / so lang schwieg Beatrice, und ihr Antlitz war überstrahlt vom Lächeln ...*

---

[365] *Zenit*: Scheitelpunkt. Der genau senkrecht über dem Beobachtungsort liegende Punkt am Himmel.

Die astronomische Konstellation ist mit einer Waage zu vergleichen, in deren Schalen *„die beiden Kinder der Latona"* (Apollon/Sonne und Diana/Mond) im Gleichgewicht sind (*da der Zenit sie ausgleicht*). Wenn Sonne und Mond sich in Opposition befinden (bei *Vollmond*), wird zwangsläufig das eine Gestirn *aufgehen*, wenn das andere *untergeht* (*die Hemisphäre wechselnd*).

Mathematisch ist es ein Moment der Gleichzeitigkeit, zu kurz, um Beatrices Schweigen auszudrücken. Dem Auge des Betrachters ist der Augenblick jedoch wahrnehmbar als die Sekunden, in der Sonne oder Mond gerade auf- oder untergehen. Die Besonderheit des eindrucksvollen, regelmäßig wiederkehrenden Ereignisses wird deutlich, wenn hinter dem allgemeinen Vorgang die konkrete astronomische Situation betrachtet wird: Es handelt sich dabei um eine sehr seltene Konstellation, dass Sonne und Mond sich im Sternbild des Widders bzw. der Waage gleich weit am Zenit gegenüberstehen. Das geschieht nur bei einer Mondfinsternis. Dann dauert der „Moment" der totalen Verdunkelung etwa eine Minute.

Der Vergleich mit Beatrices Schweigen stammt zwar aus der Erfahrungswelt des Lesers (Sonne und Mond, Auf- und Untergang), ist aber nur scheinbar ein gewohnter Vorgang (Vollmond); astronomisch bedeutet die Konstellation eine Mondfinsternis; und diese war im Mittelalter ein aufregendes, mystisch gedeutetes Ereignis.

Nach dieser geistigen Anspannung des Lesers kann Beatrice sich der sublimsten theologischen Lehre zuwenden: der **Erschaffung der Engel**.

Vor der Schöpfung ruhte die ewige Liebe (19); es gab kein vorher: erst durch den Schöpfungsakt der Himmels-Sphären entstand „Zeit" (durch die Bewegung des Kristallhimmels).

Die Schöpfung vollzog sich also noch außerhalb von Raum und Zeit.

Die Bedeutung dieses Lehrgesprächs wird betont durch den Bezug auf die Schöpfungsgeschichte (Genesis 1, 2: „Und der Geist Gottes schwebte über den Wassern.")

Dante verschärft die Stelle noch (20): *Denn weder vorher noch hernach bewegte / sich Gottes Rede über den Wassern.* Statt „Gottes Rede" (*lo discorrer di Dio*) übersetzt Hees: „das Brüten Gottes".

Schon Augustinus hatte spekuliert, was der Plural „über den Wassern" bedeutet, und unter den scholastischen Bibelexegeten bildete sich die Überzeugung, dass es sich nicht um irdische Wasser handelt, sondern um kosmische:
Die äußerste Hülle, der Kristallhimmel, das „primum mobile" (das erste Bewegte), schafft einen Raum und durch seine Bewegung entsteht gleichzeitig die Erscheinung von Zeit. Dante scheint das noch speziell zu betonen durch *quest' acque*: „diese Wasser" – es ist der Kristallhimmel, in dem er sich mit Beatrice gerade befindet und auf den Beatrice hindeutet.

Zunächst werden die **3 Aspekte der Schöpfung** nach Platon vorgestellt:

1. Die **Form**: das metaphysische Urbild der Kräfte, die den Himmel bewegen (Engel).

2. Die reine **Materie**: der Rohstoff („materia prima").

3. Die **Vereinigung** von beiden erzeugt den bewegten Kosmos der Himmels-Sphären.

Die Simultaneität der Erschaffung von Form und Materie sowie deren Verbindung wird in zwei Vergleichen erklärt:

o im Bild eines Bogens mit 3 Sehnen, der 3 Pfeile genau gleichzeitig abschießt (24);

o im Bild des Lichtes, zwischen dessen Auftreffen und Eindringen in Kristall kein Zeitunterschied besteht (die Lichtgeschwindigkeit[366] war noch nicht bekannt).

Die Verbindung der Bilder vom materiellen Pfeil und dem (zu Dantes Zeit) immateriell vorgestellten Licht erhebt den naturwissenschaftlichen Schöpfungsaspekt zur mystischen Schöpfungsidee. Der Pfeilschuss wird zu einem Lichtstrahl, der die Materie durchdringt und sie gleichzeitig transparent macht.

---

[366] *Lichtgeschwindigkeit*: höchstmögliche Geschwindigkeit (Relativitätstheorie): 299.792.458 m/s. Nach vergeblichen Versuchen Galileis errechnete O. Römer 1676 die Lichtgeschwindigkeit aus seinen Beobachtungen der Verfinsterungen eines Jupitermondes. (Die Intervalle änderten sich je nach Abstand zur Erde).

Erschaffungszeit der Engel

Von dieser Gleichzeitigkeit der Schöpfung aus wird die Erschaffunng der Engel erklärt. In 3 Terzinen widerlegt Beatrice die Lehre des Hieronymus[367], dass *die Engel viele hundert Jahre vor der ganzen Welt erschaffen wurden* (37). Sie argumentiert rational, dass diejenigen Wesen, deren Aufgabe es ist, die Himmels-Sphären zu „drehen", unmöglich so lange Zeit im „Unvollkommenen" (also vor der Erschaffung des Kosmos – der Sphären, die sie zu bewegen haben) existieren konnten.

Engelsturz

Wie Schöpfung des Kosmos und Erschaffung der Engel wird auch der Engelsturz aus mystischer Sicht dargestellt. Der Engelsturz ist das Urbild des Sündenfalls: ihr Hochmut gegen Gott entspricht dem Hochmut der ersten Menschen, die vom Baum der Erkenntnis aßen. Die Trennung der guten und bösen Engel ereignete sich gleichzeitig mit dem Schöpfungsakt. *Nicht schneller könnte man auf zwanzig zählen, / als schon ein Teil von jenen Engelwesen / das tiefste eurer Elemente* (die Erde) *trübte* (49). Der Abfall erfolgte im Moment ihrer Erschaffung, weil sich genau in diesem Moment ihre Willensfreiheit verwirklichte.

---

[367] *Hieronymus* (um 347-420); Kirchenlehrer. Einsiedler in Syrien. Hauptwerk ist die Neubearbeitung des lateinischen Bibeltextes (Vulgata). Er verfasste zahlreiche theologische und historische Werke und zählt zu den bedeutendsten Gelehrten seiner Zeit.

Gedächtnis der Engel

Zum Schluss der Engelslehre behandelt Beatrice eine in den Theologenschulen umstrittene Frage: *l'angelica natura* (die Natur der Engel): die Frage nach dem Gedächtnis der Engel (70). Engel bedürfen keiner Erinnerungsfähigkeit, weil sie ununterbrochen Gott, die absolute Vollkommenheit, schauen.

Mit dieser totalen Negation des Gedächtnisses geht Dante weit über die geltende Lehre des Thomas von Aquin hinaus, der, gestützt auf Augustinus, den Engeln eine gewisse Art von intellektivem Gedächtnis zuschrieb.

Zahl der Engel

Den Abschluss des Lehrgesprächs bildet eine definitive Antwort auf die populäre Frage nach der Zahl der Engel (130): sie übersteigt die Fassungskraft, aber sie ist nicht unendlich.

Während dieser komplizierten theologischen Erörterung wendet sich Beatrice noch einmal zur Erde und geißelt **Prediger und Mönche** (94-124). *Florenz hat nicht so viele Lapi und Bindi* (Hinz und Kunz) *wie Pfaffen, die Märchen von der Kanzel verkünden ... Sie predigen witzig und geistreich, und wenn alle lachen, schwillt ihnen die Kapuze.* In ihren Kapuzenzipfeln habe sich „ein Vogel" eingenistet: der Teufel als Inspirator der Predigt.

10. Sphäre: Empyreum

30. Gesang: Aufflug – Die Himmelsrose

Der **Kristallhimmel** ist der oberste Himmel; er dreht sich am schnellsten. Er ist Ursprung von Raum und Zeit, denn als „primum mobile" (das erste Bewegte) bewegt er alle anderen Kreise.

Diese 9. Himmels-Sphäre zeigt keine Gestaltung mehr, sie ist nicht dramatisiert (es gibt keine Begegnungen mit anderen Seelen). Von hier aus blickt man auf zum Empyreum, dem <u>dauernden</u> Sitz aller Seligen, die Dante in den anderen Himmels-Sphären nur sinnbildlich erschienen waren, um ihn in die höchsten Geheimnisse einzuweihen.

Das **Empyreum** (griech. εν πυρ: „im Feuer") ist der „**Feuerhimmel**".

Hier befindet sich der Sitz Gottes, um den die neun Hierarchien der Engel kreisen, die Dante im 28. Gesang als Vision beim Aufblick vom Kristallhimmel aus erlebte.

Die Vision hatte seine Schaukraft so gestärkt, dass er nun fähig ist, das Höchste zu schauen; denn der Übergang in die 10. und letzte Sphäre bedeutet etwas grundsätzlich Neues: es ist die Überwindung der intellektuellen theologischen Wissenschaft durch die reine mystische Schau.

Hier endet auch Beatrices Führung.
Dante wird die Geheimnisse im Empyreum **selbst schauen.**

Der **Übergang zum Empyreum**, den Bereich der reinen Transzendenz, ist ein so fundamentaler Moment, dass er durch ein besonders prächtiges astronomisches Bild eingeleitet wird.

Sechstausend Meilen etwa von uns entfernt, / glüht dort die sechste Stunde dieser Welt, / und sinkt der Schatten schon zum ebnen Bett.

Die Terzine umschreibt die Stunde vor Sonnenaufgang. Das ergibt sich aus dem Erdumfang und der Geschwindigkeit der Erdbahn (nach ptolemäischem Weltbild: der Sonnenbahn): Dante nahm den Erdumfang mit 20.400 Meilen an (etwa 35.000 km; der tatsächliche Umfang des Äquators ist etwa 40.000 km). Da die Sonne die Erde in 24 Stunden einmal „umkreist" (bzw. sich die Erde einmal dreht), ist der Ort, an dem die Sonne aufgeht, 6 Stunden von dem Ort entfernt, an dem sie mittags steht. Bei dem angenommenen Erdumfang von 20.400 Meilen durchläuft sie pro Stunde 850 Meilen (20.400:24), in der „sechsten Stunde" 5.100 Meilen (850x6).

Dantes „Sechstausend Meilen etwa" sind dann: „etwa" (*forse*) **eine Stunde vor Sonnenaufgang** (5.100+850 = „etwa 6.000").

Es nähert sich die **Morgenröte** (die Erde wirft den Schatten waagrecht: „zum ebnen Bett"). In den poetischen Bildern der 2. und 3. Terzine beginnt der Tag sich zu erhellen: *Stern für Stern verliert seinen Glanz und die hell leuchtende Magd der Sonne kommt herauf* – die erste Stunde des Tages kündigt sich an. *Nicht anders ist der Engelschor ... meinem Blick erloschen* (10).

Das Erlöschen der Vision ist mit einem neuen Rätsel verbunden: *Der Engelschor* (il trionfo), *der immer um jenen Punkt spielt, der mich besiegte, scheint von dem, was er umschließt, umschlossen.*

Gott („der Punkt", die Mitte) ist nur scheinbar von dem Chor der Engel umgeben. In Wirklichkeit ist er es, der sie umschließt, so wie er das gesamte Universum in sich begreift.

Beides, der von den Engeln umkreiste Punkt wie der sie umgebende Feuerhimmel, sind identisch mit der Gottheit.

Dieser Widerspruch fordert die Unterwerfung der Logik. Eine alles Seiende umfassende unendlich große Schale, die gleichzeitig ein Kern-Punkt ist (Par. XXVIII, 16), bedeutet eine physikalische Unmöglichkeit.

Vor jedem Aufstieg in einen höheren Kreis wandte Dante sich zu Beatrice; es war der Blick in ihre Augen, der ihn erhob, und er bemerkte die Ankunft in einer neuen Sphäre immer an der gesteigerten Schönheit Beatrices.

Dies geschieht nun zum letzten Mal: in 7 Terzinen (16-35) erfüllt sich die Geschichte von der ersten Begegnung des 9-jährigen Dante mit der ein Jahr jüngeren Beatrice, (*vom ersten Tag, da ich ihr Antlitz sah, in diesem Leben ...*), aus der eine Idealisierung im Sinne des Minnesangs erwuchs.

Beatrice wird in der *Divina Commedia* erhoben zum Sinnbild der Philosophie und Theologie. Der nicht mehr zu überbietende Preis ihrer Schönheit im Empyreum mit allen Tönen des Minnesangs ist ein poetisches Wunder; eine letzte himmlische Steigerung.

411

Eintritt in den Feuerhimmel Empyreum (37-87)

„Dante musste das Empyreum in Licht modellieren" (Romano Guardini). Es entsteht eine Kettenreaktion von Lichtphänomenen. Jedes Lichtbild wächst aus dem anderen heraus, um das Wesen dieses reinen Lichthimmels zu erfassen.

Er stieg empor *zum Himmel reinsten Lichtes* (pura luce) *zum Geisteslichte* (luce intellettual), *ganz erfüllt mit Liebe* (piena d'amore), *mit Liebe zu dem wahren Gut voll Freude, voller Freude jede Wonne übersteigend.* Beim Eintritt wird Dante geblendet. *So ward ich von lebendigem Licht umflutet / und eingehüllt in einen solchen Schleier / von seinem Glanze, dass ich nichts mehr schaute.*

Es ist ein Lichtrausch, den Dante der Ekstase des Apostels Paulus vor Damaskus gleichsetzt; „umfluten" deutet auf die Apostelgeschichte (22, 6): *me circumfulsit lux copiosa* (es umflutete mich ein intensives Licht); Dante zitiert fast wörtlich (49): *mi circonfulse luce viva* (es umflutete mich ein lebendiges Licht). Der Anblick des Feuerhimmels hat seine Schaukraft so gestärkt, *dass es kein Licht mehr gibt in solcher Reine* (Intensität)*, dass es mein Auge nicht ertragen könnte* (58). Dante schaut in einen Licht-Strom, der an beiden Ufern von Blumenwiesen gesäumt wird, die wie in Gold gefasste Rubine erstrahlen. In diesem Strom von Licht sprühen Funken: es sind die Seelen der Seligen, die auf- und untertauchen in dem Meer von Licht. Alle Sinne werden erfasst von Lichtfluten, die berauschende Düfte verströmen. Der Licht-Strom bedeutet die höchste Steigerung des Lethe- und Eunoe-Flusses (Purg. XXVIII): die unmittelbare göttliche Gnade.

Die Himmelsrose der Seligen

Als Dantes Schaukraft sich dem blendenden Licht-Strom angeglichen hat, (88: er taucht seine Wimpern ein in das Licht, um sie im Strom zu waschen und klarer zu sehen), verwandelt sich die Lichterscheinung in einen Kreis von Seligen, den man sich wie eine wundersam leuchtende Arena eines römischen Amphitheater vorstellen kann.[368]

Funken und Blumen des Licht-Stromes fügen sich zu dem grandiosen Bild der „beiden Himmelsscharen" (96): die Schar der Seligen und die Schar der Engel. Aus dem **Licht-Strom** ist ein **Licht-See** geworden. Um seine Überwältigung in Verse zu fassen, ruft der Dichter „Gottes Glanz" an, ihm Kraft zu verleihen. Die Lichtscharen des Empyreums spiegeln sich wie in klarem Wasser und in einer steigernden Bildverwandlung formt sich der Kreis zur Gestalt der **Himmelsrose**.

In der Mystik ist die Rose das Sinnbild für die Passion Christi; hier wird sie zum Symbol der vollendeten, erlösten Menschheit erhoben und vermittelt die *Macht und Innigkeit der Himmelsfreude* (120). Im überwältigenden Bild der Rose aller Seligen gibt es keine Nähe oder Ferne: *Wo Gott unmittelbar regiert, hat das Naturgesetz seine Geltung verloren.* Diese Rose (die Seligkeit) ist „ewig": *sempiterna*.

---

[368] Dante schrieb die *Divina Commedia* in Verbannung, große Teile am Hof seines Gönners Cangrande Della Scala in Verona (Par. XVII 70-93); die dortige Arena mag er vor Augen gehabt haben, als er dieses irdische Bild in ein mystisches verwandelte.

Beatrice zeigt Dante einen leeren Herrscherstuhl: der Sitz des „hohen Heinrich" (133) und prophezeit: noch zu Dantes Lebzeiten wird Kaiser Heinrich VII. den Platz einnehmen[369]. Er ist es, der Italien „geraderichten" will (138) und von einem tückischen „Statthalter" daran gehindert wird; dieser (Clemens V.) wird dafür in die Hölle gestürzt (146) und dort „den von Anagni[370] (Bonifatius VIII.) abwärts stoßen" (Pfahlgrab der Simonisten, Inf. XIX).

Beatrices letztes Wort im Paradiso ist eine heftige Anklage der Päpste.

---

[369] *Kaiser Heinrich VII.* war Dantes große politische Hoffnung; siehe Purg. XXXIII: Prophezeiung des Retters. Er zog 1310 nach Italien, starb aber schon 1313 bei Siena. Er ist im Dom von Pisa beigesetzt.

[370] *Bonifatius VIII.* war von Philipp dem Schönen in Anagni gefangen gehalten worden (Purg. XX).

31. Gesang: Himmelsrose – Der hl. Bernhard

Im Empyreum gibt es keine in der realen Welt nachvollziehbaren Bilder mehr. Hier ist alles nur noch irrationale Schau; **reine Mystik.**

Vor Dantes innerem Auge entfaltet sich prachtvoll das Bild der Himmelsrose der Seligen: Es sind zwei Lichtscharen: *die heilige Kriegerschar* (21) der erlösten Seligen bildet die herrlichen, den ganzen Raum füllenden Blätter der Himmelsrose; über ihnen, *gleich einem Bienenschwarm* (7) die Lichtscharen der Engel, die sich auf den Blütenblättern niederlassen, *sich senkend in den Kelch, von Stufe zu Stufe* (16), und sich wieder aufschwingen. Sie haben flammende Angesichter, goldene Flügel, schneeweiße Gewänder. Ihr Auf- und Niederschweben versinnbildlicht ein Prinzip der Engellehre: ihre Rolle als Vermittler zwischen Gott und den Seligen; beim „sich versenken in den Kelch" vermitteln sie die göttliche Gnade. Dantes Staunen über die wunderbare Weite und Transparenz der Himmelsrose spiegelt sich in Reisebildern (31): *Wenn die Barbaren ... beim Anblick Roms und seiner großen Werke voll Staunen waren, als noch der Lateran hoch über allen irdischen Dingen stand.*[371]

---

[371] *Barbaren*: Länder nördlich des 55. Breitengrades; gemeint sind die Germanen der Völkerwanderung, aber nicht, wie viele Kommentare meinen, das Gefolge der deutschen Kaiser oder Rompilger; „Staunen" bezieht sich auf die Zeit, als der Lateran-Palast noch nicht irdisches Machtsymbol des Bischofs von Rom war.
Lateranbasilika geht auf Gründung Konstantins d. Gr. zurück; 16.-18. Jh. Barockisierung.

Um wie viel mehr muss Dante staunen, der *aus dem Menschlichen zu Gott, aus der Zeit zur Ewigkeit, aus Florenz zum Rechten und Gesunden* (37) gelangt. Er kommt aus der menschlichen Unvollkommenheit zu himmlischer Gerechtigkeit, aus der politisch korrupten Heimatstadt Florenz (Inf. XV, 86: „habgierig, neidisch, hochmütig") in diese „gerechte und gesunde" Gemeinschaft der Seligen.

Ein zweites Reisebild symbolisiert sein grenzenloses Staunen (43): *Und wie ein Pilgersmann beim Anblick des gelobten Wallfahrttempels schon überlegt, wie er das alles* (zu Hause) *schildern soll,* so prägt sich Dante, der am Ziel seiner Jenseitsreise angekommen ist, diese Bilder ein, um den Menschen ihre Herrlichkeit zu beschreiben.

Dantes Augen suchen Beatrice (64).
„Wo ist sie?"

Beatrice hat Dante sich selbst überlassen.
Aber wie Vergil das Geleit an Beatrice übergeben hatte (Purg. XXX, 49), so steht auch jetzt ein neuer Führer an seiner Seite:
der **hl. Bernhard von Clairveaux.**[372]

---

[372] *Bernhard von Clairvaux* (1091-1153): Abt, Kirchenlehrer, Heiliger; aus burgundischen Adel; brachte den Zisterzienserorden (nach ihm auch Bernhardiner genannt) zu hoher Blüte; großer Einfluss auf kirchliche und politische Machthaber; seine Predigten lösten den 2. Kreuzzug aus (1147/49), der aber Jerusalem nicht erreichte. Die mittelalterliche Marienverehrung wurde von seiner Art der Kontemplation bestimmt.

Beatrice hat ihren Platz in der **Himmelsrose** wieder eingenommen, den sie verlassen hatte, um Dante durch die Himmels-Sphären zu führen. Dante erkennt sie in weiter Ferne, *im dritten Kreis des höchsten Ranges* (67), wo die Madonna thront. Lichtstrahlen umgeben ihr Haupt wie eine Krone.

Sein Abschied von Beatrice ist ein langes Gebet (79-93): *Du führtest mich aus Knechtschaft in die Freiheit.*

Der letzte Geleiter, der hl. Bernhard steht hier als höchster Vertreter des Marienkults. Er stärkt Dantes Schaukraft zur kontemplativen Ekstase: *Schau hinauf bis zu den fernsten Kreisen, /so weit, dass Du die Königin thronen siehst, / der dieses ganze Reich ergeben ist* (115).

In steigernden Vergleichen nähert sich Dante dem Bild der Himmelskönigin und im Emporschauen zum obersten Punkt der Himmelsrose erlebt er das Bild einer über dem Berge aufgehenden Sonne. Der durch die Himmelsrose empfundene Sonnenaufgang wird mythologisch umschrieben mit dem Lauf des Sonnenwagens, dessen Erscheinen am Himmel alles andere verblassen lässt (121): *So sah ich, wie vom Tal zum Berge schweifend / Mit meinen Augen, dass ein Stück der Ferne /Mit seinem Licht den ganzen Kreis besiegte, /Und wie der Ort, wo man der Deichsel harret, / Die schlecht von Phaëton geführet, aufleuchtet, / Indessen da und dort das Licht erloschen / ... / In dieser Mitte sah ich feurig feiernd / Mit weiten Flügeln mehr als tausend Engel, / Mit eignem Glanz und eigner Kunst ein jeder.*

Maria ist von den Engeln umgeben wie von einem „Banner" – der *orifiamma*, die aus „Gold" und „Flamme" zusammengesetzt ist.[373]

Dante *taucht* seine Augen *fest und innig in ihre heiße Glut.* Aber es ist keine wirkliche Erscheinung Mariae; es ist ein mystisches Eintauchen der Augen „in die warme Glut" des Lichts. Der hl. Bernhard entflammt Dantes Augen; er lässt sie erglühen.

---

[373] *Das Oriflammebanner* der französischen Könige wurde der Sage nach Karl d. Gr. von Christus übergeben.

32. Gesang: Gnadenordnung der Himmelsrose

Dante erkennt jetzt die Struktur der Himmelsrose. Wie Stufen einer Arena sind die Seelen waagrecht übereinander angeordnet. Trotz dieser endlosen Höhe und Weite schaut er bis zu ihren letzten Blättern (Par. XXX, 121: *Nähe und Ferne macht nicht groß und klein ... Denn wo Gott unmittelbar regiert, hat das Naturgesetz seine Geltung verloren*). Die Anordnung bestimmter Seelen von oben nach unten bewirkt zwei senkrechte Trennungslinien, wodurch die „Arena" in zwei Hälften geteilt wird: in der einen Hälfte befinden sich die Seelen des Alten Bundes, die an das Kommen eines Erlösers geglaubt hatten; in der anderen Hälfte die Seele des Neuen Bundes, die an den gekommenen Christus glauben.[374]

o Auf dem höchsten Rang **Maria**. Durch die Geburt Jesu hat sie „die Wunde geschlossen, die jene (**Eva**) aufriss", die nun zu ihren Füßen auf dem zweithöchsten Rang sitzt (4).

o „Von Stufe zu Stufe hinunter" (13) befinden sich Frauen des Alten Bundes, die Christus bei seinem Abstieg zur Hölle aus dem Limbus der Hölle erlöst hat.

o Auf dem dritthöchsten Rang **Rahel**, zweite Frau Jakobs[335]; Sinnbild der vita contemplativa – das Sichversenken, die Meditation über religiöse Fragen (Purg. XXVII, 104).

o Unter ihr auf der 4. Stufe **Sara**, die Gattin Abrahams, Ahnherrin der Juden.

---

[374] *Alter Bund*: AT: Bund Gottes mit Israel (Abraham). *Neuer Bund*: NT: durch Erlösung durch Christus gestifteter Bund zwischen Gott und Menschen.

o Die Trennungslinie führt weiter nach unten über **Rebecca, Judith** und **Ruth**, „jene Urahne des Sängers" (David)[375].

Von der siebten Stufe (wo sich Ruth befindet) *abwärts* folgen ungenannte Hebräerinnen, die die unermesslich lange Trennungslinie bis auf den Grund der Himmelsrose vollenden.

All diesen biblischen und namenlosen Frauen ist der Glaube an den kommenden Erlöser gemeinsam.

Ihre Linie nach unten wirkt wie eine „Mauer" (21: *muro*) über die „heiligen Stufen".

Auf dieser Seite ist die Blume voll (22): für die Seelen des Alten Bundes ist das Erlösungswerk abgeschlossen.

Die Stufen der anderen Hälfte *sind durch Lücken unterbrochen* (25); erst das Jüngste Gericht wird die Geschichte der Menschheit abschließen.

Als Dante die Himmelsrose zuerst erblickte, hatte Beatrice ihn aufmerksam gemacht: *Die Sitze sind so reich gefüllt, dass wenig nur noch bei uns fehlen* (Par. XXX, 131).

Dante erwartet das Jüngste Gericht bald.

---

[375] *Rebecca*: die erste Frau Isaaks und Mutter Jakobs.
Judith: befreite die Juden vom Joch der Assyrer, indem sie deren Feldherrn Holofernes ermordete.
Ruth: Urgroßmutter von König David. Seine „Sünde" ist der Ehebruch mit Bathseba und die Tötung von deren Gatten Uria.

Genau gegenüber von Maria befindet sich am oberen Rand der Rose **Johannes der Täufer**; er ist der Schutzpatron von Florenz. Von ihm aus zieht sich die zweite Trennungslinie nach unten, auf der nur noch 3 Namen genannt werden (35): **Franziskus, Benedikt, Augustinus.**[376]

Auf **Franziskus** war im Sonnenhimmel (Par. XI) eine Lobrede gehalten worden, und **Benedikt** hatte im Saturnhimmel seine Ordensgründung beschrieben (Par. XXII). Aber **Augustinus** wird nur an dieser einen Stelle erwähnt (zitiert in Par. X, 120: *aus dessen Schriften Augustinus schöpfte*).

Dante kannte natürlich die berühmten Schriften von Augustinus *De civitate Dei* (Gottesstaat) und *Confessiones* (Bekenntnisse), und würdigt Augustinus an hoher Stelle der Himmelsrose. Sonst beachtet er ihn nicht in der *Commedia*.

Man kann sich diese Distanziertheit nur erklären als Abneigung gegen einen zeitgenössischen Augustiner, der als Vorkämpfer der päpstlichen Besitzansprüche und Verteidiger von Dantes Erzfeind Bonifatius VIII. galt. Immerhin wird Augustinus durch ein Zitat herausgehoben, wenn Beatrice Dante den Auftrag erteilte, seine Visionen zu verkünden *„jenen, die noch leben das Leben, das ein Eilen ist zum Tode"* (Purg. XXX, 54).

---

[376] *Augustinus* (354-430); Kirchenlehrer, Heiliger; Lehrer der Rhetorik in Karthago, Rom, Mailand; nach Bekehrung und Taufe Bischof. Von größtem Einfluss auf die abendländische Theologie und Philosophie, auch auf die Anfänge der Reformation Luthers und in der Neuzeit auf Descartes u.a.

Dann weitet sich das Bild der Himmelsrose, das sich aus dem Lichtfluss mit beiderseitigen Blumenwiesen gebildet hatte, mystisch zu einem Gartenbild.

Trotz der Wandlungen des visuellen Eindrucks bleibt als Bildvorstellung die **Rose** erhalten.

Der hl. Bernhard beschreibt die untere Hälfte der Blüten-*Arena*, während sich die Vorstellung eines himmlischen Paradiesgartens der Gnade wie eine Folie gedanklich über die Rosenform legt. „Garten" und „Rose" sind jetzt synonym geworden (40-84).

Außer durch die senkrechte Trennlinie wird die „Arena" durch eine waagrechte Linie, welche die beiden vertikalen Trennungslinien schneidet, in eine obere und untere Hälfte geteilt.

Im unteren Teil der Rose sind die Seelen von früh verstorbenen **unschuldigen Kindern**. Da der Verdienst erst im Erdenleben erworben werden kann, hatten sie keine Möglichkeit dazu; sie starben, bevor sie von ihrer gottgewollten Willensfreiheit Gebrauch machen konnten und wurden durch einen Willensakt der Gnade Gottes in den Himmel erhoben.

Dies führt zur abschließenden Behandlung der göttlichen **Gnadenwahl.**

Der Akt der Gnade Gottes ist für menschliche Logik und Rechtsempfinden paradox und nicht zugänglich. Das Unerforschliche des Vorgangs wird jenseits menschlichen Urteils erkennbar in der **Gnadenordnung der Himmelsrose**, die es ermöglicht, dass Eva, die Hauptschuldige an Sündenfall, Erbsünde und Vertreibung aus dem Paradies,[377] den ersten Platz zu Füßen Marias einnimmt (4). Gott *schenkt die Gnade wie es ihm gefällt* (64).

Darin besteht das Rätselhafte *der Heiligen Schrift bei jenen beiden Zwillingen* Esau und Jakob, von denen Gott schon vor ihrer Geburt „den ersteren hasste und den zweiten liebte"[378]: die Zwillingssöhne von Isaak und Rebekka. Der zweitgeborene Jakob erkaufte sich vom älteren Esau das Erstgeburtsrecht und erschlich sich den väterlichen Segen der Erstgeburt (1. Mose 25). Das alles geschah nach Gottes Willen. Jakob wurde der dritte der Stammväter Israels; seine Söhne gelten als die Ahnherren der zwölf Stämme Israels.

Bernhard lenkt Dantes Blick wieder zu Maria in der Rose (85), und vor dem Auge entstehen drei Bilder, wie sie Dantes Freund Giotto und nach ihm Fra Angelico gemalt haben.
Der ganze vorletzte Gesang wird so zu einem grandiosen **dreiteiligen Heiligenbild**.

---

[377] Purg. XXIV, 116: *der Baum, von dem Eva aß.*
Par. VII 52-120: die Ur-Sünde (sein wie Gott) erfordert das Opfer von Golgatha.
Par. XXII, 42: die Paradiesschlange, „die Eva die bittere Speise reichte".
[378] *Esau und Jakob*: nach Malachias 1,2 und Paulus, 9. Römerbrief 11.

o Das 1. Bild zeigte die **Madonna** als höchsten Punkt der Himmelsrose, um die sich die gestufte Arena aller Erlösten gruppiert.

o Das 2. Bild (94) ist eine **Verkündigungsszene** mit Erzengel Gabriel, der in Dantes Vision im Fixsternhimmel als Fackel eine Leuchtkrone über dem Haupt der Maria gebildet hatte. Im Empyreum wird die Verkündigung zum liturgischen Akt.

o Das 3. Bild (118) zeigt **drei Figurenpaare** um Maria; sie wechseln zwischen vor- und nachchristlicher Zeit und sind verbunden durch die Idee des Verkündertums:
Adam (der Vater) als erster Mensch; *Petrus (dem Christus den Schlüssel anvertraute)* als erster Papst; *Johannes (der alle schweren Zeiten sah)* als Verkünder der Apokalypse[379] und des Neuen Bundes; *Moses (Führer jenes undankbares Volkes)* als Verkünder des Alten Bundes; hl. *Anna (froh auf ihre Tochter blickend)* als Mutter Marias; hl. *Lucia (die die Herrin sandte)* hatte im Auftrag Beatrices Vergil aus dem Limbus in den Wald geschickt, in dem Dante verirrt war.

Nach der Schau der Marienbilder weist Bernhard Dantes Blick zum Allerhöchsten, zu Gott (142): *Schaun wir jetzt hinauf zur ersten Liebe, damit du in ihr Leuchten eindringst,* und durch den Glanz, soweit es einem Menschen möglich ist, zu der Schau Gottes gelangst.

---

[379] *Apokalypse*: das Mittelalter sah in dem Apostel, dem Evangelisten und dem Verfasser der Apokalypse die gleiche Person Johannes. Heute gilt es aus historischen und stilistischen Gründen als widerlegt.

33. Gesang: Mystische Gottesschau

Der Schlussgesang der *Divina Commedia* bringt die Vollendung der Jenseitsreise in der mystischen Schau Gottes. Dieses Geheimnis, das in der Trinität von Gott Vater, Sohn und Heiliger Geist gipfelt, entzieht sich der geistigen Erkenntnis und der Beschreibung in Worten; es kann nur noch durch den Glauben und die vermittelnde Gnade der Jungfrau Maria erreicht werden.

In Dante vollzieht sich eine Wandlung: seine Schilderung geht über in ein **Mariengebet** des hl. Bernhard.

Die ersten 7 Terzinen (1-21) umfassen den Lobpreis der Madonna. In einem seiner kühnsten mystischen Bilder umschreibt Dante das Wunder der Erlösung der Menschheit durch das Opfer Christi (7-9): *In deinem Leib entbrannte einst die Liebe, / durch deren Wärme in dem ewigen Frieden / hier diese Rose aufgegangen ist* – aus der Empfängnis der Jungfrau Maria ist die himmlische Rose der erlösten Menschheit aufgegangen.

In der ungeheuren Dynamik dieses Bildes und in der scheinbaren Selbstverständlichkeit seiner Beschreibung entfaltet sich die Unbegreiflichkeit eines Wunders. Höhepunkt des Gebetes ist eine vierfache Steigerung in der Anrufung Marias (19-21): ***In te*** *misericordia,* ***in te*** *pietate,* / ***in te*** *magnificenza,* ***in te*** *s'aduna / quantunque in creatura è di bontate.* (In dir ist Mitleid, in dir ist Erbarmen, in dir ist Herrlichkeit, in dir ist alles vereint, was in Geschöpfen je an Güte war).

Wie Edelsteine in der Fassung dieser Terzinen sind die vier Grundtugenden Marias gereiht und zusammengefasst.

Im zweiten Teil des Mariengebets spricht der hl. Bernhard in 6 Terzinen (22-39) die Fürbitte für Dante, dessen Endziel seiner Jenseitsreise die Gottesschau ist.

Das Gebet gipfelt nach einer dreifachen Bitte (29-32: *preghi – prego – preghi*) in dem triumphalen Vers: **Sì che il sommo piacer gli si dispighi** (Dass das höchste Glück sich ihm enthülle).

Auf das Mariengebet folgt die letzte mystische Stufe: die **Gottesschau**. Es ist die dichterische Gestaltung der absoluten Transzendenz.

Dieser ganze Schlussteil der *Divina Commedia* bildet eine fortlaufende Folge von Versuchen, das Unsagbare der Gottheit in Worte zu fassen.

Es ist ein immerwährendes träumerisches Umkreisen dieses mystischen Erlebnisses durch die dichterischen Mittel des sterblichen Dichters.

Die im Paradiso immer wieder gesteigerten Lichterlebnisse führen zu ihrem Höhepunkt: die Gottesidee erscheint in einer höchstmöglichen Zuspitzung der Lichtmetaphysik, und die dichterische Unsagbarkeit des Erlebnisses wird in immer neuen Abwandlungen beschworen.

Die Gottheit ist „das ewige Licht" (43), das Ziel und Ende aller Wünsche (46: *il fine di tutti i disii*), der Gipfel und die Erlösung der Sehnsucht nach dem Höchsten.

Dante fühlt sich in einer allerhöchsten Traum-
sphäre, die er nicht in sein reales Leben
hinüberretten kann, um es den Menschen nach
seiner Rückkehr zu beschreiben. Sein mystisches
Erleben wird entschwinden wie der Schnee in
der Schmelze vergeht, und wie die Weisheits-
sprüche der Sibylle vom Wind verweht wurden.

In einer letzten Steigerung der Evokation der
Musen und Apollons ruft Dante Gott selbst um
Hilfe an (67: *o somma luce* – o höchstes Licht), ihm
die Gnade zu schenken, das Unbeschreibliche zu
beschreiben (71-75):
   gloria - memoria - vittoria
   Ruhm - Erinnerung - Sieg.

„Mache meine Zunge also mächtig, dass einen
einzigen Funken nur von deinem Glanze (**gloria**)
ich hinterlasse kommenden Geschlechtern. Wenn
etwas nur mir im Gedächtnis (**memoria**) haftet,
und nur ein wenig nachklingt in diesen Versen,
so wird man mehr von deinem Sieg (**vittoria**)
begreifen."

Die Transzendenz des Eintauchens der Blicke in
Gott ist nur möglich in der „Gnadenfülle" (82),
die Dante zuteil wird.

Gottes Wesen als Ein und Alles wird ihm be-
greifbar in der Summe der Wesenheiten, „die
durchs ganze Weltall verstreut durchweben".
Dante hat „die Weltenform" (91) erblickt und sie
verstanden.

Das allerhöchstmögliche Erstaunen wird ausgedrückt durch eine Steigerung des Staunens, das der Meeresgott Neptun erlebte, als er das Argonautenschiff hingleiten sah – ein Wunderschiff. Das Staunen des antiken Gottes wird übertroffen vom Staunen Dantes.

Im Schlussteil des Gesanges – den letzten Versen der *Divina Commedia* – tritt das Kreisen des Dichters um die mystische Gottesschau in ein neues und letztes Stadium: In einer Steigerung der Schaukraft, einer mystischen Verzückung (99: *und immer glühender ward mein Schauen*), wird ihm die Trinität offenbar, in der die Menschwerdung Gottes und die dadurch mögliche Erlösung der Menschheit symbolisch erfassbar wird. Dante ist jetzt endgültig unfähig, das Erfahrene in Versen zu vermitteln – *die Erinnerung stammelt wie der Säugling* (106).

Im Versuch, den Anblick der Trinität in rationalen Bildern auszudrücken, empfindet Dante, wie der **Lichtpunkt** Gottes sich in seiner Schau zu einem System aus **drei** konzentrischen, verschiedenfarbigen **Kreisen** verwandelt, die er mit dem Phänomen Regenbogen vergleicht.

Die Lichtkreise der **Trinität** (124: *Luce eterna* – ewiges Licht) sind als ein Wunder aus dem einzigen Lichtpunkt Gottes entstanden. Diese Paradoxität wird als Spiegelung erklärt: das *ewige Licht* der höchsten Lichtkonzentration im Punkt spiegelt sich nach außen in den drei Lichtkreisen.

Diese Paradoxität wird als Spiegelung erklärt: das „ewige Licht" der höchsten Lichtkonzentration im Punkt spiegelt sich nach außen in den drei Lichtkreisen.

Auch in den Versen dieser höchsten mystischen Erlebnisse erzeugt Dante beim Leser mit seinen Bildern und Vergleichen immer noch das Empfinden, Realität zu erleben – die Unbeschreiblichkeit dessen, was seine Verse beschreiben, vergleicht er mit dem Unvermögen des Geometers bei der Quadratur des Kreises (133): Oft wurde versucht, „den Kreis genau zu vermessen"; aber es ist dem Geometer unmöglich, „weil er trotz allem Denken doch jene Regel, die er braucht, nicht findet".

Wie der **Lichtpunkt der Gottesidee** und die drei Kreise „sich einfügen", ist rational unbegreiflich. Und doch kann nur in der Trinität die Menschwerdung Christi und die gleichzeitige Göttlichkeit fassbar werden.

In den letzten beiden Terzinen der *Divina Commedia* treffen Unsagbarkeit der Erleuchtung und Überwältigung des Dichters sinnbildlich zusammen: die Lichterscheinungen erleben ihre letzte Steigerungsmöglichkeit:

Dantes Geist wird von Gottes Licht als von einem **Blitz** getroffen. In diesem Blitz gipfelt die Lichtmetaphysik des Paradiso; Erfüllung und Ende der Vision.

Die **blitzartige Gottesschau** klingt aus in religiöser Harmonie: Dante geht ein in die vollkommene himmlische Kreisbewegung der Gestirne um die Gottheit.

Der Schlussvers, der in jedem Gesang einzeln
steht, konzentriert die drei Motive des Paradiso:
amore – sole – stelle
Liebe – Sonne – Sterne.

„Sterne" ist das letzte Wort in allen drei Teilen
der *Divina Commedia*.

All'alta fantasia qui mancò possa;
    Die hohe Bildkraft musste hier versagen.
Ma già volgeva il mio disio e il velle,
    Doch schon bewegte meinen Wunsch und Willen
Sì come rota ch'egualmente è mossa,
    So wie ein Rad in gleichender Bewegung
L'Amor che muove il sole e l'altre stelle.

Die Liebe,
die bewegt die Sonne und alle Sterne.

FINIS